WAGENBACHS TASCHENBÜCHEREI

Bettina von Arnim

Eine weibliche Sozialbiographie
aus dem neunzehnten Jahrhundert
kommentiert und zusammengestellt
aus Briefromanen und Dokumenten
von Gisela Dischner

Verlag Klaus Wagenbach Berlin

Wagenbachs Taschenbücherei 30

7.–9. Tausend 1978

© 1977 Verlag Klaus Wagenbach, Bamberger Straße 6, 1 Berlin 30
Satz: acomp Wemding – Druck: aprinta Wemding
Bindung: Hans Klotz, Augsburg
Alle Rechte vorbehalten. Printed in Germany
ISBN 3 8031 2030 6

Inhalt

Die Welt muß romantisiert werden

Bettinas Entwicklung

Bettina Brentano, verheiratete von Arnim, 1785 geboren, wuchs in einem großbürgerlich-liberalen Milieu in Frankfurt auf – Frankfurt, das damals durch die Entwicklung des Handels und der Industrie freier war als die Städte, die vom feudalen Hofleben der deutschen Fürsten korrumpiert waren. Ihre Erziehung ist nicht nur stark weiblich geprägt, sondern vom weltbürgerlichen Geist der Salons beeinflußt: Ihre Großmutter, Sophie von La Roche, die die Schriftstellerei als »Broterwerb betrieb« und gleichzeitig pädagogisch engagiert war, übernahm die Erziehung der achtjährigen Bettina nach dem Tod der Mutter (einer Freundin des jungen Goethe). Im Salon der La Roche trafen sich junge Künstler und Gelehrte, deutsche Jakobiner und französische Emigranten – die Ereignisse im Zusammenhang der Französischen Revolution waren ein Zentralthema. Bettina las, wie vor ihr Caroline Schlegel-Schelling, Mirabeaus Reden; sie hörte Isaak von Sinclair Hölderlin zitieren und diskutierte mit über die pädagogischen Interessen ihrer Epoche: ihre Briefe an die Freundin Karoline von Günderode und an ihren Bruder Clemens Brentano (zusammengestellt in den Briefromanen »Die Günderode« und »Frühlingskranz«) sind voll von den Erfahrungen ihrer intellektuellen Sozialisation, die vom Klima der *Geselligkeit* geprägt war. Die Briefromane, die sie erst in späten Jahren zusammenstellte, atmen den Geist dieser republikanisch engagierten

7

Geselligkeit, die kein Thema arbeitsteilig in fachwissen-
schaftliche Bereiche verweist.

Neben die Schriftstellerin La Roche treten, noch in ihrer
Jugend, zwei weitere wichtige Frauengestalten: die Dichterin Karoline von Günderode und die Mutter Goethes, noch
bevor Bettina sich Goethe selbst nähert (ihr Briefroman
»Goethes Briefwechsel mit einem Kinde« ist ihr bekannte-
stes und vielfach publiziertes Werk, weshalb in der vorlie-
genden Ausgabe daraus nichts veröffentlicht wird).

Sophie von Laroche

Von der Frau Rat Goethe lernte Bettina, wozu sie schon
prädestiniert war: Mit einem sozusagen antiautoritären Instinkt in jeder Nische des Denkens und Alltaglebens den
Kern verhärteter Vorurteile zu erkennen und aufzubrechen,
die ein freies Zusammenleben der Menschen verhinderten,
und zwar nicht nur durch die äußere politische Unterdrük-
kung, sondern durch jene Selbstunterdrückung des Menschen, die sich damals mit der kapitalistischen Zeit- und
Arbeitsmoral zu etablieren begann. Der erste Teil des hier in
Auszügen abgedruckten Königsbuches enthält – von Bettina manchmal verändert – die originelle kluge Redeweise
von Goethes Mutter: »Die Frau Rat erzählt«.

Die dritte für Bettinas Entwicklung wichtige Frau ist die
fünf Jahre ältere Dichterin Karoline von Günderode. Zu ihr
empfand Bettina eine leidenschaftliche Liebe, der gegenüber die Günderode sich gleichzeitig ängstlich-abwehrend

und offen verhielt – die hier veröffentlichten Briefe zeigen deutlich diesen Widerspruch, der für die Verkehrsformen der Zeit, die zu schwärmerischer Sublimierung neigte, typisch ist und an die Bettina sich nicht hält. Der bekannte klassische Philologe und Historiker Georg Friedrich Creuzer, der sich 1804 in die Günderode verliebte, trug bei zu dem Bruch der Freundschaft zwischen der Günderode und Bettina. Seinetwegen erdolchte sich schließlich die Günderode 1806 in Winkel am Rhein. – Daß Creuzers Werk »Die

Frau Rat Goethe

Mythologie und Symbolik der Alten« (1810) sich mit mutterrechtlichen Gesellschaftsstrukturen befaßte (und Bachofen beeinflußte), scheint kein Zufall. Die Auseinandersetzung mit weiblichen Kulturformen und die romantische Wiederentdeckung antiker Frauengestalten (z. B. durch Friedrich Schlegel) hat das romantische Frauenbild mitgeformt. »Weibliche Kultur« war dabei (wie Schlegels Roman »Lucinde« zeigt) nicht nur an die Frauen als Trägerinnen gebunden, sondern bestimmte die gesamte stark effeminierte romantische Bewegung. Die Einleitung zur »Günderode« geht auf diese Zusammenhänge »weiblicher Kultur« näher ein.

Dazu kam bei Bettina der Einfluß ihres älteren Bruders, des romantischen Dichters Clemens Brentano, der ihr die Gedanken der Frühromantik vermittelte, genauer gesagt, die der Jenaer Frühromantik (Novalis, Tieck, die Brüder

9

Schlegel), denn Clemens studierte in Jena, hörte die Vorlesungen Fichtes und Schellings, die ihrerseits den frühromantischen Dichterkreis entscheidend beeinflußten.

Der Bruder versuchte sehr stark, Bettina zu erziehen, aber aus den Briefen wird deutlich, daß er mindestens ebenso stark von ihr erzogen wurde. Der Umfang des hier Veröffentlichten erlaubt keine Auszüge aus dem Briefroman »Frühlingskranz«, in dem Bettina den Briefwechsel mit Clemens zusammenstellte und teilweise stilisierte, wie sie es in allen Briefromanen tat. Nur zum Thema »Judenfrage« wird ein kurzer Auszug des Briefwechsels abgedruckt, der den politischen Unterschied der beiden (»politisch« in einem weiten Sinne verstanden) sehr deutlich zeigt, nämlich den fast ständischen Dünkel des Bruders und die aufklärerische Vorurteilslosigkeit Bettinas. Überhaupt wird bei der Judenfrage deutlich, wie stark die Romantikerin Bettina vom rationalistisch-aufklärerischen Denken geprägt ist.

In ihrem Buch »Die Romantik« beschreibt Ricarda Huch das Verhältnis der Geschwister:

> »Bettine, die viel mehr Selbstbewußtsein hatte als ihr Bruder, empfand vieles als Reiz und Kraft an sich, was ihm mehr zur Pein und zum Selbstvorwurf wurde«. (Huch: 505)

In der Rezeption wird die Begegnung mit Goethe als das entscheidende Jugenderlebnis Bettinas dargestellt. Es scheint aber, daß die Begegnung mit Karoline von Günderode für ihre Gedanken- und Gefühlsentwicklung viel entscheidender war. Sie hat sich als von der Günderode Verlassene und Enttäuschte Goethe trostbedürftig zugewandt, allerdings kam es im Laufe der Beziehung zu einer – wohl auch erotischen – Intensivierung dieser Begegnung. Beide Beziehungen hat Bettina in der Form von Briefromanen objektiviert. Ihr Werk besteht fast ausschließlich aus Briefromanen, die aus dem Briefwechsel mit den für sie entscheidenden Freundschaften entstanden sind, oft 30–40 Jahre später (vgl. Zeittafel S. 182ff.), weshalb es nicht erstaunlich ist, daß sie die Briefe überarbeitet und weitergedichtet hat. Für die Methode dieser ständigen Verarbeitung gilt, was Rahel Varnhagen allgemein über Bettina sagt:

»Frau von Arnim ist von allen, die ich kannte, die geistreichste Frau. Man möchte sagen: ihr Geist hat die meisten Wendungen. Ihr Geist hat sie, nicht sie ihn. Was wir Ich nennen können, ist nur der Zusammenhang unsrer Gaben, und die Regierung derselben, die Direktion darüber. So wie Frau von K. [Kalb] jeden Gesichtskreis als solchen verlassen und in der Gewißheit, einen neuen zu finden, freudig sein kann; so leuchtet, oder blitzt wenigstens, bei Frau v. A. Mißvergnügen gegen das eben Gefundene hervor, und dieses spornt sie an, um jeden Preis Neues hervorzufinden; – dies Verfahren kann aber nicht immer ohne Störung vorgehen.« (Rahel 3:451)

Durch ihren Bruder Clemens lernte Bettina dessen Freund, den Dichter Achim von Arnim kennen, den sie 1811 heiratete, mit 26 Jahren – in genau diesem Alter hatte ihre Freundin Günderode wegen ihrer unglücklichen Liebe zu Creuzer Selbstmord begangen; andere Frauen in diesem Alter waren 10 Jahre oder mehr schon verheiratet. Bettina sträubte sich sehr lange gegen eine Verheiratung, reiste in Männerkleidung und wollte möglichst lange das Eheritual vermeiden.

»Bettina spürte eine tiefe Abneigung gegen das gleichmachende Treiben des Alltags und wollte auch die Liebe, die durch eine Heirat so leicht in die einförmige Ebene der Gewöhnung herabsinkt, auf einzigartiger Höhe erhalten wissen. In aller Heimlichkeit verband sie sich mit Arnim, damit nicht das leere Gerede der Welt ihrem heiligsten Fest den poetischen Zauber raube.« (Tanneberger: 79)

Sie bekam sieben Kinder, zu denen sie, wie man aus den Briefen entnehmen kann, ein sehr zärtliches Verhältnis hatte. Nach ihrer antiautoritären Auffassung von Erziehung hat Bettina wohl auch gehandelt. Sie fühlte sich offensichtlich als Frau nicht unterdrückt, im Unterschied zu anderen Romantikerinnen. Sie wurde nicht von Eltern frühzeitig und ohne viel eigenen Willen verheiratet, und sie fühlte sich auch nicht ihrem Manne künstlerisch unterlegen wie Dorothea ihrem Mann Friedrich Schlegel oder Caroline dem Intellekt A. W. Schlegels (und verstärkt dem Schellings, den sie später heiratete). Um sich ein Bild davon zu machen, wie man damals als Tochter verheiratet wurde, sei hier Henriette Herz, die Freundin von Caroline Schlegel zitiert, die später als Ehefrau (nur als solche konnte man etwas gelten) einen berühmten Salon unterhielt:

»Ich war 15 Jahre und sollte bei der Tante nähen lernen. Wie sehr erstaunte ich nicht, als diese mir im Vertrauen sagte, ich sollte Braut werden. ›Mit wem?‹ fragte ich sie, und sie nannte mir den Mann; er war angehender praktischer Arzt, ich hatte ihn einige Male bei meinem Vater und auch an seinem Fenster gesehen. . . . Ich freute mich kindisch dazu, Braut zu werden, und malte es mir recht lebhaft aus, wie ich, von meinem Bräutigam geführt, nun spazieren gehen würde, wie ich bessere Kleider und einen Friseur bekommen würde, . . . ferner hoffte ich auf ein größeres Taschengeld. . . . Der ersehnte Tag erschien, . . . mir klopfte das Herz mächtig, und ich antwortete, daß ich mit allem zufrieden sei, was er [der Vater] über mich beschließen würde.« (Erinnerungen der Henriette Herz von 1779; in Weber-Kellermann: 97).

Dazu kam, daß die Mädchen meist älteren »wohlbetuchten« Herren von den Eltern« verkuppelt wurden (anders kann man es nicht nennen), und daß die meisten der heute bekannten Künstler von damals als nicht ehefähig galten, weil sie nicht sicher genug eine Familie ernähren konnten. E. T. A. Hoffmann, der, selbst verheiratet, seine fünfzehnjährige Gesangsschülerin liebte, erlebte einen solchen Konflikt, der ihn, auch durch seine Eifersucht, in lächerliche Situationen brachte. Die zarte schöne Juliane Mark wurde ihrem Vetter, dem Kaufmann Groepel, verehelicht. Im »Goldenen Topf« hat E. T. A. Hoffmann diesen biografischen Konflikt dargestellt und poetisch gelöst: der Held, dessen bürgerliche Geliebte dem gutverdienenden Bürger angetraut wird, verschwindet mit seiner ihm entsprechenden Märchengeliebten (einer Abspaltung der realen Julia) ins Reich der Poesie: ein happy ending voll *romantischer Ironie,* die nicht nur hier aus der Konfrontation eines möglichen Reichs der Freiheit mit dem wirklichen Reich der Notwendigkeit entsteht.

Bettina äußert sich sehr selten direkt zur »Frauenfrage«. Sie hat auch innerhalb der Romantik eine Sonderstellung als Frau – sie fühlte sich nie als Werkzeug für das Genie des Mannes, wie das die Frauen der Brüder Schlegel tun, die viel deutlicher Fragestellungen weiblicher Emanzipation aufgreifen. Bettina gehört eher in den Zusammenhang der selbsttätig-politischen Frauen wie George Sand oder Flora Tristan.

Sie beschäftigt sich mit jeder Form der Unterdrückung – außer jener der Frau – kritisch und helfend: mit der der Juden, des polnischen Volkes, des Landproletariats, der schlesischen Weber, den Außenseitern allgemein; so wendet sie sich dem als wahnsinnig bezeichneten Hölderlin zu, den sie, im Vorgriff auf antipsychiatrische Fragestellungen, gegen den Wahnsinn der Normalität in den Briefen an die Günderode verteidigt. Nach dem Tod ihres Mannes (1831) kümmert sie sich gleichzeitig um die Herausgabe seines und ihres Werkes: sie ist künstlerisch produktiv und politisch engagiert.

Bettina hat das Privileg, sich als Frau stark zu fühlen, ohne unterdrückt zu werden. Sobald so etwas wie patriarchalische Züge erscheinen bei jemandem, und sei es bei dem geliebten Bruder Clemens, reagiert sie selbstbewußt, den anderen zurechtweisend. Sie kuscht nie: sie wird einerseits respektiert, andererseits genießt sie sozusagen als leicht ausgeflipptes »Wunderkind« einen exotischen Freiraum; sie versteht sich auch als Ausnahme, als exzeptionell, und sie kommuniziert in »ihrer Sphäre« mit Menschen, die ähnlich fühlen, seien es Männer oder Frauen; sie kämpft noch in reifen Jahren gegen das, was man die vernünftige Welt der Realitätstüchtigkeit nennen könnte. Sie romantisiert das Leben und die Menschen, die sie sich aktiv auswählt.

Anders Rahel Varnhagen, die als einzige Frau der Romantik neben Bettina den Mut hatte, ihre Briefe als Kunstform zu betrachten, als schriftliche Realisation romantischer Geselligkeit.

»Ich kann nur Briefe schreiben; und manchmal einen Aphorismus, aber absolut über keinen Gegenstand, den man mir, oder ich mir selber vorlegen möchte . . . Sie sehen also, . . . daß das, was ich schreibe, immer in ganz direktem Zusammenhang mit meinen eigenen Erfahrungen steht und immer den ganz direkten Adressaten sucht.« (Rahel 2: 368)

Das könnte von Bettina stammen und charakterisiert die Methode der Brieform als Kunstform der Geselligkeit. Dennoch spricht Rahel im Unterschied zu Bettina von der Unterdrückung der Frau – Bettina erwähnt vorwiegend deren starke, dem in der ratio eingesperrten Manne überlegenen Züge. 1819 gibt Rahel einem Mädchen den Ratschlag:

». . . geh an Orte, wo neue Gegenstände, Worte und Menschen dich berühren, dir Blut, Leben, Nerven und Gedanken auffrischen. Wir Frauen haben *dies* doppelt nöthig; indessen der Männer Beschäftigung wenigstens in ihren eignen Augen auch Geschäfte sind, die sie für wichtig halten müssen, in deren Ausübung ihre Ambition sich schmeichelt; worin sie ein Weiterkommen sehen, in welcher sie durch Menschenverkehr schon bewegt werden: wenn wir nur immer herabziehende, die kleinen Ausgaben und Einrichtungen, die sich ganz nach der Männer Stand beziehen müssen, Stückeleien vor uns haben. Es ist Menschenunkunde, wenn sich die Leute einbilden, unser Geist sei anders und zu andern Bedürfnissen konstituirt, und wir könnten z. E. ganz von des Mannes oder Sohns Existenz mitzehren. Diese Förderung entsteht nur aus der Voraussetzung, daß ein Weib in ihrer ganzen Seele nichts Höheres kennte als gerade die Forderungen und Ansprüche ihres Mannes in der Welt: oder die Gaben und Wünsche ihrer Kinder: dann wäre *jede* Ehe, schon bloß als solche, der höchst menschliche Zustand: so aber ist es *nicht:* und man liebt, hegt, pflegt wohl die Wünsche der seinigen; fügt sich ihnen; macht sie sich zur höchsten Sorge, und dringendsten Beschäftigung: aber erfüllen, erholen, uns ausruhen, zu fernerer Thätigkeit, und Tragen, können die uns nicht; oder auf unser ganzes Leben hinaus stärken und kräftigen. Dies ist der Grund des vielen Frivolen, was man bei Weibern sieht, und zu sehen glaubt: sie haben der beklatschten Regel nach gar keinen Raum für ihre eigenen Füße, müssen sie immer nur dahin setzen, wo der Mann eben stand, und stehen will; und sehen mit ihren Augen die ganze bewegte Welt, wie etwa Einer, der wie ein Baum mit Wurzeln in der Erde verzaubert wäre; jeder Versuch, jeder Wunsch, den unnatürlichen Zustand zu lösen, wird Frivolität genannt; oder noch für strafwürdiges Benehmen gehalten«. (Rahel 2: 564 f.)

Rahel ringt sich zu einer schwer erkämpften *Selbständigkeit* (dreifach schwer als Jüdin, als Frau und um den Broterwerb besorgte Frau im Unterschied zu Bettina, deren Leben finanziell gesichert war) durch, die Bettina sozusagen immer schon für sich beanspruchte. Man kann ermessen, wie weit davon entfernt immer noch eine als besonders selbständig und sogar »frivol« geltende Frau war wie die dreimal verheiratete Caroline Schlegel-Schelling. Caroline ist völlig unsicher und unselbständig, sobald sie schriftstellerisch an die Öffentlichkeit tritt und läßt sich von ihren Männern diktieren, ob und wie und unter welchem Namen etwas erscheint. Sie verfaßt eine überschwengliche Rezension des wohl zu Recht als mittelmäßig aufgenommenen Schauspiels »Jon« von A. W. Schlegel. Dazu schreibt sie: »Am Donnerstag hat Schelling einen Bericht, den ich aufgesetzt habe, an Spatzier [den Herausgeber] geschickt; unter meinem Na-

14

men hätte ich es auf keine Weise tun mögen; von Sch. wird er es wohl ohne Bedenken annehmen.« (Caroline Briefe 2: 263 f.)

Aber nicht nur den Namen verleugnet sie, wie auch in der berühmten Schlegel-Tieckschen Shakespeare-Übersetzung (an der sie, was heute noch wenige wissen, beteiligt war), sie läßt sich auch die Form vorschreiben, d. h. verzichtet freiwillig auf die ihr angemessene Briefdarstellung, die sie sichtbar nicht (wie Bettina und Rahel) als Kunstform versteht:

»Die Briefform, die ich ihm [dem Bericht] anfangs gegeben, hat mir Schelling gestrichen, und übrigens mich sehr zum Besten gehabt mit der großen Zärtlichkeit für das Stück und alles dasselbe Betreffende, die durchgehends hervor leuchtete, und ich mußte selbst darüber lachen, welch ein weibliches Ansehen er hatte. Wir nahmen unter vielem Scherz noch eine und die andere allzu zarte Spur der zarten Hände heraus.« (Caroline Briefe 2: 264)

Bettina läßt sich von niemandem etwas streichen oder beschneiden, sie bekennt sich zu dem Stil des locker Assoziativen, des Hin- und Herspringens im »Flug der Gedanken«. Wie Martin Platz den Stil von Rahel Varnhagen beschreibt, das könnte sehr wohl auf Bettina zutreffen:

»In Rahels Briefen findet man das typische Durcheinander des Gesprächs, den Zickzack der Gedanken, das Abschweifen der Phantasie in immer neue Bereiche. Danach bestimmt sich auch ihre Sprache. Scheinbar absichtslos, willkürlich, verrückt durcheinander purzelnde Wörter, dazwischen die spontansten Ausrufe, Kommentare, Einschiebsel, wie sie im Gespräch vorkommen, für den damaligen Leser ständige Pro-Vokation zum Mitdenken, für uns heute allerdings oft schwer verständlich, dunkel.« (Platz: 39)

In der natürlich männlich bestimmten Rezeptionsgeschichte Bettinas (für die hier leider kein Platz ist) wird dieser »weibliche Stil« als Mangel definiert.

Ludwig Geiger, der Bettina im übrigen wohlgesonnen ist, schreibt – und das ist typisch für die Ansichten über sie –:

»Sie besaß weniger geistige Zucht, die rasch aufquellenden überströmenden Gedanken vermochte sie nicht in Ordnung zu halten. Sie hatte weder das Talent zur Komposition eines größeren Ganzen, etwa eines Romans, noch die Gabe, ihre Ideen zurückzuhalten und zu einem großen philosophischen Werke zu ordnen. Sie schrieb Briefe, ›schüttelte‹ wie Jacob Grimm sagte, ›lange Antworten aus ihrem weiten Ärmel, unfähig, das notwendige Maß der Dinge zu fassen und zu halten‹.« (Geiger: 2)

Dagegen versteht Ingeborg Drewitz Bettinas Stil im Zusammenhang des von Heine beeinflußten locker-assoziativen, Tagespolitik mit persönlichen Ereignissen mischenden Stils des Journalismus, der sich im Klima des Salons als Ausdruck politischer Opposition verstand:

»Viele kamen aus den emanzipierten jüdischen Familien, denen Staatsämter nicht offenstanden, viele aus dem Kleinbürgertum, das politisch noch bedeutungslos war, während das Bürgertum den Adel, der sich von der Agrarwirtschaftskrise 1825 nicht erholt hatte, in seiner politischen Bedeutung abgelöst hatte. Die Führer der Opposition kannten das Leben unter dem Druck der Not, sie waren hellhörig für die Unruhe unter den rechtlosen Armen. Zum ersten Mal in der deutschen Geschichte zeichnete sich die gesellschaftsbildende Kraft des Journalismus ab.« (Drewitz: 188)

Dieser Stil hat aber auch einen poetologischen Aspekt ; er ist Teil einer modernen, antiklassischen Ästhetik, die Friedrich Schlegel theoretisch mitbegründet hat.

Friedrich Schlegels Lob dieses Stils findet sich überall dort, wo er über die Arabeske schreibt (bei seiner Verteidigung Jean Pauls beispielsweise). Die *Arabeske* ist für ihn die ursprüngliche Form der Poesie, wie er im »Brief über den Roman« – Teil des »Gespräch über die Poesie« (Briefe – Gespräch – Formen der Geselligkeit) sagt. Im Unterschied zu den geschlossenen Kunstwerken, vor denen wir uns nur anbetend verneigen können, geben uns die geselligen Kunstformen die Möglichkeit, einer – wie Brecht später formuliert – produktiven Rezeptionsweise. So, meint Schlegel, sei der Humor von Laurence Sterne (vor allem in seinem schönen Roman »Tristram Shandy«, der für die moderne Ästhetik wichtig war) eine

»... geistreiche Form, die Ihre Phantasie dadurch gewann; und ein Eindruck, der uns so bestimmt bleibt, den wir so zu Scherz und Ernst gebrauchen können, ist nicht verloren; und was kann einen gründlicheren Wert haben als dasjenige, was das Spiel unsrer innern Bildung auf irgendeine Weise reizt oder nährt.
Sie fühlen es selbst, daß Ihr Ergötzen an Sternes Humor rein war und von ganz andrer Natur als die Spannung der Neugier, die uns oft ein durchaus schlechtes Buch in demselben Augenblick, wo wir es so finden, abnötigen kann. Fragen Sie sich nun selbst, ob Ihr Genuß nicht verwandt mit demjenigen war, den wir oft bei Betrachtung der witzigen Spielgemälde empfanden, die man Arabesken nennt.« (Schlegel: 509 f.)

Schlegel nimmt einen anschaulichen Vergleich aus der Malerei, indem er die Arabeske, jene kleinen Kritzeleien, die

16

wir am Rand großer Stiche als eine Art Vorübung oder Vorstudie zum »großen Bild« des Künstlers sehen, überträgt auf diese spielerisch-gesellige Art des Dichtens, die den Leser zum Mitspielen stimuliert. Eben diese Form finden wir in den Briefen einer Rahel Varnhagen oder Bettina mit ihren Abschweifungen und lockeren Assoziationen, die recht eigentlich *Gesprächs*figuren sind. In einer ganz anderen Weise werden wir so auch philosophische, ästhetische und politische Inhalte (und Bettina schafft eine Synthese von allen) nachvollziehen können. Sie werden uns weder durch eine geschlossene Kunstform noch durch ein geschlossenes philosophisches System vermittelt: in diesen beiden Fällen müssen wir meist von uns selbst abstrahieren und dürfen nur eine ganz abgehobene Form der Phantasie und des Denkens zulassen, während wir im anderen Fall die Flügel der Phantasie – so sie noch der Ent-Faltung fähig sind – nicht beschnitten bekommen. In diesem Sinne ist Schlegels Begriff des »Interessanten« zu verstehen, den er an die Stelle des Begriffs »Schönheit« setzt, so wie er den Begriff der bewußten Künstlichkeit der Moderne an die Stelle der alten »Nachahmung der Natur« setzt.

»Nur auf Natur kann Kunst, nur auf eine natürliche Bildung kann die künstliche folgen.« (Schlegel: 133)

Künstlichkeit (mit der »Kunst« ja zusammenhängt) behauptet sich als subjektive Art des Synthetisierens im nahezu chemischen Sinn: des Zusammenbringens verschiedener »natürlicher« Elemente als Leistung des künstlerischen Subjekts, das nicht die Natur nachahmen will im Kunstwerk, sondern auch die Natur – wie alles andere – zum *Material* der Poesie macht. Bettina, das ist ganz deutlich, betrachtet alles um sie her als Material ihrer künstlerischen Produktion, die wiederum für sie Teil einer *sozialen Kommunikation* ist; nicht Bildung eines »Werks«, sondern Bildung, Entfaltung des Menschen (der sich in der künstlerischen Produktion verwirklichen kann) ist das Ziel. Deshalb geht es nicht um Darstellung bestimmter Inhalte, sondern um Selbstdarstellung, d. h. Vermittlung des Subjekts in der Methode der Aneignung der Inhalte, der Gedanken, Stimmungen und Gefühle, die uns stimulieren, *unsere* Gedanken, Stimmungen, Gefühle zu reflektieren. *Nicht Gefühls-*

17

schwärmerei, sondern Reflexion des Gefühls ist »romantisch«. In diesem Sinne schreibt die Günderode am 18. Juni 1799 mit 19 Jahren an eine Freundin:

»Von den Begebenheiten unserer Reise kann ich nichts sagen. Schriebe ich ein Tagebuch, so wäre ich in der traurigen Nothwendigkeit, viele gedankenlose Gedankenstriche anzubringen. Dies gilt aber nur von *Begebenheiten,* denn von dem, was ich *gedacht, empfunden,* könnte ich ganze Seiten voll schreiben.« (Günderode 2: 222)

Ähnliche Gedanken finden wir bei Bettina, vor allem in ihren Briefen an die Günderode. Die Reflexion auf das, was man produziert, ist Teil der »Romantisierung«. Reflexion der Reflexion, Denken des Denkens ist die nochmalige »Potenzierung« des Lebens, wie Novalis sie versteht. Der Akt des Produzierens wird dabei transparent. Wenn ich einen Gegenstand, ein Wort aus seinem gewöhnlichen (Alltags-)Zusammenhang löse, mache ich den Gegenstand, das Wort, neu wahrnehmbar. Das ist *Romantisierung,* sichtbare Verwandlung des Lebens in Kunst mit dem Anspruch der Synthese von Leben und Kunst. Daß diese sich nicht in philosophische Systeme pressen ließ, leuchtet ein. Was Ricarda Huch über die Geschwister Brentano (Clemens und Bettina) schreibt, gilt für viele Romantiker:

»Eben das Unsystematische, Sprunghafte ihres Denkens, dem die Mittelglieder fehlen, sodaß es lauter Drücker und Glanzlichter gibt, machte ihre Äußerungen im geselligen Kreise oder in Briefen so reizvoll und anregend. Diese beiden Menschen, die in Folge einer abnormen Anlage im Leben überall anstießen, ziehen durch ihre Schriften, die sie hinterlassen haben, unwiderstehlich an.« (Huch: 525)

Allerdings geht Ricarda Huch hier, wie in ihrer gesamten Interpretation der Romantik von einer höchst fragwürdigen Definition des Normalen und der Norm aus; es verwundert nicht, daß Goethes lapidares Urteil, das Klassische sei das Gesunde und das Romantische das Kranke, in dieser Art von Rezeption lange Zeit nicht in Frage gestellt wurde.

Die Welt muß romantisiert werden

Weshalb interessiert uns Bettina heute? Bettina interessiert uns als Teil einer Bewegung, nämlich der kritisch-romantischen, die mit der Entdeckung des Unbewußten *und* einer antizipierenden Kapitalismuskritik die sich gerade etablierende bürgerliche Gesellschaft in Frage stellte. Bettina, indem sie das kritische Bewußtsein der Frühromantik (um 1800) der spätromantischen, auch politischen Reaktion (ab 1830) entgegenstellte, berührte sich mit dem Jungen Deutschland. Diese zeitliche Differenz ist relevant, sie wird in der Rezeption oft übersehen. Die Frühromantik, besonders der »Jenaer Kreis« (in dessen Mittelpunkt die Brüder Schlegel mit ihren berühmten Frauen Dorothea und Caroline, die Philosophen Schelling und Schleiermacher, die Dichter Ludwig Tieck und Friedrich von Hardenberg, genannt Novalis, standen) sind als ästhetisch-progressiv und gesellschaftskritisch zu begreifen. Die Spätromantik, und *mit* ihr die Brüder Schlegel, wurde politisch reaktionär (Friedrich Schlegel diente sogar Metternich). *Kritisch* blieben vor allem E. T. A. Hoffmann, Jean Paul, Heinrich Heine und Bettina von Arnim, wobei Bettina geistig der Frühromantik am nächsten ist.

Bettina ist Novalis näher als dem Romantiker-Bruder Clemens Brentano und dem Romantiker-Ehemann Achim von Arnim; aber im Unterschied zu Novalis versucht sie, das frühromantische Programm der Verbindung von Kunst und Leben nicht nur in einer kleinen Gruppe von Freunden im Experiment neuer kollektiv verstandener Verkehrsformen zu realisieren; Bettina versucht, diesem Programm einen politischen Stellenwert zu verleihen, indem sie politisch *handelt,* ohne sich mit ihrem Anspruch einer romantischen Revolutionierung des Alltaglebens in die Privatsphäre abdrängen zu lassen. Ihr politisches Engagement verbindet sie mit den Jungdeutschen. Die begeisterte Rezension des »Königsbuches« von dem jungdeutschen Schriftsteller Karl Gutzkow (vgl. S. 40) zeigt diese Affinität auch von den Jungdeutschen her. Aber Bettina bleibt auch in ihren tagespolitischen Aufsätzen und Aufrufen Romantikerin, ob es um Darstellung des Alltagslebens oder um beschwörende Aufrufe gegen die Unterdrückung des polnischen Volkes oder der Juden im Frankfurter Getto geht. (Romantisieren hier im Sinne der Definition von Novalis als qualitative »Potenzierung« des Lebens.)

Das frühromantische Programm der Romantisierung ist poetologische Kritik an der Quantifizierung des Lebens. Mit der kapitalistischen Produktionsweise wurde die Eigentümlichkeit der Dinge, ihre Qualität, reduziert auf ihre quantitative Vergleichbarkeit und damit Austauschbarkeit; auch der Mensch selbst wurde als »Ware Arbeitskraft« zum meßbaren und austauschbaren Vergleichswert, und das Maß, mit dem alles mit allem vergleichbar und austauschbar gemacht wurde, war das *Geld*. Diese kapitalistische Produktionsweise blieb nicht ohne Folgen für das Alltagsleben und die Bewußtseinsbildung. Die Entfaltung der (quantifizierenden) Naturwissenschaften, die Philosophie des Rationalismus *und* die Verinnerlichung jener Tugenden – Fleiß, Disziplin, Sparsamkeit –, die den reibungslosen, zeitlich meßbaren Verlauf der neuen Produktionsweise garantieren halfen, führten nicht nur zu massenhaftem Elend und gewaltsamer Einpeitschung einer neuen, von der Zeitökonomie beherrschten Lebensform; diese Dialektik von Reduktion (der Qualität auf Quantität), Verkümmerung einerseits und unendlicher Entfaltung der Produktionskräfte andererseits, führte beim Übergang zum bürgerlichen Staat auch zu einer Entfaltung der Bedürfnisse und einer quasi kosmopolitischen Verfügbarkeit über den materiellen und ideellen »Reichtum der Welt«. »Romantisierung« umschließt diese Dialektik; sie ist nicht restaurative, rückwärtsgewandte Kritik an den »neuen Verhältnissen« (wie in der spätromantischen Reaktion, von der Bettina umgeben war, bis hin zu ihrem Bruder). Romantisierung – von den Spätromantikern längst aufgegeben zugunsten einer Idyllisierung des Bestehenden und einer Verteufelung aller progressiven Folgen der Französischen Revolution – enthält die Reflexion auf die »Universalität der Bedürfnisse« (Marx) und auf die Freisetzung der materiellen und geistigen Produktivkräfte durch den Kapitalismus, der die »bornierten« Schranken des Feudalismus, die in den Zollschranken von über 300 deutschen Fürstentümern ihren äußeren Ausdruck fanden, aufhebt. Wenn Novalis eine »universelle Humanität« (Novalis:441) fordert, so berührt sich dies mit der Schellingschen Dialektik der Humanisierung der Natur und der Naturalisierung des Menschen. Der natürliche ist nicht der primitive Mensch, sondern der nicht mehr zwanghafte. Novalis verbindet »Natürlichkeit« und Geschichte, und er setzt dabei den romantischen Begriff reflektierter Natürlichkeit voraus, der impliziert, daß es die »erste« Natur für uns nicht gibt, daß sie immer schon und von je bearbeitete Natur ist, und sei es die geistig angeeignete »wilde Natur«, welche die Romantik nicht zufällig entdeckt. Überall finden wir, auch in Bettinas emphatischen Naturbeschreibungen der Günderode-Briefe, die Beschreibung wilder Natur in Korrespondenz zur eigenen Stimmung.

Diese Stimmungsnatur und Stimmungslandschaft der Romantik beginnt mit Rousseaus »Neuer Heloise« und den Ossian-Dichtungen des Schotten MacPherson, sie setzt sich fort in Goethes Werther, der heitere Landschaft beschreibt, solange der Held sich positiv-verliebt in ihr bewegt und der sich *mit* der Landschaft, in der er sich bewegt, verdüstert, der schließlich nicht zufällig die dunklen nebligen Landschaftsschilderungen Ossians zitiert, wenn er sich Zuständen nähert, die der romantische Dichter Lenau, sich kennzeichnend, eine »Gravitation nach dem Unglück« nannte. Das ist alles andere als naive Naturbeschreibung, wie sie sich mit dem so eingerasteten mißverstandenen Image der Romantik verbindet (die Stimmungslandschaft des Werther, wenn auch zwei Jahrzehnte vor dem Beginn der Romantik, 1774, ist romantisch). Diese den *Figuren* analoge Stimmungslandschaften sind im höchsten Maße synthetisch, angepaßt an den psychischen Zustand des Menschen. Im »Werther« wird das Synthetische nochmals verdoppelt, indem Werther den Ossian *zitiert,* (der 1763 erschien und einflußreich für den deutschen Sturm und Drang war, dem der »Werther« zugerechnet wird). Das Ausmaß des Zitathaften in der Romantik, des Collagierten im modernen Sinne, des künstlich Zusammengestellten, wird heute kaum mehr nachvollzogen, weil uns die Bildung fehlt, aus der heraus die Anspielungen und das freie Spiel mit dem »Bildungsgut« zu verstehen wäre. Der Anmerkungsapparat zu Bettinas Briefen würde den Umfang des Originaltextes weit überschreiten, ließe man sich auf alle Anspielungen ein. Im Rahmen eines kleinen Buchs wäre dies nur auf Kosten von Bettinas Texten möglich, um die es schließlich geht. Aber es ist auch nicht nötig, denn Bettina *zeigt* durch ihre Vermischung der Bereiche, Gattungen, Stimmungen, durch die Gleichzeitigkeit von spontaner Gefühlsäußerung und Reflexion darauf selbst die Methode des Romantisierens. Novalis hat die »Methode« als noch ganz »unbekannte Operation« bezeichnet –: daß er damit schon im Wort auf den operativen, eingreifenden (und *nicht* naturnachahmenden und widerspiegelnden) modernen Dichter vorausweist, konnte nur deshalb übersehen werden, weil Novalis mit dem Vorurteilsblick dessen, der sich schon immer vorher ein Bild macht (und die Literaturwissenschaftler haben dafür ein spezielles Talent), gelesen und abgehakt wurde. Die Welt, sagt Novalis, muß romantisiert werden.

»Romantisieren ist nichts als eine qualitative Potenzierung. Das niedre Selbst wird mit einem besseren Selbst in dieser Operation identifiziert. So wie wir selbst eine qualitative Potenzreihe sind. Diese Operation ist noch ganz unbekannt . . . Indem ich dem Gemeinen einen hohen Sinn, dem Gewöhnlichen ein geheimnisvolles Ansehn, dem Bekannten die Würde des Unbekannten, dem Endlichen einen unendlichen Schein gebe, so romantisiere ich es . . .« (Novalis: 424)

In diesem Sinne romantisiert Bettina ihr Leben in ihrem Schreibprozeß. Daß die Romantisierung (dem Gewöhnlichen ein geheimnisvolles Ansehn geben heißt, es verfremdend – ungewohnt – darzustellen, um es neu wahrnehmbar zu machen) eine Vorform der Verfremdung ist, sollte uns besonders dann auffallen, wenn wir Bettinas Texte seltsam oder schwer verständlich oder überraschend finden – in ihrem Nebeneinander von Trivialem und »Wesentlichem«, in einer Art Mythisierung des Alltags bei gleichzeitiger Kritik des Alltagslebens der Epoche. Das ist nicht Undiszipliniertheit, wie das so gern mit einem tolerierenden Augenzwinkern in der Rezeption (so z. Bsp. Geiger) über Bettina gesagt wird, das ist bewußte, sozusagen antiklassische, nämlich romantisierende Methode aus der Einsicht in die Künstlichkeit der (auf einer arbeitsteiligen Vereinbarung beruhenden) Grenzziehungen zwischen Wissenschaft und Kunst, Kunst und Leben, Phantasie und Wirklichkeit. Bettina wird alles zum *Material* ihrer dichterischen Kommunikation mit einem »Du«: mit der Günderode, Goethe, der Frau Rat, Clemens Brentano, König Friedrich Wilhelm IV., der Preußischen Nationalversammlung, einem jungen Freund »Pamphilius«, etc. Dieses »Du« ist gleichzeitig die Welt; und »die Welt«, für die diese Briefe, aus denen ihr Werk besteht, zu Briefromanen verdichtet, ein zweites Mal romantisiert werden, ist die deutsche literarische Öffentlichkeit, die *statt* einer politischen Öffentlichkeit – wie in Frankreich und England – auch das politische Gewissen der Nation ist, ein kleines Grüppchen ohne wirkliche Verbindung zum »Volk«, eine Verbindung, die Bettina immer wieder herstellen will. Novalis hat diesen Zustand analysiert. Erst wenn das *Volk* ein Publikum wird, wird es geschichtlich. Vorher, so kann man mit Marx ergänzen, befindet es sich in der Vorgeschichte:

»Von wie wenig Völkern ist eine Geschichte möglich! Es ist natürlich, daß ein Volk erst geschichtlich wird, wenn es ein Publikum wird. Ist denn der Mensch geschichtlich, eh er mündig ist und ein eignes Wesen vorstellt?« (Novalis: 441)

Wir haben hier wieder den Begriff reflektierter Natur vorauszusetzen, wenn von Natürlichkeit die Rede ist. Es gibt kein *Zurück in die* unbeschadigte *Natur,* ins einfache Leben, in die heile Welt, wie das der Romantik oft als Intention unterstellt wird. Es gibt nur die Bewußtwerdung durch die Geschichte, und das heißt auch, durch die Entfremdung hindurch, um zu einem »eignen Wesen« zu kommen. Die Naturalisierung des Menschen (die reflektierte Aneignung seiner Triebnatur, das nicht mehr selbstunterdrückende Umgehen mit seinen Triebbedürfnissen) und, unlösbar damit verbunden, die Humanisierung der Natur (die angesichts der Umweltzerstörung makabre Aktualität gewinnt) ist ein romantisches Konzept, das nicht zufällig Marx wiederaufgegriffen hat. Daß diese Verbindung nur kollektiv möglich ist, haben die romantischen Gruppenmenschen begriffen. Die romantische *Geselligkeit* enthielt diesen Anspruch, sein »eignes Wesen«, seine individuellen Produktionskräfte in und durch die Gruppe zu entfalten. Erst im Surrealismus werden diese Intentionen dann wieder aufgenommen.

Bettinas Briefromane sind Ausdruck dieser romantischen Geselligkeit.

Quartettabend bei Bettina von Arnim

»Journale sind eigentlich schon gemeinschaftliche Bücher. Das Schreiben in Gesellschaft ist ein interessantes Symptom – das noch eine große Ausbildung der Schriftstellerei ahnden läßt. Man wird vielleicht einmal in *Masse* schreiben, denken und handeln. Ganze Gemeinden, selbst Nationen werden ein Werk unternehmen.« (Novalis: 414)

Die romantische Geselligkeit fand ihren gesellschaftlichen Ausdruck in den Salons einerseits, andererseits in den gemeinschaftlichen Zeitschriften oder gar einem kollektiv geschriebenen Roman wie »Karls Versuche« (die Autoren waren Varnhagen, Fouqué, Neumann und Bernhardi). Die Briefform wurde im Zusammenhang dieser Tendenzen zur Kunstform erklärt, weil Kunst Teil der romantischen Geselligkeit war, verbunden mit dem Leben, mit dem Versuch gemeinsamer Lebensformen in Gruppen. Der Brief, Kunstform der Frauen im besonderen, richtete sich an einen bestimmten Adressaten, aber gleichzeitig an eine literarische Öffentlichkeit, von der dieser Adressat ein Teil war. Die Trennung von Privatheit-Öffentlichkeit (von bourgeois und citoyen, von Gefühl und politischem Verstand, von Familie und Geschäft) wurde durch die romantische Briefform doppelt aufgehoben: einmal durch die inhaltliche Vermischung von Öffentlichem und Privatem – wofür Bettinas Briefe ein hervorragendes Beispiel sind –, und zum anderen durch die Ver-öffentlichung des scheinbar Privaten, das zunächst nur für einen Briefpartner bestimmt ist. Auf diese Weise ist es nicht mehr möglich, daß der »Rationalität« des öffentlichen Geschäfts (und zunehmend des Betriebs) die Emotionalität der Familie als »Hort des Intimen« gegenübersteht. Vielmehr wird am Beginn der Spaltung diese literarisch kritisiert und spielerisch aufgehoben.

Die Aufhebung wurde dadurch erleichtert, daß die historisch »veraltete« Form der Großfamilie als Produktions- und Konsumtionsgemeinschaft erst allmählich abgelöst wurde durch die Kleinfamilie, die keine Produktionsgemeinschaft mehr war und diese zunehmende Funktionslosigkeit kompensierte durch Emotionalität und das libidinöse Besetzen einer »Intimsphäre«, die nach außen hermetisch abgeschlossen war mit dem potentiell schizoiden »Gummizaun« ödipaler Konflikte. Durch die Briefform wurde die Familie als Inbegriff des Privaten kritisiert. An ihre Stelle trat sogar konkret am Beginn der Romantik (1797) die Gruppe – nicht erstaunlich, daß es keiner der Frühromantiker außer Tieck zu einem »ordentlichen Familienvater« brachte, und daß Bettina ihre schriftstellerische Tätigkeit in vollem Umfang erst nach dem Tod ihres Mannes realisierte. Bei Betrachtung des Lebens von Clemens Brentano schreibt Ricarda Huch:

»Drei Punkte sind in unserem Leben wesentlich und finden sich in den Lebensläufen aller Romantiker, nämlich die Berufslosigkeit, die Familienlosigkeit und die Heimatlosigkeit.« (Huch: 478)

Der Skandal der »Indiskretion«, wie die Herausgabe der »Lucinde« von Friedrich Schlegel (in welcher die Entwicklung seiner Liebe zu Dorothea ausführlich beschrieben wird), ist typisches Merkmal der Romantik.

Die radikale Infragestellung eines der Öffentlichkeit entzogenen Intimbereichs ist Teil der romantischen Revolte gegen die Verkümmerung des Lebens und einer Arbeitsteilung bis hinein in den menschlichen Körper und Geist. Die Romantiker hatten eine konkrete Vorstellung davon, wie das Leben besser und glücklicher werden könnte. Sie hatten aber keine, die sich in einem berechenbaren Konzept darstellen ließ. Das machte sie äußerlich den Rationalisten unterlegen, die ebenfalls von den Möglichkeiten eines besseren Lebens sprachen, die aber das grundlegende Prinzip der Industriellen Revolution, die *Arithmetik,* auf das Leben übertrugen, den Menschen als Maschine ansahen (das »Maschinenmonster« der schwarzen Romantik war eine Reaktion auf diese Quantifizierung) und glaubten, das Glück mit dem Rechenschieber berechnen zu können:

»Für Jeremy Bentham und seine Anhänger, die konsequentesten Verfechter dieser Art von Rationalität, waren sogar Moral und Politik Gegenstände von Berechnungen. Thema der Politik war das allgemeine Glück. Die Freude eines jeden Menschen konnte (zumindest in der Theorie) in Kategorien der Quantität ausgedrückt werden, ebenso sein Schmerz. Diejenige Regierung galt als die beste, die das größte Glück für die größte Zahl garantierte. Die Buchhaltung über die Menschlichkeit würde wie die eines Geschäfts Soll und Haben aufweisen.« (Hobsbawm 1: 79)

Dieses Modell spukt heute noch in den Köpfen »progressiver« Reformer. Die protestantische Wertethik *und* die Aufspaltung des Lebens in einen öffentlichen und privaten Bereich ist Teil solcher Rationalität: Sie hat geschichtlich ein fortschrittliches Element gegenüber der feudalen Hierarchie, sie stellt eine Berechenbarkeit den unberechenbaren Privilegien entgegen, aber sie führt, verabsolutiert zum Prinzip des Lebens, in die Logik der Tauschgesellschaft, in der jede »freie bewußte Tätigkeit« erstickt wird zugunsten einer Produktion für den Tausch, in der selbst das Glück zum berechenbaren Tauschartikel reduziert wird.

»Wir fragen uns, welche Menge an Kaufkraft oder Waren und Dienstleistungen usw., die für Geld erhältlich sind, sie wievielen Individuen hat zugute kommen lassen.« (Hobsbawm: 79)

Bettinas oft trotzig anmutendes Bestehen auf der Eigentümlichkeit und Besonderheit des »Individuellen«, auf der Berechtigung, sich *nicht* konform zu verhalten, kritisiert diese Tendenz zur Reduktion des Unaustauschbaren auf Austauschbar-Berechenbares. Diese Kritik ist *keine* Kritik an gerechten und möglicherweise kollektiven Lebensformen. Bettina weist immer wieder darauf hin, daß der Einzelne sich nur mit den anderen entfalten kann. Gerade die abgeschlossene Monade, die Fiktion des autonomen Individuums, ist das Austauschbare, weil Unentfaltete, Verkümmerte. Die romantische Geselligkeit, der ständige Kontakt mit den anderen, die gegenseitige produktive Kritik mündeten konkret in Versuche, gemeinsam zu leben, zu denken, zu schreiben, seine Subjektivität überhaupt erst im Zusammenhang mit anderen Subjekten zu verwirklichen. Der romantische Subjektivismus, der auch an Bettina oft als Untugend getadelt wird, *ist* Ausdruck dieser Geselligkeit. Damals wäre es niemandem in den Sinn gekommen, Kollektivität mit »Gleichmacherei« etc. in Zusammenhang zu bringen. Erst der durch den kapitalistischen Arbeitsprozeß »vereinzelte Einzelne«, der sich in ständiger konkurrenzhafter Selbstbehauptung von den anderen abgrenzen muß, die er vorwiegend unter dem Aspekt der Konkurrenz (um den Arbeitsplatz, um die Frau oder den Mann, um die Fiktion der Einmaligkeit der eigenen Qualitäten etc.) wahrnimmt, kann sich von kollektiven Lebensformen bedroht fühlen. Im übrigen sind diese Lebensformen bislang in keinem der Länder, die sich sozialistisch nennen, realisiert worden, sondern eher – ähnlich wie in der Romantik – in kleinen gettoisierten Intellektuellen-Gruppen, die das Privileg haben, sich zur Reproduktion des Lebens nicht ständig konkurrenzhaft abgrenzen zu müssen.

Vor 150 Jahren allerdings war die Kollektivität der Lebensformen als »feudalistischer Überhang« in der Großfamilie noch lebendig und deshalb nicht so abgespalten vom übrigen Volk wie heute. Darauf reflektiert Alexander von Gleichen-Russwurm, wenn er (1909!) feststellt, der heutige Mensch belächle

»die Art der Vorfahren, durch Wort oder Brief sich einander fortwährend mitzuteilen, ihr Bedürfnis, sich anzuschließen, wenn er solches Gehaben nicht überhaupt verachtet. Wir merken vielleicht kaum, wie ungeheuer vereinsamt wir sind im Vergleich zu jenen verschwundenen Generationen und fühlen schwerlich, daß wir nichts von dem besitzen, was in der Vergangenheit . . . die Menschen elastisch und heiter, leichtsinnig und frohgemut stimmte. Einsam freut sich der moderne Charakter, einsam muß er leiden.« (Gleichen-Russwurm: 47)

Bettinas Briefe sind auch deshalb so faszinierend, weil sie den Geist dieser Geselligkeit atmen, weil Einsamkeit (sehr oft im Zusammenhang emphatischer Naturschilderungen auf Spaziergängen) nicht als Mangel, sondern als produktive Distanz vom Zusammenhang mit den anderen Menschen erlebt wird. Wie soll für den, der »einsam« leiden muß (Gleichen-Russwurm:5), Einsamkeit etwas Produktives sein? Er müßte ja aus der Not eine Tugend machen. Und also begibt er sich in den Sarg der Kleinfamilie, um sich nicht einsam zu fühlen. In dieser Isoliertheit versteinern die Menschen und treffen auf andere Versteinerte, die sie nur als Feindbilder wahrnehmen, denn sie sind außerhalb der Intimsphäre der Kleinfamilie, auf die allein der Mensch sich in der zunehmend bedrohlicher werdenden Wirklichkeit zurückziehen kann. Daß das Konkurrenzprinzip *in* der Familie mit schmerzhaften Abgrenzungskämpfen gegen symbiotische Umarmungstechniken weiter reproduziert wird, das verschleiert er sich. Die »Privatsphäre« wird als heile Welt postuliert und phantasiert. Von dieser Situation aus ist es schwer, die Existenz der literarischen *Salons* zu verstehen, im besonderen die der romantischen.

Die Salons der Aristokratinnen im 17. Jahrhundert in Frankreich, in denen hinter den Kulissen Politik gemacht wurde, und zwar meist unter der Regie attraktiver Frauen, hat mit dem deutsch-romantischen, bürgerlich-aristokratisch gemischten Salon nicht mehr viel gemeinsam – allerdings soviel, daß, im Unterschied zu den englischen Herrenclubs, Frauen darin dominieren. In einer Zeit, in der Maria Theresia, Katharine II. und eine Madame Pompadour die europäische Politik bestimmten, waren die männlichen Aristokraten in Frankreich im wahrsten Sinne des Wortes depotenziert: Sie waren ihrer Machtfunktionen beraubt und lebten als funktionslose und abhängige Parasiten am Hof des »Sonnenkönigs« Ludwig XIV. Und während sie stickten und, was damals Mode war, goldenen Brokat auftrennten, machten ihre Frauen mit halber oder ganzer Oben-ohne-Mode Politik. Der romantische Salon ist dagegen der Treffpunkt *bürgerlicher* Emanzipationsbestrebungen.

»Im Salon treffen sich die, welche gelernt haben, im Gespräch darzustellen, was sie sind. Der Schauspieler ist stets der ›Schein‹ seiner selbst, der Bürger hat als einzelner gelernt, sich zu zeigen, nicht ein Sein, das hinter ihm steht, sondern nichts als sich selbst. Der Adlige verliert langsam in der Aufklärung das, was er repräsentierte, er ist zurückgeschlagen auf sich selbst und verbürgerlicht.« (Hannah Arendt: 45).

Den berühmtesten Salon, den Salon der Romantikerin Rahel Varnhagen in Berlin, nennt Hannah Arendt in ihrem Buch über Rahel Varnhagen einen »sozial neutralen Raum, in dem sich alle Stände treffen und von jedem als Selbstverständlichkeit verlangt wird, daß er ein einzelner sei.« (Arendt:45) Das Sichdarstellen als bürgerliches Rollenspiel löst die feudale Repräsentanz ab, die in den Salons der französischen Aristokratie noch ausschlaggebend war.

Bettina und vor allem ihr Bruder Clemens gehörten zum Kreis der Freunde um Varnhagen. Rahel starb ein Jahr nach Goethe, 1833, und hat deshalb von der schriftstellerischen Tätigkeit Bettinas, die im größeren Umfang nach 1835 anzusetzen ist, kaum etwas erlebt. Bettinas Salon war auch – in der politisch explosiveren Situation des Vormärz – wesentlich als kleiner Zirkel einer politischen Gegenöffentlichkeit zur Zeit härtester Zensur zu verstehen. Für ihn gilt schon nicht mehr, was Hannah Arendt von Rahels Salon sagt:

»für eine kurze Zeit hat sich alles, was in der Gesellschaft Rang und Namen hatte, den gesellschaftlichen Ordnungen und Konventionen entzogen, war ihnen entlaufen. Der jüdische Salon in Berlin war der soziale Raum außerhalb der Gesellschaft, und Rahels Dachstube stand noch einmal außerhalb der Konventionen und Gepflogenheiten auch des jüdischen Salons . . . Der jüdische Salon, das immer wieder erträumte Idyll einer gemischten Geselligkeit, war das Produkt der zufälligen Konstellation in einer gesellschaftlichen Übergangsepoche. Die Juden wurden zu Lückenbüßern zwischen einer untergehenden und einer noch nicht stabilisierten Geselligkeit . . . Juden wurden in dem gelockerten Konventionsgefüge der Zeit in der gleichen Weise gesellschaftsfähig wie die Schauspieler: beiden attestiert der Adel ihre bedingte Hoffähigkeit.« (Hannah Arendt: 62 f.)

Bettina, die nicht nur den jüdischen Salon kannte, sondern auch das jüdische Elend des Frankfurter Gettos, nahm zur Judenfrage sehr engagiert Stellung (vgl. S. 161 ff.) und machte auch diese zum Thema des Salons.

Der literarische *Salon,* gesellschaftlich neutralisierter Ort gebildeter Geselligkeit, wird von den Romantikern als *literarische Produktionsstätte* betrachtet. Erst in der geselligen Wechselwirkung von Gespräch und Werk, von Sprechen und Schreiben wird die neue »romantische« Kunst begriffen. Der für die *Moderne* entscheidende Aspekt ist der *Prozeß*charakter der Kunst, in dem das Resultat verschwindet. Es geht den Frühromantikern nicht um das abgeschlossene Kunstwerk, um das Produkt, sondern um den künstlerischen Prozeß als integrierten Teil freier Selbsttätigkeit, um die Produktion des »Lebens«, wie es sein sollte. Deshalb soll, wie Inge Hoffmann-Axthelm Friedrich Schlegels Ästhetik definiert, »der Übergang vom gesprochenen zum geschriebenen Wort derart fließend werden, daß alle Formen geselliger Mitteilung sich möglichst unvermittelt als literarische konstituieren«. (Hoffmann-Axthelm: 96)
Die Formen dieser künstlerischen Geselligkeit gehen über den *Salon* weit hinaus. Der Jenayer Kreis produzierte gemeinsam für die Zeitschrift »Athenäum« (1798–1800). Diese Zeitschrift war nicht nur zum Selbstverständnis der Gruppe gegründet worden (die Schlegels, Tieck und No-

valis schrieben hauptsächlich für sie), sondern auch, um ein größeres Publikum durch die Form des Journals zu erreichen. Das Wichtigste für Friedrich Schlegel ist am Athenäum aber »nicht die Tatsache, daß es eine eigene kritische Zeitschrift darstellt, sondern daß es Instrument der literarischen Vereinigung der Gruppe ist« (Hoffmann-Axthelm: 94). Der literarische Ausdruck ist deshalb nicht zufällig meist die Form des Dialogs, des Gesprächs, des Fragments, des Briefes (Gespräch über die Poesie, Brief über den Roman etc.); sie entspricht einem dem geschlossenen Kunstwerk entgegenstehenden Konzept des offenen Werks, das produktive Rezeption, also kommunikativen, kritischen Eingriff erlaubt. Allerdings gelingt die Vermittlung der Gruppe nach außen gerade auf dem Höhepunkt der literarischen Geselligkeit, wo ein Teil der Gruppenmitglieder zusammenleben, am wenigsten.

Im Jahre 1799 (Bettina ist 14 Jahre alt und konnte diese Intensität des Gruppenlebens erst ein Jahrzehnt später, als es längst vorbei war, vermittelt bekommen) ist die Gruppe am engsten zusammen. Im Hause A. W. Schlegels und seiner Frau Caroline, einer der dominierenden romantischen Frauengestalten, wohnten oder hielten sich als Dauergäste auf:

Der Philosoph Schelling (den Caroline später nach ihrer Scheidung von A. W. Schlegel heiratete), der Dichter Tieck mit Frau und Tochter, der Bruder Friedrich Schlegel und Dorothea, die als »Lucinde« die romantische Frau par excellence wurde, der Naturforscher Steffens, der die Naturwissenschaften romantisieren wollte (im Sinne der frühromantischen Forderung nach Vereinigung von Kunst und Wissenschaft), Novalis und, zu einem späteren Zeitpunkt allerdings, der Philosoph Schleiermacher, der seinen Freund Friedrich Schlegel in seinen »Vertrauten Briefen Schlegels über Lucinde« gegen die Anwürfe der Rezensenten in Schutz nahm. *Die Frauen* dominieren nicht nur in der Geselligkeit des Salons, sie halten auch eine Künstlergruppe wie diese zusammen, allerdings auf Kosten der eigenen Produktivität. Im Unterschied zu Rahel Varnhagen und Bettina betrachten sich Caroline und Dorothea Schlegel in ihrer künstlerischen Produktion nicht als eigenständig, sondern letztlich doch als Musen ihrer genialen Männer, ja ihre Rezensions- und Übersetzertätigkeit ist für sie teilweise Broterwerb zugunsten der »wahrhaft künstlerischen« Produktivität der Männer. Das steht im klaren Widerspruch zum frühromantischen Programm, und es steht auch im Widerspruch zur Forderung nach Auflösung der männlichen und weiblichen Rollen, wie wir sie in der »Lucinde« finden (das Spiel mit dem Rollentausch, die Chance, daß sanfte Männlichkeit und starke aktive Weiblichkeit sich zum »höheren Menschsein« vereinigen).

Das hat mit der berühmten Diskrepanz von Theorie und Praxis zu tun, mit dem Widerstand, den »das Bestehende« deren Vereinigung und der Kritik von Ehe und Familie entgegensetzt. Mit ihrer Kritik an der kapitalistischen Produktionsweise und deren Bewußtseinsbildungen, ihrer Kritik am bürgerlichen Staat und seinen Sozialisationsinstanzen und -institutionen (Familie, Ehe, Erziehungs- und Strafanstalten etc.) wirkte die Romantik demnach nicht unmittelbar beeinflussend. Ihr Selbstverständnis einer menschenwürdigeren, antipatriarchalischen Gesellschaft, das in Bettinas Werk verbunden ist mit direkten politischen Fragestellungen, ist vielleicht gerade deshalb *heute* aktuell, weil damals diese Kritik kaum über das Gruppenverständnis hinaus zu vermitteln war. Ulrike Prokop hat diese antizipierende Kapitalismuskritik als Auseinandersetzung mit der bürgerlichen Bewußtseinsbildung der Aufklärer begriffen:

»In ihrer Auseinandersetzung mit der Aufklärung und den Erfahrungen der beginnenden Industrialisierung, der sich differenzierenden gesellschaftlichen Arbeitsteilung, stellt die deutsche Frühromantik Gewinnstreben und ökonomisch orientierte Produktivität in Frage. Die romantische Literatur kommt zugleich zum Angriff auf die Ehe als Institution, da sie der lebendigen Liebe eine äußerliche, fremde Form, der zerstörten Beziehung eine unwürdige Fessel (vor allem für die Frau) sei.« (Prokop: 148)

Immer wieder finden wir in Bettinas Briefen diese Beschwörung der *lebendigen Liebe* (vor allem in den Günderode-Briefen) in der Begegnung jenseits von Institutionen und reglementierenden Konventionen. Dazu gehört nicht nur die Ehe als gesellschaftliche Zwangsjacke, die ein kontrolliertes Bewegen garantiert, es gehört dazu auch die masochistische Partnerwahl, die mit Instinktsicherheit *den* Partner wählt, der einen an der eigenen Entfaltung, vor deren Möglichkeiten man selbst Angst hat, hindert. Bettina dagegen wirft sich emphatisch selbst den Menschen in die Arme, bei denen sie bis zum Grad der Gefährdung ins Pulsieren, fast ins Brennen gerät. Sie demonstriert, wie das Einlassen auf den andern Einlassen auf die eigene verdrängte Geschichte bedeutet. Und sie bestürmt die verhaltene Günderode mit ihrer Liebe auch für ihre eigene Selbstfindung. Für die Begegnung der Liebenden ist die romantische Geselligkeit der Rahmen, der verhindert, daß die Begegnung ins Raster eingefahrener Institution gezwängt wird.

Friedrich Wilhelm IV. als Kronprinz

Zur Theorie der Abweichung

Einleitung

Zum Spätwerk der Romantikerin Bettina von Arnim gehören die beiden Bände des Königsbuchs. Der erste Band, dessen Titel die Widmung enthält »Dies Buch gehört dem König«, erschien 1843. Es war adressiert an den Bettina bekannten Kronprinzen, der 1840 König wurde. Dieser König Friedrich Wilhelm IV., der in der 48er Revolution eine fraglos finster-reaktionäre Rolle spielte, galt bei seiner Thronbesteigung noch als liberaler König. Der zweite Band des Königsbuchs, »Gespräche mit Dämonen«, ist ein Zwiegespräch zwischen dem »schlafenden König« und seinem »Dämon«, als welchen Bettina sich verstand. Der Band erschien 1852, also nach der 48er Revolution, in der Phase der Restauration und ohne Zustimmung des Adressaten (des Königs, der sich gleichzeitig geschmeichelt und kritisiert fühlte) wäre das Buch wohl kaum durch die Zensur gekommen. Die »Gespräche« sind ein fiktiver Dialog, eigentlich ein Monolog. Bettina macht sich hier, ganz im demokratischen Sinne, zum Dämon des Königs, zu dessen innerer Instanz, sie appelliert an sein Wesen als politische Möglichkeit, von der ihn die königlichen Sozialisationsinstanzen – die Mandarine der Macht – entfremdet haben. Etwas von der Hoffnung Bettinas auf den neuen König, als er noch der ihr befreundete Kronprinz war (vor 1840), ist in den »Gesprächen« deutlich zu spüren. Zu deren Erscheinungsdatum (1852) hatte sie diese Hoffnung wohl nicht mehr.

Im ersten Band, »Dies Buch gehört dem König«, läßt sie Goethes Mutter, die »Frau Rat« Wahrheiten aussprechen, die sehr viel weiter reichen als eine Kritik des feudalen Staates. Die Ansichten über Verbrechen und Strafe, die Frau Rat äußert (und es ist nicht nachweisbar, wo Bettina *ihre* Ansichten der Frau Rat in den Mund legt), sind bis zur Gegenwart aktuell, sie widersprechen nicht nur jedem Sühnegedanken, wie er heute noch in vielen Köpfen geistert, sie gehen ein auf Fragen der Gewalt und Gegengewalt, auf Widerstandsrecht und Ursachen von Verbrechen in der Struktur des bestehenden Staates.

Den Staat halte sie, läßt Bettina Frau Rat sagen, »für den größten, ja für den einzigen Verbrecher am Verbrechen«. (195) Wer dürfte das heute unzensiert sagen?

Dem wird ein utopischer Staat entgegengehalten. Auf die Frage nach diesem Staatsbegriff der Frau Rat, die ihr Gesprächspartner, der Herr Pfarrer, stellt, antwortet sie:

»Ich meine keinen Staat, wo nur die Zensur meine Ansichten streichen kann, ich mein einen ganz andern Staat hinter dem Himalaja gelegen, der ein Widerschein ist von dem Staat, den ich meinen könnte; sollte aber auch *das* die Zensur streichen wollen, nun, so mein ich den auch nicht. Ich meine nichts, was könnte gestrichen werden.« (Bettina III: 195)

In dieser dialektisch-spielerischen Kritik am bestehenden Staat und seiner Zensur macht Bettina nochmals die Schärfe der Zensur klar, der selbst sie nur bedingt entgeht. Wir finden im zweiten Band (unter einer härteren Zensur erschienen) oft über halbe Seiten Gedankenstriche, deren erklärende Fußnote lapidar sagt: »Lücke eigener Zensur«. Angesichts eines § 130 a (Anleitung zu Straftaten) gewinnt diese Ironie als Waffe der Ohnmächtigen aufs neue Aktualität. Bettina ist fraglos listig in ihrer Kritik der Zustände. Ihr Kampf gegen das Bestehende, und das hieß das bestehende Preußen, ist auf zwei Ebenen zu sehen:

die erste ist der mit der Tagespolitik vermittelte Kampf, hier sind ihre Schriften handlungsanweisend und direkt beeinflussend, sie setzt sich ein für Menschen, die ins Gefängnis geworfen wurden, weil sie zu offen demokratisch waren, sie setzt sich ein für die Armen, vor allem für die Weber, für die das »Armenbuch« gedacht war. Überall, wo Menschen, Kräfte, Völker unterdrückt werden oder leiden, versucht sie, aktiv einzugreifen (sie pflegt die Cholerakranken in Berlin beim Ausbruch der Seuche), durch Vermittlungen, durch Bittgesuche an den König, durch Aufrufe. Ihr Aufruf »An die aufgelöste Preußische Nationalversammlung« (1848) versucht, den politisch Handelnden die Augen zu öffnen über Preußens Machtpolitik; es geht dabei um das unterdrückte polnische Volk: »Verlaßt diese Nationalversammlung, wo man die höchsten Interessen des menschlichen Adels unterdrückt! Geht hin nach Posen, legt die volksgeweihte Hand auf das Haupt der Unterdrückten.« (Bettina III: 509)

Schon vermittelt mit der zweiten, indirekten Ebene einer romantischen Revolte gegen die Verkümmerung des Lebens durch unmenschliche Produktionsbedingungen sind die zwei Bände des Königsbuches. Sie versucht darin, den König direkt, anzusprechen und zu kritisieren. Im Ernst kann sie im zweiten Band nicht gedacht haben, den immer reaktionärer werdenden Friedrich Wilhelm IV. zu überreden, ein Volkskönig zu werden. (1840, als er König wurde, setzte sie große Hoffnungen auf ihn, die er anfangs auch einlöste, indem er beispielsweise die verfolgten Brüder Grimm nach Berlin berief, was er der Bettina als Kronprinz versprochen hatte.) Dennoch ist der beschwörende Appell an ihn nicht nur ein Trick, die Zensur zu umgehen, die fraglos ohne die Widmung – schon im Titel – zugeschlagen hätte. Sie wollte ihn doch ernsthaft zum Nachdenken zwingen und wollte ihn warnen vor der gerechten Rache der Unterdrückten für den Fall, daß er weiter so verfahre in der Unterdrückung aller freiheitlichen und sogar zaghaft demokratischen Tendenzen.

Sie wollte aber vor allem eine Öffentlichkeit unter den Intellektuellen schaffen, ein Podium für tabuisierte und von der Zensur verfolgte Themen; diese Öffentlichkeit, die sich in den literarischen Salons der Zeit hergestellt hatte, zentrierte sich um bestimmte Personen und Gruppen in Berlin, wo Bettina seit 1811 wohnte.

Eine Rezension im »Wandsbeker Intelligenzblatt« vom 10. Nov. 1843 weist auf diesen Zusammenhang deutlich hin und spricht von Bettina als politisch engagierter *Frau* – sie wird hier nicht in ihrem politischen Anspruch relativiert

wie in der konservativen Rezeption (die alle politischen
Tendenzen ins Weiblich-Mütterliche zu neutralisieren versucht), sondern sie wird als eine Art weibliches Genie begriffen, dessen politische Beeinflussungstendenzen weiblich
geprägt sind:
».. . eine Erscheinung, die tiefe Blicke in die geheimnisvolle Besonderheit des Frauengemütes und des weiblichen Genies tun
läßt«. In Bezug auf die Schrift *Dies Buch gehört dem König* ist indes
noch auf die eigentümliche Stellung der Verfasserin in Berlin hin-
zuweisen. Frau von Arnim repräsentiert für die höheren Kreise in
Berlin die Opposition, das Genie ist an die Stelle des Hofnarren
getreten, darf inmitten der Weisheit, der militärischen, juristischen
und theologischen Mandarinen den ewig freien Geist vertreten
und die Wahrheit so laut sagen, daß Allerhöchste sie hören. Wunderbare Stadt, deren Kulturspitzen hier Savigny, Schelling, Ra-
chow, dort das Kind [= Bettina, Anspielung auf ihr Buch ›Goethes Briefwechsel mit einem Kinde‹] Bruno Bauer und Nante (es
handelt sich um den räsonnierenden ›Eckensteher Nante‹, um den
Dichter A. Glaßbrenner, eine in kritischen Kreisen in Berlin popu-
lär gewordene Figur).
Die Schrift *Dies Buch gehört dem König* ist trotz ihres didaktischen,
philosophischen Inhaltes ein Kunstwerk wie weniges . . . Die poe-
tische Wahrheit, die dramatische Kraft der Schilderung ist unüber-
trefflich, selbst der Frankfurter Dialekt der Frau Rat vermehrt den
eigentümlichen Liebreiz des Ganzen. In dieser Form erscheinen
Anspielungen so unabsichtlich, so ohne persönliche Schärfe, daß
alles gesagt werden kann . . . Wir begreifen, daß wer dies Buch
liest, fast Hoffnungen schöpft, daß es nicht umsonst an seine
Adresse gelange!« (Wandsbeker Intelligenzblatt, Nr.45, 10. 11.
1843)
Bettina setzt sich in diesem Buch nicht nur konkret mit
dem Feudalismus und dem preußischen König auseinander,
sondern – als Bürgerin der freien und reichen Stadt Frankfurt, die die Entfaltung eines gesellig-liberalen Milieus zu-
ließ – insbesondere mit dem *Geist* Preußens, der in spezifi-
scher Weise den Geist des sich etablierenden Kapitalismus
repräsentiert. Ihre – für die Romantik typische – Philister-
kritik (die schon in ihren frühen Briefen an Clemens und
die Gündrode zu spüren ist) orientiert sich immer stärker
an dem Bild des preußischen Staatsbürgers, der, in einer
vertrackten Mischung aus den *schlechten* Eigenschaften des
bourgeois und des citoyen weder politisch mündig noch
kulturell produktiv wird, sondern aus einer bestimmten
geschichtlichen Konstellation den Keim dessen verkörpert,
was man später den »autoritären Charakter« nennt, wie er

in seiner preußischen Spätentwicklung glänzend in Heinrich Manns »Untertan« dargestellt wird. Natürlich gibt es den autoritären Charakter überall dort, wo sich mit dem Kapitalismus dessen Triebstrukturen – Sparsamkeit, Fleiß, Disziplin – mit Hilfe protestantischer Wertethik (Max Weber) entfalten. Aber seine mehr calvinistisch ausgeformte preußische Form läßt einen »Nationalcharakter« entstehen, den Bettina vor allem im zweiten Band des Königsbuchs (Gespräche mit Dämonen) in Gestalt der preußischen Hofbeamten persifliert und bekämpft. Die deutsche Entwicklung, gezeichnet durch eine extreme Ungleichzeitigkeit (die das hierauf reflektierende dialektische Denken mit vorantreibt innerhalb eines intellektuellen Gettos) und die *Erfahrung der Emanzipation als Fremdherrschaft* (von Napoleon bis zur Teilung Deutschlands nach dem Zweiten Weltkrieg), diese »deutsche Sonderentwicklung«, die mit dem Zerfall der regionalen Autonomie nach dem Dreißigjährigen Krieg einsetzt, macht die Identitätsbildung des deutschen Volkes schier unmöglich. Bettinas Beschwörung der Rechte des Volkes und der Chance eines Volkskönigs geschieht zu einem Zeitpunkt, wo das Scheitern dieser Identitätsbildung noch nicht besiegelt war. Dennoch war sie absehbar. Preußen hatte ungeheuer geschickt die möglichen subversiven Kräfte absorbiert, indem es diese als Staatsdiener an sich band; es hatte sich die alten Strukturen assimiliert (so daß der Feudalismus in Gestalt des deutschen Junkertums bis zum Ersten Weltkrieg einflußreich blieb) und damit den möglichen Widerstand vor allem auf dem Lande gebrochen, gleichzeitig Stadt und Land regional durchorganisiert. So blieben scheinbar die Instanzen lokaler Autonomie erhalten, und statt zentralistischer Entmachtung wie in Frankreich und England wurde eine kontrollierte Selbstverwaltung zugelassen, deren Organe sich jedoch als Organe des Staates verstanden.

Revolution von oben und Emanzipation durch Fremdherrschaft (Napoleon hob die Leibeigenschaft in Deutschland auf und gab den Juden das Bürgerrecht) erstickten in Deutschland die *Subjektwerdung* der Bürger: sie blieben Objekte von Reform und Repression, von Befreiung und Unterdrückung. In dieser Situation versucht Bettina, einen

Direktkontakt zwischen König und Volk zu propagieren, ein Volkskönigtum, in welchem sich, statt »Staatstreue«, so etwas wie bürgerliche Identität herstellt und der König nur derjenige sein sollte, in dem der Volkswille kulminiert. Gegen die behutsam-evolutionären Thesen des Buchkönigs, die einen besseren Zustand in die ferne Zukunft verweisen, ruft (im zweiten Band) der Dämon dem »schlafenden König« zu:

»Es ist nicht dein Beruf, dies Erdenleben gegen ein künftiges geringer zu achten. Du mußt Trieb haben, diese Welt zum Himmel umschaffen zu können. Das Volk, nur fordernd, was dem Gewähren selbst zugute kommt: den Gebrauch seiner fünf Sinne.« (Bettina III: 335)

Der »Verbrüderung mit dem Volk« stehen nur die Mandarine der Macht entgegen – die nobilitierte, ihre bürgerliche Herkunft verleugnende Beamtenaristokratie:

»Was deine volkstümlichen Automaten in ihren Kammern beschnarchen mit prahlerischem Getön von Schutz und Ordnung und feuriger Deutschheit: wie kannst Du nur darauf dir Hoffnungen machen ... Die Freiheit würgen, weil die Frechheit dir zu nahe tritt, das kann dich nicht unsterblich machen.« (Bettina III: 341 f.)

Der erste Band der Königsbücher erschien ein Jahr vor dem Kommunistischen Manifest. Bettina wurde erst aufgrund des zweiten Bandes als Kommunistin beschimpft, obwohl sie im engeren Sinne mit kommunistischen Ideen nicht vertraut war: es gibt eine kurze Korrespondenz mit George Sand, auf die sich die Bürokratie berief; die Behörden waren verärgert, daß sie das Königbuch nicht verhindert hatten und der König selbst die Herausgabe empfahl, nicht ganz wissend, was er tat. Der jungdeutsche Dichter Gutzkow nennt Bettina eine »Jeanne d'Arc« und setzt hinzu: »Traurig genug, daß nur ein Weib das sagen durfte, was jeden Mann würde hinter Schloß und Riegel gebracht haben.« (Telegraph für Deutschland, Nr.165 Oktober 1843, S. 657 f.)

Den zweiten Band empfindet Gutzkow eingreifender und »unmittelbarer wirkend«:

»Man hat diese Partie des Buches kommunistisch genannt, man höre was er enthält, und erstaune über dies sonderbare Neuwort Kommunismus! Ist die heißeste, glühendste Menschenliebe Kom-

munismus, dann steht zu erwarten, daß der Kommunismus viele
Anhänger finden wird.« (661)

Bettinas Kritik geht über die kritische Analyse des preußischen Nationalcharakters auf die Zersplitterung der Persönlichkeit durch die entwürdigenden frühkapitalistischen
Produktionsverhältnisse ein, die in der untersten Klasse
(des Landproletariats, der Weber, der Manufakturarbeiter
etc.) nicht einmal das nackte physische Überleben garantieren. In der höheren Klasse der gettoisierten Intelligenz in
der Kleinöffentlichkeit des Salons wird diese Zersplitterung
der Person, für die das Wort Entfremdung zum Schlag-
wort wurde, unter philosophischem und politästhetischem
Aspekt diskutiert und ihr in der Frühromantik die Synthese
von Kunst und Leben utopisch entgegengestellt. Das Ver-
wunderliche ist, wie auf der Basis deutscher Rückständigkeit am Ende des 18. Jahrhunderts mit einer in Europa ein-
maligen Radikalität gedacht wurde. Bettina zehrt ganz
deutlich von der Radikalität dieses deutschidealistischen
und frühromantischen Denkens. Vielleicht wurde es gerade
durch die deutsche Rückständigkeit ermöglicht? Sie zwang
nicht nur politische Abstinenz auf (Einsicht in die Unmög-
lichkeit einer deutschen Revolution), sondern ließ durch
die Dialektik von Nähe und Distanz zu den englischen und
französischen Verhältnissen (Nähe durch engagiertes Teil-
nehmen an den Ereignissen und die Rezeption fast aller
wichtigen ausländischen Theorien) eine antizipierende Kapitalismuskritik zu, auf Verhältnisse bezogen, die in
Deutschland noch nicht realisiert waren (was die Gefahr
restaurativer Utopie in sich birgt, wie die Spätromantik
zeigt: die Antizipation schlägt um in verfrühte Kritik und
geschichtliche Regression). Diese Kritik, angefangen von
Schillers 6. Brief der »Briefe zur ästhetischen Erziehung«
über Hölderlins und Jean Pauls Werk bis zum Programm
frühromantischer Ästhetik (das Programm einer miteinander zusammenlebenden Gruppe, deren kollektives Forum
das »Athenäum« war) reflektiert auch die gegensätzlichen
Produktionsweisen von Erfahrung: nämlich der des phili-
strösen und trivialen Alltags und der des utopischen Reichs
einer schöneren menschlicheren Welt. Die Frühromantiker,
und mit ihnen Bettina, denunzieren dieses Reich der Frei-

41

heit nicht als Welt des Scheins wie Schiller; und sie zerbrechen nicht an der Isolation, in welche diese radikale romantische Kritik des verkümmerten Lebens notwendig führt (wie der verstummende Hölderlin), sie rotten sich als Gruppe zusammen, sagen dem Bestehenden den Kampf an: wenn sie dieses nicht aktuell politisch verändern können, so konstruieren sie eine neue Realität, die Realität ihrer Subjektivität, die sie als Gruppe entfalten, ohne dabei einen Kommunikationsabbruch zu erleiden. Die romantische Ironie ist das Mittel der Gebrochenheit dieser synthetisch hergestellten Realität, in der die Romantiker den Kunst- und Lebensprozeß miteinander verschmelzen wollen; romantische Ironie ist Reflexion auf die Bedingungen der Möglichkeit solcher Synthese und ihrer Grenzen am Bestehenden, das sich nur bedingt überspringen läßt.

Bettina hat das Programm der Frühromantik in gewisser Weise radikaler realisiert als die Programmatiker selbst: Denn sie hat im Insistieren auf ihrer Subjektivität, und zwar einer weiblichen, ihre Synthese von Lebens- und Schreibprozeß in der Form von *Briefromanen* zur *Kunst* erklärt; dazu kommt, daß ihr Schreiben konkret handlungsorientiert ist, eingreifend in den Lebensprozeß. Das Denken bleibt damit nicht auf eine »Versöhnung des Wahren und der Realität« (Hegel) allein im Denken bezogen, sondern zielt auf Lebensveränderung, ohne seinen spekulativen Charakter zugunsten eines tagespolitischen Pragmatismus aufzugeben. Nicht als ready-made, sondern als sehr bewußte Konstruktion eines Lebens- und Schreibprozesses, auf dessen Bedingungen sie ständig reflektiert.

Daß die Briefform als künstlerischer Ausdruck der Geselligkeit Moment einer weiblichen Kultur ist (deren Träger nicht notwendig Frauen sein müssen), findet in ihrem Werk die konkrete Bestätigung. Sarah Kirsch hat sich in ihrem Gedichtband »Rückenwind« in einem Gedichtzyklus »Wilpersdorf« auf Bettina bezogen. In Anspielung auf die Mandarine der Macht bemerkt sie:

»Dieser Abend, Bettina, es ist/Alles beim Alten. Immer/Sind wir allein, wenn wir den Königen schreiben/Denen des Herzens und jenen/Des Staats. Und noch/Erschrickt unser Herz/Wenn auf der anderen Seite des Hauses/Ein Wagen zu hören ist/.« (Sarah Kirsch: 31)

Friedrich Schiller:
*Der Verbrecher aus verlorener Ehre (Auszug)** *

In der ganzen Geschichte des Menschen ist kein Kapitel un-
terrichtender für Herz und Geist als die Annalen seiner
Verirrungen. Bei jedem großen Verbrechen war eine ver-
hältnismäßig große Kraft in Bewegung. Wenn sich das geheime Spiel der Begehrungskraft bei dem matteren Licht
gewöhnlicher Affekte versteckt, so wird es im Zustand gewaltsamer Leidenschaft desto hervorspringender, kolossali-
scher, lauter; der feinere Menschenforscher, welcher weiß,
wie viel man auf die Mechanik der gewöhnlichen Willens-
freiheit eigentlich rechnen darf und wie weit es erlaubt ist,
analogisch zu schließen, wird manche Erfahrung aus diesem Gebiete in seine Seelenlehre herübertragen und für das
sittliche Leben verarbeiten.
Es ist etwas so Einförmiges und doch wieder so Zusam-
mengesetztes, das menschliche Herz. Eine und eben dieselbe Fertigkeit oder Begierde kann in tausenderlei Formen
und Richtungen spielen, kann tausend widersprechende
Phänomene bewirken, kann in tausend Charakteren anders
gemischt erscheinen, und tausend ungleiche Charaktere
und Handlungen können wieder aus einerlei Neigung ge-
sponnen sein, wenn auch der Mensch, von welchem die
Rede ist, nichts weniger denn eine solche Verwandtschaft
ahndet. Stünde einmal, wie für die übrigen Reiche der Natur, auch für das Menschengeschlecht ein Linnäus** auf,
welcher nach Trieben und Neigungen klassifizierte, wie
sehr würde man erstaunen, wenn man so manchen, dessen
Laster in einer engen bürgerlichen Sphäre und in der

---

 * Stuttgart 1964 (Reclam 8891). Schillers Prosastück »Der Verbrecher aus
   verlorener Ehre« (1792 unter diesem Titel erschienen) orientiert sich an
   der »wirklichen« Geschichte des Sonnenwirts Christian Schwan, der
   1760 als Räuber, Mörder und Bandenführer hingerichtet wurde. Die Geschichte Schillers erschien zuerst 1786 im zweiten Heft der Thalia unter
   der Überschrift »Verbrecher aus Infamie, eine wahre Geschichte« (Anm.
   G. D.).
** Karl von Linné (1707–78), der das nach ihm benannte Pflanzensystem
   aufstellte.

43

schmalen Umzäunung der Gesetze jetzt ersticken muß, mit dem Ungeheuer Borgia* in *einer* Ordnung beisammen fände.

Von dieser Seite betrachtet läßt sich manches gegen die gewöhnliche Behandlung der Geschichte einwenden, und hier, vermute ich, liegt auch die Schwierigkeit, warum das Studium derselben für das bürgerliche Leben noch immer so fruchtlos geblieben. Zwischen der heftigen Gemütsbewegung des handelnden Menschen und der ruhigen Stimmung des Lesers, welchem diese Handlung vorgelegt wird, herrscht ein so widriger Kontrast, liegt ein so breiter Zwischenraum, daß es dem letzteren schwer, ja unmöglich wird, einen Zusammenhang nur zu ahnden. Es bleibt eine Lücke zwischen dem historischen Subjekt und dem Leser, die alle Möglichkeit einer Vergleichung oder Anwendung abschneidet und statt jenes heilsamen Schreckens, der die stolze Gesundheit warnet, ein Kopfschütteln der Befremdung erweckt: Wir sehen den Unglücklichen, der doch in eben der Stunde, wo er die Tat beging, so wie in der, wo er dafür büßet, Mensch war wie wir, für ein Geschöpf fremder Gattung an, dessen Blut anders umläuft als das unsrige, dessen Wille andern Regeln gehorcht als der unsrige; seine Schicksale rühren uns wenig, denn Rührung gründet sich ja nur auf ein dunkles Bewußtsein ähnlicher Gefahr, und wir sind weit entfernt, eine solche Ähnlichkeit auch nur zu träumen. Die Belehrung geht mit der Beziehung verloren, und die Geschichte, anstatt eine Schule der Bildung zu sein, muß sich mit einem armseligen Verdienste um unsre Neugier begnügen. Soll sie uns mehr sein und ihren großen Endzweck erreichen, so muß sie notwendig unter diesen beiden Methoden wählen – Entweder der Leser muß warm werden wie der Held, oder der Held wie der Leser erkalten.

Ich weiß, daß von den besten Geschichtsschreibern neuerer Zeit und des Altertums manche sich an die erste Methode gehalten und das Herz ihres Lesers durch hinreißenden Vortrag bestochen haben. Aber diese Manier ist eine Usur-

* Cesare Borgia, der Sohn Papst Alexanders VI., berüchtigt durch sein Verbrechen.

pation des Schriftstellers und beleidigt die republikanische Freiheit des lesenden Publikums, dem es zukömmt, selbst zu Gericht zu sitzen; sie ist zugleich eine Verletzung der Grenzengerechtigkeit, denn diese Methode gehört ausschließlich und eigentümlich dem Redner und Dichter. Dem Geschichtsschreiber bleibt nur die letztere übrig.

Der Held muß kalt werden wie der Leser, oder, was hier ebensoviel sagt, wir müssen mit ihm bekannt werden, eh' er handelt; wir müssen ihn seine Handlung nicht bloß *vollbringen* sondern auch wollen sehen. An seinen Gedanken liegt uns unendlich mehr als an seinen Taten, und noch weit mehr an den Quellen seiner Gedanken als an den Folgen jener Taten. Man hat das Erdreich des Vesuvs untersucht, sich die Entstehung seines Brandes zu erklären; warum schenkt man einer moralischen Erscheinung weniger Aufmerksamkeit als einer physischen? Warum achtet man nicht in eben dem Grade auf die Beschaffenheit und Stellung der Dinge, welche einen solchen Menschen umgaben, bis der gesammelte Zunder in seinem Inwendigen Feuer fing? Den Träumer, der das Wunderbare liebt, reizt eben das Seltsame und Abenteuerliche einer solchen Erscheinung; der Freund der Wahrheit sucht eine Mutter zu diesen verlorenen Kindern.

Er sucht sie in der *unveränderlichen* Struktur der menschlichen Seele und in den *veränderlichen* Bedingungen, welche sie von außen bestimmten, und in diesen beiden findet er sie gewiß. Ihn überrascht es nun nicht mehr, in dem nämlichen Beete, wo sonst überall heilsame Kräuter blühen, auch den giftigen Schierling gedeihen zu sehen, Weisheit und Torheit, Laster und Tugend in *einer* Wiege beisammen zu finden.

Wenn ich auch keinen der Vorteile hier in Anschlag bringe, welche die Seelenkunde aus einer solchen Behandlungsart der Geschichte zieht, so behält sie schon allein darum den Vorzug, weil sie den grausamen Hohn und die stolze Sicherheit ausrottet, womit gemeiniglich die ungeprüfte aufrechtstehende Tugend auf die gefallne herunterblickt; weil sie den sanften Geist der Duldung verbreitet, ohne welchen kein Flüchtling zurückkehrt, keine Aussöhnung des Gesetzes mit seinem Beleidiger stattfindet, kein angestecktes

Glied der Gesellschaft von dem gänzlichen Brande gerettet wird.

Ob der Verbrecher, von dem ich jetzt sprechen werde, auch noch ein Recht gehabt hätte, an jenen Geist der Duldung zu appellieren? ob er wirklich ohne Rettung für den Körper des Staats verloren war? – Ich will dem Ausspruch des Lesers nicht vorgreifen. Unsre Gelindigkeit fruchtet ihm nichts mehr, denn er starb durch des Henkers Hand – aber die Leichenöffnung seines Lasters unterrichtet vielleicht die Menschheit und – es ist möglich, auch die Gerechtigkeit. . . .

Friedrich von Schiller

Leberecht Fromm: Ruchlosigkeit der Schrift
›Dies Buch gehört dem König‹*

Der Staat, das ist das Grundübel, die Urlüge, gegen welche die Verfasserin ihre Pfeile richtet. Hier begegnen wir
dem Hochverrath in seiner schreckhaftesten Gestalt. Ach,
was wird unser treues Unterthanen-Herz empfinden, durch
diese Gräuel hindurch sich arbeiten! –
Betrachten wir einzelne Stellen des Buches über König und
Vaterland außer ihrem Zusammenhange mit dem ganzen
Buche, losgelöst von dem Grunde, aus dem sie aufgeschos-
sen, der vergötternden Naturanschauung, so könnten wir
auch hier, wie dort im Bereich der Religion, zuwider uns
versucht fühlen, zu glauben, im Gemüth der Verfasserin
glimme wenigstens noch ein Fünkchen Loyalität. Aber,
wehe uns! wenn wir vom Schein uns täuschen lassen!
Wehe uns, wenn wir der Stimme von Betrügern trauen,
die es sich angelegen sein lassen, uns das Buch im falschen
Lichte darzustellen, um die ganze Teufelei in ihm unserm
Blick zu entziehen. –
Zu diesen tückischen Betrügern gehört auch Herr A. St.,
der Verfasser des Schriftchens »Bettina und ihr Königsbuch« – Er ist boshaft genug, das Buch uns als ein Käst-
chen mit mancherlei schönem Gestein zu schildern, während es doch die leibhaftige Pandora-Büchse ist. – Um
nämlich unser Auge abzuhalten, bis tief auf den Grund der
Hölle dieses Buches zu blicken, lügt er uns vor, die Verfasserin wolle nichts weiter »als ein freies constitutionelles
Königthum«. – Herr, Sie werden uns nicht berücken! Sie
werden uns auch nicht glauben machen, daß Sie selbst nur
dieses in dem Buche gefunden, d. h. daß Sie es mit horren-
dem Unverstande gelesen haben. Sollten Sie denn nicht gelesen haben S. 441, wo die Verfasserin auf die Frage: »Das
läuft wohl gar auf eine Constitution hinaus?« – entrüstet

---

* Auszug aus dem 43seitigen Bändchen »Ruchlosigkeit der Schrift Dies
Buch gehört dem König. Ein unterthäniger Fingerzeig, gewagt von Le-
berecht Fromm« (Bern 1844). Der unbekannte Verfasser (L. F. ist ein
Pseudonym) ist Bettina in Wirklichkeit wohl gesonnen und hebt mit Ironie die sozialistischen Aspekte des Buches hervor.

antwortet: »Ei was! Macht das Blut Rechte geltend gegen das Herz? Kann der Geist eine Grenze ziehen zwischen sich und der Seele? Bin ich König, so ist das Volk mein Blut. Das ächte Volksblut ist demagogisch« – u. s. w. O, Sie wissen recht gut, Sie müssen es wissen, denn Sie haben das Buch gelesen und wir haben kein Recht, Ihnen alle Fassungskraft abzusprechen, Sie müssen es wissen, daß diese Frau etwas ganz anderes verlangt als einen constitutionellen König. Sie will die höchsten und heiligsten Interessen der Menschheit nicht nur begeifert sehen – das Höchste, wozu die Frechheit es bringt auch bei der freisten Constitution, nein, vernichtet, total vernichtet will sie sie haben – wie sich uns bald ergeben wird.

S. 60 f. »Die ganze civilische Einrichtung ist eine Verschanzung gegen den Geist.« – Der Geist soll frei sein, das ist das Grundgesetz des Buches, frei von kirchlichen und politischen Gesetzen. Die Urlüge der Politik S. 364, das heißt alle und jede Staatsverfassung, die dem freien Geist sein Verhalten vorschreibt, ihm seine Pflichten und Bahnen vorzeichnet, soll vernichtet werden. Der Geist hat seine eigenen Gesetze, die Gesetze der menschlichen Natur, das sind die einzig, ewig wahren und jedes andere ist ein Werk der Lüge, ist Verbrechen gegen den Geist. Wie ist diese vollendete Anarchie zu erreichen? Die Verfasserin verabscheut in diesem Buche noch jeden blutigen Weg nach ihrem Ziele hin, es soll auf friedlichem, unblutigem Wege erreicht werden; darum und nur darum weiht sie den Inhalt ihres Buches einem König, also einer Staatsmacht, darum spricht sie soviel von einem König, während sie doch alles Uebrige in den Abgrund ihrer Negationen versenkt. Sie will einen revolutionären König – nicht einen constitutionellen. – Dieser Wille hat keinen anderen Grund, als wiederum ihre Naturvergötterung. S. 182. »Kein Schlachtermesser an die Natur gelegt, sei es Fleisch oder Geist! Ein Heros des Geistes muß der sein, der die alte Leier zerbricht und neue Saiten aufspannt, neue Saiten der Harmonie erschließt.« – Dieser Erlöser muß kommen, »daß durch ihn das Ideal des Erdenlebens, das Paradies des freien Geistes sich entwickele.« –

So stimmt die Verfasserin in diesem Wunsch und Glauben

48

zusammen mit jenem wüthenden Empörer Georg Herwegh, wenn er ausruft:

>Gib uns den Mann, der das Panier
Der neuen Zeit erfasse:
Und durch Europa brechen wir
Der Freiheit eine Gasse!< –

Und wie Herwegh, so wird auch die Verfasserin endlich den Gedanken aufgeben, ein gekröntes Haupt für ihre ruchlosen Pläne zu gewinnen und dann ausrufen wie er: >Noch lebt die Sphinx der Revolution!< Daß die Verfasserin keinen anderen König verlange, keinen anderen ihr Buch gewidmet habe, als solch einem gekrönten Rebellen, das ergiebt sich – wie wir gesehen haben – nothwendig aus ihrer Natur-Religion. Wir wollen es nun aber auch nachweisen aus den Forderungen, die sie an ihren König stellt . . .

Aus den wenigen hier angeführten Stellen ersehen wir, wie die Verfasserin frech genug ist, anstatt den Verbrecher, den Staat vor Gericht zu fordern. Wir unterlassen es, mehr Stellen anzuführen, denn schon die wenigen genügen, uns mit Empörung gegen ein Weib zu erfüllen, die dem Frommen Hohn spricht und den Räuber und Mörder mit ihrer Liebe umfaßt. – Ja so blind ist die Menschenliebe, die sie predigt, daß du, mein christlicher Bruder, nicht fragen sollst, ehe du deinen Nächsten brüderlich umarmst: >Bist du auch rein von allen groben Sünden und Lastern? Glaubst du auch mit mir an deine Erlösung durch Christo – durch Gottes freie Gnade? Oder bist du etwa ein Abtrünniger unserer heiligen Kirche und hast dich den groben Sünden dieser Welt ergeben? Bist du etwa gar ein Nachkomme des fluchbeladnen Volkes, welches den Bräutigam meiner Seele ans Kreuz geschlagen hat?< – O, mein christlicher Bruder, nach dem Allem sollst du nicht fragen nach der Lehre dieses Buches. Hier gilt keine Religion, als die tiefste Naturvergötterung, und nach ihr bist du nicht besser, als der schwärzeste Verbrecher, denn er ist unschuldig – und du vielleicht trägst selbst mit die Schuld, daß er ausgestoßen worden aus der menschlichen Gesellschaft und nun der Sünde anheimgefallen ist. – Staat und Kirche erscheinen hier als die Pestbeulen der menschlichen Gesell-

49

schaft und über sie wird der Stab gebrochen. – O, es ist nicht zu beschreiben, wie mein Herz sich empört, nicht zu ermessen, welch furchtbares Verderben dieses Buch erzeugen und verbreiten kann! . . .

»An meine lieben Berliner«
Die Antwort des Königs an die Bürger. Zeitgenössische Karikatur
(1848)

Bettina von Arnim
Sokratie der Frau Rat. Über ›Verbrecher‹ *

Bürgermeister. Ihre philosophischen Ausfälle auf den Staat,
daß Sie den Verbrecher als seine selbstverschuldete Staats-
krankheit schildern, das wird dem freilich eine verderbliche
Frucht des Erkenntnisbaumes scheinen.
Fr. Rat. Der Staat ist Mensch, die Menschheit zur Freiheit
heraufbilden ist seine physische Geschichte. Er trägt die
Krankheitsstoffe in sich und soll sich aus ihnen erlösen. Ist
die Menschheit Kind, dann liegt Anlage und Gesundheit
im Keim! – Der Staat muß diesen Freiheitskeim in ihr ent-
wicklen, sonst ist er Rabenmutter und sorgt auch für *Ra-*
benfutter. Ist die Menschheit zum Jüngling herangereift,
dann ist dem Staat als Vater des Sohnes Freiheitsblüte die
beglückende Hoffnung und sein heroisch Feuer der höchste
Genuß! Muß dem Vater nicht obliegen, daß der Sohn nicht
Sklave sei, daß die gewaltigen Kräfte der Selbstheit sich in
ihm ausbilden, aber nicht unterdrückt werden. Sollte der
Vater den Weg der Natur in ihm nicht anerkennen wollen?
– Dann aber ist die Menschheit Mann geworden. Herz und
Seele und den Gesamtgeist der Menschheit hat der Staat
selbst aber aus der Geschichte herauszubilden, und das ist
der Staat als Heros! – Hiermit tritt er zugleich ins Zentrum
zurück und wird Herr der gesamten Peripherie. –
Bürgermeister. Mensch ist der Staat? – Mutter, Vater! –
Dann endlich Herz und Seele regiert vom Gesamtgeist, der
ein Heros ist und ins Zentrum zurücktritt und Herr wird
der gesamten Peripherie! – Ei, wo bleibt der Landesvater? –
Fr. Rat. Ja! wo bleibt der, wenn er nicht *rasch der Zukunft in*
die Mähne greift und kühn sich ihr in den Nacken schwingt,
und unter jauchzendem Zuruf der Menge den atabyrischen
Gipfel erreicht, bekanntlich der Siegesgipfel der olympi-
schen Renner! – Wenn er von diesem Höhenpunkt aus
nicht herrscht, tief im Herzen die Weisheit, mit *gradem*
Schritt daher tritt, die gerechte Seele voll Redlichkeit, daß
Bürger und Freunde mit Ehrfurcht und Gunst und vater-

---

* Aus: »Dies Buch gehört dem König«, (Bettina III: 137 ff., Auszüge)

landliebender Wonne ihn umschwärmt. – Wo bleibt er? – Mich ängstigt's selbst! – Wo bleibt er, wenn er nicht Genius der Menschheit wird? – Das heißt vollziehendes Prinzip ihrer Ansprüche! – Der Staat hat dieselbe Willkür, dieselbe Gewissensstimme für Gutes und Böses wie der Christ, doch die verkrümelt sich in den Rechthabereien der Staatsdiener gegeneinander. – Der Verbrecher ist des Staates eigenstes Verbrechen! – Der Beweis, daß er sich als Mensch an der Menschheit versündigt. Die ihn dahin bewegen zur Willkür, die alten Staatsphilister, die sind auch seine Krankheiten. Die sich aber dieser Willkür nicht fügen und nicht durch die seelenbeengenden Verhältnisse sich durchwinden können, das sind die Demagogen, an denen versündigt sich dieser ungesunde Staat, weil er ihre gesunden Kräfte nicht in Harmonie zu bringen weiß. Und grade denen muß er sich widmen, weil sie seine Ergänzung sind und seine Wiederherstellung, während die andern, die sich ihm fügen, ihn in sich versunkner und stocken machen! ...

Bürgermeister ... – Man erhebe nicht über des Staates Härte, seine Moral, seine Politik und Religion weisen ihn darauf an; man beschuldige ihn keiner Gefühlslosigkeit, sein Mitgefühl sträubt sich dagegen, aber seine Erfahrung findet nur in dieser Strenge Heil! – Es gibt Krankheiten, in welchen nur drastische Mittel helfen. Der Arzt, welcher die Krankheit als solche erkennt, aber zaghaft zu Palliativen greift, wird nie die Krankheit heben, wohl aber den Patienten nach kürzerem oder längerem Siechtum unterliegen machen!

Fr. Rat. Wenn Sie den Tod als drastisches Mittel anwenden, wie ist da zu heilen? – Gestehen Sie lieber, der Staat sei selber zu malade, um dem Verbrechen zuvorzukommen, obschon das auch nur kranke Einbildung ist. Aus gänzlichem Mangel an Energie, was das Hauptsymptom seiner Krankheit ist, streckt er alle Viere von sich, und wir versinken in diesem Krankheitssumpf! – Trauriges Los! Armer Verbrecher, du mußt zuerst dran, weil alle Energie noch in dir steckt, aus der der Lebensstoff, der gesundmachende, wieder aufkeime, so ist dein Los, daß du zuvörderst dieser Krankheit zum Opfer fallest, die nichts Energisches verträgt.

Bürgermeister. Wie wollen Sie doch diese Krankheit dem Staat andichten in seinen edelsten Anstrengungen, gerecht und billig zu sein! –

Fr. Rat. Gerecht und billig! – Da er krank ist, wär's zu viel verlangt, es geht über unsre Kultur hinaus, gibt es doch nicht zwei Freunde im Staat, die in Tat und Urteil gerecht und billig einander sind. Auch, ihr Verbrecher! – letzter Lebensfunke! letzte Hoffnung dieses maladen Staates, könnte ich Mittel finden, eure Kraft in ihn hinüberzupumpen, der zu nichts zu bringen ist mehr als einen lamechten Gaul und einen Husaren, der nicht zu Hause ist, an euch zu wenden. – Wenn diesem ursprünglichen Verbrecher, diesem maladen Staat das Gewissen erwacht, so greift der arme Kranke zu den Prinzipien der Welterfahrung, kann er sich damit durchreißen, so ist keine Räson mehr in ihn zu bringen, er wird bei jedem Gewissensschmerz nach diesem Opiat greifen! – Dies einzige wäre zu versuchen, wenn man ihn bewegen könnte, den großen Karpfenteich der Wissenschaft den Verbrechern zu öffnen. – Gefangen würden sie nicht zaudern, den einzigen Ausgang zu wählen; – ihre angeborene Energie, ihre noch ungebrochne Naturkräfte, ihr starkes Organ für Naturrecht, ihr von Vorurteilen und selbstsüchtiger Politik noch nicht gebeugter und geknebelter Geist würde vielleicht in der Wissenschaft, namentlich in der spekulativen, die Gesundheitskrise des Staates vorbereiten; ihr Scharfsinn, ihre ungebändigte Sinnenkraft und Ausdauer, die nicht Tag noch Nacht ermüden – wie könnten die neues feuriges Blut dem veralteten Sündenstaat einströmen! Und auch dem Schwert der Gerechtigkeit wär damit Genüge geleistet, denn durch eine neue sittliche Auferstehung in der Wissenschaft waren sie von ihrem moralischen Tod geschieden, sie würden zu einem neuen Leben erwachen, sie würden selbst sich nicht mehr als Verbrecher anerkennen und würden am End mit Ruhm bedeckt hervorragen.

Pfarrer. Wie? – was? – wie meinen Sie das? – die Verbrecher sollten sich der Wissenschaften bemächtigen, um durch *sie* sich aus der Versunkenheit zu retten? . . . – . . .

Fr. Rat. Dem Verbrecher kann nur ein Leben gedeihen, dessen Besitz ihm niemand streitig mache, in dem allein alles sein gehöre, in dem er alles hervorbringe; ein Stoff des tiefen Nachsinnens, und zwar von nur erhabner Wirkung. – Statt eurer hoffnungslosen einsamen Einsperrungen laßt sie ein phantastisch Reich betreten des schaffenden Genusses, vielleicht führt dieser Weg zur Quelle der Magie, wo sie Dichter, Schöpfer, Künstler, Genien werden . . .

Der Posten des Überblicks ist das Volk, es begreift seine Dichter und Philosophen und hat also den Begriff seiner Zeit. Es ist der Pol, der die schaudervolle leer-erhabne Bildung abstößt, wo das Herz nichts fühlt, weil der Geist nichts umfaßt . . .

Das Volk würde mich in meinen Strebungen verstehen, denn es fühlt sich selbst im Verbrecher! –

Bürgermeister. So! – Es kann sein! ich mein es auch! Aber ist das zu seinem Ruhme?

Fr. Rat. Sprechen Sie sich nicht selbst das Urteil, daß Sie sich in ihm nicht fühlen und doch ihn verurteilen.

Bürgermeister. Wär dem so, dann würde ich nie ihn verurteilen, denn man wird sich nicht selbst Recht sprechen.

Fr. Rat. Und doch ist jed Urteil ungerecht, das nicht aus diesem Begriff hervorgeht. Der Richter muß sein eignes Selbst im Verbrecher fühlen, er muß die Möglichkeit ahnen, die Willensstärke erwägen, sich selbst zu retten und die Mittel dazu erforschen. – Naturgesetz, Naturrecht – wie viel tiefer geht es doch, wie innig schließt es sich an Geist und Herz, wie nährt es die Seele, wie strömt es fortwährend Mitgefühl, das heißt schaffendes Leben. Da gehört der Geist nicht einem, von dem er ausgehe, nein allen, die ihn trinken wie die Luft, wie den Tau, wie das Licht und die Nahrung der Erde. Wer das Naturgesetz versteht, der ist kühn, er fühlt sich im Verbrecher – – Sie zucken die Achseln? – Ich fühl mich im Verbrecher, ich will mit meinem Naturgenie vortreten, und der Regent wird mich verstehen und wird eingehen auf *was die Welt umwälzen wird,* und das ist grade die höchste Zeit jetzt . . .

Im Menschen gelten alle Charaktere, sie gehen in ein neues Element über, in das der Schöpfung! – der Charakter erschafft sich; – was in sich nicht geschaffen ist, das ist Verbrechen. So durch Geist – wird das, was noch ungebändigte Sinnenwut war, Geschöpf – vollkommen in sich organisiertes – und lernt sich fassen, das heißt seiner Kräfte harmonisch sich bedienen, – das heißt Rechenschaft von sich geben – das heißt: wirklich Mensch werden! – Was ist der Verbrecher? – Die Sinnenkräfte überwältigen in ihm die sittliche Natur, die von selbst sich dem Geist unterwirft. Die Sinnenkräfte sind stärker und hemmen dies edle Regiment, – sind wir deswegen berechtigt, eine so im Kampf begriffne Natur zum Teufel oder aus dem sinnlichen Reich der Schöpfung zu verbannen? – Stehen denn *wir* im vollkommenen Gleichgewicht unserer innern Regungen? – oder ist vielmehr das höhere Besinnen ganz taub in uns? – Ist dieser ineinander wirkenden Mächte, der Seele, des Leibes und des Geistes, – ein einzig harmonisches Erzeugnis in uns, dessen wir uns rühmen könnten? – Was haben wir Großes vollendet, dieser Lebensbewegungen würdig? – Trauer und Freude und sonst Regungen des Geistes und des Herzens sind sie so, daß ihre reinen und ungetrübten Empfindungen Zeugnis geben für die Keuschheit oder Unschuld unserer Natur? – oder für das Feuer unseres Geistes, oder für die Hingebung der Seele? – Sind es Leidenschaften, ist es Begrifflosigkeit, ist es totaler Wahnsinn selbstischer Befangenheit, die in uns wühlen, wenn wir mit den Begriffen der Menschheitsrechte aufs grausamste uns herumstreiten, den innern Frieden daran setzen, sie zu leugnen? – Wie läßt dies Rätsel sich lösen, daß das Geschöpf harmonisch geordneter Kräfte nicht wird und nur Schimäre ist? – Daß es ein sittliches Dasein lügt, vorstellt, aber nicht wirklich ist, daß es die Tugend fingiert, daß es die Vernunft widersacht, die Gefühle verbildet, leugnet oder lügt so wie alles! – Deutlicher ausgesprochen: – Morden wir nicht, und rauben und plündern und verleumden? und verderben die Menschheit, sittlicherweise schuldvoller wie jene Verbrecher, weil wir für einen gelogenen Ausdruck den reinen Ausdruck der Natur leugnen, und wer weiß, haben wir nur darum Verbrecher, weil sie nicht unter Tugendlarven zu wandeln verstehen, wer weiß, verachten sie deswegen die Religion, weil auch nur Larven die Stellen der echten Götterbilder im Heiligtum eingenommen haben. – – Und aber, wenn in uns die vollkommne, die idealistische Natur nur als Keim sich entwickelte, so würden

55

wir die kühnen Gedanken und Begriffe fassen, wodurch die Menschheit sich neu erzeugen könnte, aber nicht an unserm Urteil, an unserer Fassungskraft zu scheitern käme. Warum ist der Verbrecher nicht Tugendheld geworden? Weil er in die enge verschrobene Kultur seine breiteren Anlagen nicht einpferchen konnte! Ihr habt ja nur Maßstäbe, weil ihr vor dem Unermeßlichen euch fürchtet! Ihr habt gegenüber der Idealität eine Tugendfestung handwerksmäßig mit Nachdenken und Beweisführen euch gebaut und macht aus dieser heraus den Prozeß der feldflüchtigen vogelfreien Menschheit. Was habt ihr aus diesem Sitz der Beschränktheit schon für Dekrete erlassen? – Wie habt ihr die Natur verfolgt, weil sie in euer System nicht paßt. Für euch ist ein Etwas nicht, was dem Verbrecher als wuchernder Reiz einverleibt ist, das sich Luft macht unter Bedingungen, durch die es zum Verbrechen wird. Wären diese Bedingungen nicht, so würde es vielleicht der wirkende Reiz der Begeistrung fürs Unendliche sein, an das ihr euren Maßstab nicht anlegt. – Verstehen Sie mich? – Nein! – Natürlich, denn Sie stehen mitten in dieser bewußtlosen Bewußtheit einer angemeßnen Tugend!

Pfarrer. Bleiben Sie doch nur ein klein bißchen bei der Wirklichkeit, bei der Möglichkeit nämlich, Ihre weite noch nie und nirgend gefaßte Anschauung zu realisieren.

Fr. Rat. Was denken Sie? – Nicht zu realisieren wären meine Anschauungen! sie *müssen* realisiert werden, sowie ihr einen Funken dieser Wahrheitsflamme nur auffangt. Entweder ihr habt den Keim der Menschheit nicht in euch, oder ihr müßt diesen Keim schützen, so verwildert er auch sei. Zum Ausreuten habt ihr kein Recht; und eure verfeinerte Kultur, eure philosophischen Begriffe sind die tiefste Lüge, wenn ihr wagt, dem Menschen, dem die ganze Welt gehört, das Dasein auf dieser abzuschneiden. Zur Bildung der Erde sind wir berufen, und der Beruf läßt sich immer realisieren.

Pfarrer. Wie wollen Sie nun eine Lehranstalt oder Verbrecheruniversität organisieren? –

Fr. Rat. Nichts leichter als das! – Wie man einen Karpfenteich abläßt durch einen Abzugsgraben in einen weiteren größeren See, so läßt man die Verbrecher überschwippen

in die vollgepumpten Anstalten von Lehrstühlen, Musen-
sitze, Zenosgänge und sonstige klassische Böden, statt nur
mit Predigten von der ungenießbarsten Tautologie gefüt-
tert zu werden. Ein geschwätziges Weib erzählt alles dreimal, aber die geschwätzige Theologie schwätzt ohne
Aufhören dasselbe, bei welchem Schwätzfieber sie aus allen
Schweißlöchern Vokale dazu ausschwitzt, was kann davon
ein gesunder Verbrecher inspiriert werden! –

Bürgermeister. Was Sie sich ausgeheckt haben, Sie wollen
die Verbrecher zu großen Gelehrten umbilden! wenn ich's
recht verstehe! – Aber wie ist's möglich! wo nimmt der
Staat die Kräfte her? – Er kann sich nicht ganz dafür ver-
wenden. Er hat Pflichten, denen er obliegen muß, die ihn
ganz in Anspruch nehmen, auch wenn diese idealischen
Projekte nicht ganz Phantasma wären. – Was hat eine
Staatsmacht für Verantwortungen . . .

Fr. Rat. Ich habe mir oft die Frage gestellt, was doch des
Gerichteten Seele gleich nach dem Tod empfinde für ihren
Richter, und ob sie Ruhe habe endlich nach dem verzwei-
felten Kampf mit der gemeinsten Leidenschaftlichkeit, die
sie aus jedem Schlupfwinkel heraushetzte. Ja, wenn der
nicht gleich nach dem Tod seinem Verderber sich sühnte,
so müßte ein rächend Geschick über ihn hereinbrechen.

Bürgermeister. Sie wollen vor dem Geist des Gerichteten uns
bange machen, daß er uns verfolgen könne? Es hat noch
keiner nach dem Tod uns nachgesetzt!

Fr Rat Aus der Welt kann der nicht fort sein, dem ihr
eben den sinnlichen Lebensfaden abgeschnitten habt. Deswegen ist sein Dasein nicht von der Natur aufgehoben,
weil ihre Ordnung zerrissen ist, sie fängt im Rettungskahn
ihn auf, den ihr in die Wogen hinabgestoßen habt. – Die
feineren Sinne, wenn auch nicht überzeugt, empfinden ah-
nungsweise dem Gemordeten das Lebensgeheimnis nach.
Mancher Richter fühlt die Ohnmacht als Todesbote in seinen Gliedern, wenn er ein Todesurteil unterzeichnet. Manchen verfolgt die Ziehkraft der Erinnerung gegen die er
nichts vermag, sie wird zum unwillkürlichen Bewußtsein
in uns des Unrechts.

Die geistigen Organe haben ein willkürliches Vermögen in
die Ferne, wie gesendete Boten, die ahnungsweis solcher

gewaltigen Schicksale Verzweiflungsmomente widerhallen und der Seele den schauder- und schmerzempfindenden Reiz geben der Sympathie! – So hab ich lange den hingerichteten König der Franzosen in meinen Träumen gesehen, mit ihm gesprochen, in seine Geschichte, in seine Persönlichkeiten mich hineingefühlt. Dann war mein Geist plötzlich gehoben zu seiner Verteidigung und hielt die Volkswut bezähmt. Sag mir einer, das sei nichts! – Zum Redner bin ich geworden in meinen Träumen und prägte dem Volk meinen Willen auf.

Bürgermeister. Ein Wille, im Traum dem Volk aufgeprägt? Was müßte aus dem schon geworden sein, wenn es den Willen ausdrücken müßte unserer Träume!

Fr. Rat. Wo käm seine Bedrängnis her als von euren verkehrten Träumen, ob ihr wacht oder schlaft, einerlei! – Mir gab der Traum Empfindnerven der Wirklichkeit. Die Heldengeister der Revolution kamen im Traume zu mir, sie gaben mir die Hand, und ihr Anblick belehrte mich über die Zeiten, ist dies Unwirklichkeit zu nennen? Nein, dies Mitempfinden muß Gegenwirkung sein des Geliebten, Empfundenen. Wir können nicht für das Nichts empfinden. Die Seele kann nicht im Leib sterben, die angezogen wird durch begeistigte Verwandtschaften, sonst würde ja der Reiz, die Anziehungskraft der Liebe, das Ersterben des Geliebten bewirken. Mag auch die Seele einen Leib haben nach dem Tod, uns fehlen die Sinne – oder sie schlafen noch –, dies neue Sein zu gewahren, wie die Natur Wesen mit mehr oder weniger Sinnen begabt und dadurch ihre Lebensbeziehungen einschränkt, – im Kristall beschränkter wie in der Pflanze, weniger im Tier, am wenigsten im Menschen. Also in ihm ist das Bewußtsein am stärksten, doch ist's nur eine erweiterte Grenze, und die Schöpfung hört nicht da auf, wo unser Begriff aufhört. – Da unser Bewußtsein kaum zu lallen beginnt, wie wollen wir jetzt schon hinaus über alles, was es im Strom offenbarender Beredsamkeit uns noch mitteilen wird? Eben wie der Maulwurf die Gestalt des Menschen nicht ahnt, nichts weiß von dem, was das Auge wahrnimmt, ebenso kann außer unserer Sphäre selbständiges Leben sich bewegen, das wir nicht ahnen, aber empfinden. Wasser, Feuer, Luft, Erde! –

kann es nicht noch ein Element geben und noch eins, in dem unsre Sinnennatur noch nicht unmittelbar schwimmt, weil die Kraft dazu noch nicht erwacht ist? In der Raupe sind alle Sinnenkräfte des Schmetterlings gebunden. – Diese Zukunftssinne müssen in uns vorbereitet liegen, und grad im Tod erst werden sie geboren, wodurch sie wie bei dem Schmetterling einen höheren Grad der Schöpfung einnehmen. Das Erwachen der Sinne ist das Erweitern des Schöpfungskreises für das Geschöpf selbst, es lernt mehr durch sich selber bestehen; seine Teile erleiden Veränderungen, die es zu seiner ewigen Existenz mehr befähigen! – Das Übergehen durch noch ungeahnte Krisen sind die ewige Machtsprache der Schöpfung: *»Es werde!«* Nichts anders ist der Tod! – – Alle Anlagen, alle Ausbildung derselben sind organisches Werden jener höheren Existenz. Wir nennen geistig, was Bezug auf dieses höhere Werden hat, weil es unsern jetzigen Lebenssinnen entwachsen ist; als Begriff mag es die werdende Sinnennatur des nächsten Schöpfungsmoment sein. Da das hier Geistige vielleicht das dort Sinnliche ist . . .

Karoline von Günderode

Die Günderode

In Erinnerung an Gudrun
(13. 9. 1952 – 26. 4. 1977)

Einleitung

»O, welche schwere Verdammnis, die angeschaffnen Flügel nicht
bewegen zu können; Häuser bauen sie, wo kein Gastfreund Platz
drin hat! – O Sklavenzeit, in der ich geboren bin! – Werden die
Nachkommen nicht einst mitleidig mich belächeln, daß ich mir's
mußte gefallen lassen, wenn wir vielleicht als Geister einstens sklavische Natur uns vorwerfen! – Wie! Ihr habt den Geist eingesperrt
und einen Knebel ihm in den Mund gesteckt und den großen Eigenschaften der Seele habt Ihr die Hände auf den Rücken gebunden? – Ach *Clemens,* gehe Du doch nur immer aufs Meer, wo jede
Welle in die andere fließt! wo nichts noch feste Gestalt hat, wie
gewonnen, so zerronnen! Besser, daß alles zerfließe, als daß Gestalt
gewinne, was nicht ganz Großmut und Freiheit wäre! – Das sind so
so nachwehende Töne aus meinen Unterhaltungen mit der
Günderode, die auf drei Wochen nach Hanau ist.« Bettina an Clemens, Ende Mai 1803, (Bettina 1: 175 f.)

Karoline von Günderode (1780–1806) war fünf Jahre älter
als Bettina. Sie lernte die Brentanos durch Vermittlung
von Savigny kennen, den sie seit 1799 unglücklich liebte.
Die Freundschaft zwischen Bettina und Günderode fällt in
die Jahrhundertwende. Die ersten Briefe stammen aus dem
Jahre 1802, der intensivste Briefkontakt – also die meisten
der in dem »Günderode« betitelten Briefroman zusammengestellten Briefe datieren vom Jahr 1805, dem Jahr vor dem
Selbstmord der Günderode. Karoline von Günderode war
sechs Jahre, als ihr Vater starb, ihre Mutter schickte sie
1792, da war sie zwölf, in das Cronstetten-Hynspergische
adlige Damenstift in Frankfurt am Main. Etwas von einer
scheuen, zurückgezogenen Stiftsdame hat sie immer behal-

ten. Die Geschwister Brentano (Bettina und Clemens), die offensichtlich beide in sie verliebt waren, haben sie auch immer ein wenig erschreckt, besonders der ungestüme, sinnlich fordernde Clemens, den sie stark abwehrte, obwohl sie ihn schätzte.

Bettina war in dieser Freundschaft der aktive, werbende Teil, und die Geduld ihres Werbens lockte die Günderode auch langsam aus ihrer Stiftsdamenkühle, wie man an der Entwicklung der Briefe verfolgen kann. Diese beiden sehr verschiedenen Naturen paßten komplementär zueinander; die Günderode mit ihrem philosophisch geschulten Geist (vgl. das Kapitel über Geschichtsphilosophie, S. 133 ff.) vermittelte der kosmisch-ekstatisch dichtenden Bettina die Notwendigkeit in die Einsicht von Struktur und Geschichte und war damit ein Korrektiv für deren überschäumende Spontaneität. Und Bettina verstärkte bei der Günderode die Unmittelbarkeit eines sozusagen pantheistischen Naturgefühls, verbunden mit einer kritischen Analyse des Bestehenden, genauer, der sich etablierenden kapitalistischen Arbeitsteilung und Herrschaftsstruktur.

Günderodes Kritik am Protestantismus nimmt Gedankengänge Max Webers vorweg – allerdings finden wir die Ansätze zu solcher Kritik deutlich schon in der Jenaer Frühromantik, vor allem bei Novalis. Diese Kritik an der protestantischen Wertethik ist verbunden mit der Tendenz der Demokratisierung dessen, was als Privileg galt; gegen die rechnerische Glücksverteilung eines Jeremy Bentham (vgl. Einleitung S. 26), wo allen ein »bescheidenes Glück« zuteil wird, sollen Voraussetzungen geschaffen werden, die die Menschen *glücksfähig* machen – denn wenn sie dies sind, so bleiben sie auch glücksfordernd und lassen sich nicht abspeisen mit einigen Reformen und Verbesserungen an einem eigentlich unerträglichen Zustand. Darin liegt die Radikalität der frühromantischen Forderung, daß alle Menschen königlich werden sollen, eine Forderung, die wir im Surrealismus wiederfinden; und nicht zufällig wurde die Parole des Novalis »Die Phantasie an die Macht« eine Parole des Pariser Mai von 1968. Die Privilegierten (zu denen sich Bettina zählt) haben die Aufgabe, das durchs Privileg positiv Gewonnene (die Entfaltungsmöglichkeiten des Intellekts, der Phantasie; die Entwicklung der menschlichen Sinne) zu demokratisieren, und *nicht*, es zu vergessen und zu verleugnen. So spricht Bettina als Dämon zum König:

»Ich aber sage dir: *ob ein König die Gleichheit aller Menschen in sich trage, so ist er unüberwindlich.* . . . . alle müssen Platz haben des Gedeihens. – Das ist das große Rätsel: daß die Hausgötter nicht besondre Götter seien, sondern Gemeinschaft der Heiligen.« (Bettina 3: 336)

An solchen Worten der späten Bettina (aus dem zweiten Band des Königsbuches) spürt man den Einfluß der Günderode. Ganz konsequent entsteht daraus ein Engagement für die Unterdrückten: denn die Klassenunterschiede machen sich nicht nur an der Ökonomie, sondern auch am Bewußtsein fest, und das eine entspringt nicht geradlinig aus dem anderen. So kämpft Bettina – quasi mit den Jungdeutschen – um die Etablierung eines Bürgertums gegen den Adel, aber der Klassenunterschied ist nicht: Feudalismus – Bürgertum – Proletariat, sondern Herrscher und Beherrschte, und auf diese Weise kann sehr wohl das Bürgertum bereits als Herrschaftsklasse von Bettina kritisiert werden, wenn sie von Juden, Polen, den »Armen« spricht. Die Herrscher aber sind die Sklaven ihrer eigenen Abhängigkeit von Geld und Macht, und die Menschen, die sie zum *menschlichen Adel* zählt, sind die, die weder Herrscher noch Beherrschte sind, sondern sich von diesem Teufelskreis befreit haben; es sind die Menschen, die durchschauen, daß man Reichtum und Macht zu Fetischen gemacht hat:

»Um den Menschen an die Sklavenkette zu legen des Erwerbs . . . Wer viel hat, der kann vor lauter Arbeit nicht zur Hochzeit kommen.« (Bettina an Günderode, 3: 331)

Deshalb werden die protestantischen Tugenden wie Fleiß, Sparsamkeit und Disziplin kritisiert. Die antipatriarchalischen Utopien hängen *auch* mit der Enttäuschung über die Französische Revolution zusammen, die nicht das ersehnte Reich der Freiheit realisierte, sondern einer neuen Klasse, der Bourgeoisie, zur Macht verhalf, die diese Macht gegen eine in ihrem »Schoß« geborene neue Klasse wandte: das entstehende Proletariat. Der Zirkel von Herrschaft und Knechtschaft war also nicht gebrochen, sondern auf eine neue Stufe der Auseinandersetzung gelangt. Daraus folgert der polnische Literaturtheoretiker Klin,

»daß die den Romantikern eigene Neigung zum Traum und zur Utopie eine notwendige geschichtliche Konsequenz des Zusammenbruchs der französischen Revolution war. ... daß die deutsche Frühromantik – im Gegensatz zu späteren Perioden dieser Strömung – besonders auf dem Gebiet der Theorie eindeutig fortschrittliche Merkmale besitzt«. (Klin: 14)

Der marxistische Kulturhistoriker Cornu bezeichnet die Frühromantik sogar als »die erste anarchistische Form der Romantik« (Klin:15). Zu dieser»Form« gehört das geschichtliche Anknüpfen an Gesellschaftsstrukturen, die unseren entgegengesetzt sind, nämlich matriarchalischen. Die Günderode nennt sie »Vorwelt«, im Gegensatz zu den »Tugenden«, welche den Menschen klein und abhängig machen, seine Phantasie kastrieren auf die pragmatische Phantasie des Broterwerbs und seine Glücksfähigkeit reduzieren auf den Stolz aufs Eigentum(»klein, aber mein«). Deshalb singt Friedrich Schlegel in der »Lucinde« ein Lob auf den Müßiggang, aus dem sich erst die wahren Fähigkeiten und Sinne des Menschen entfalten können, deshalb predigt Bettina die Verschwendung in der Liebe, die sie in der Natur wahrnimmt (erst Bataille hat in unserem Jahrhundert solche Gedankengänge weiterzuspinnen gewagt), deshalb kann sie mit den Erziehungsversuchen ihres Bruders, der sie beschränken will, nichts anfangen.

Die Günderode spricht ihre Kritik in den Briefen »an Eusebio« aus (deren Adressat wohl auch ihr engster Freund Creuzer ist):

»damit Keiner prasse und Keiner hungere, müssen wir uns alle in nüchterner Dürftigkeit behelfen. Ist es da auch noch ein Wunder, wenn die Ökonomie in jedem Sinn und in allen Dingen zu einer so beträchtlichen Tugend herangewachsen ist. Diese Erbärmlichkeit des Lebens, laß es uns gestehen, ist mit dem Protestantismus aufgekommen. Sie werden alle zum Kelch hinzugelassen, die Layen wie die Geweihten, darum kann Niemand genugsam trinken um des Gottes voll zu werden, der Tropfen aber ist Keinem genug; da wissen sie denn nicht was ihnen fehlt, und gerathen in ein Disputiren und Protestiren darüber. – Doch was sage ich dir das! angeschaut im Fremden hast du diese Zeitübel wohl schon oft, aber sie können dich nicht so berühren, da du sie nur als Gegensaz mit deiner eigensten Natur sehen kannst, und kein Gegensaz durch sie in dich selbst gekommen ist. Genug also von dem aufgeblasenen Jahrhundert, an dessen Thorheiten noch ferne Zeiten erkranken werden. Rückwärts in schönre Tage laß uns blikken, die gewesen. Vielleicht sind wir eben jetzt auf einer Bildungsstufe angelangt, wo unser höchstes und würdigstes Bestreben sich dahin richten sollte, die großen Kunstmeister der Vorwelt zu verstehen, und mit dem Reichthum und der Fülle ihrer poesiereichen Darstellungen unser dürftiges Leben zu befruchten.« (Günderode 2: 42 f.)

Zu dieser Vorwelt sich zu wenden, fordert die Günderode auch Bettina auf, deshalb ihr langes Plädoyer für den Geschichtsunterricht, der Bettina so schrecklich langweilt. Die »Vorwelt« ist aber ohne Frage keine beliebige, sondern eine bestimmte ausgewählte »Vorwelt«, eine, die mehr den Gegensatz zur Gegenwart zeigt als die Kontinuität. Eine Vorwelt, die andere als die europäisch-abendländische Tradition hätte vorbereiten können, und wir finden diese Zuwendung bei fast allen Frühromantikern, vor allem in der Zuwendung zum Orient, nach Indien und in die vorklassische, griechische Kultur. Die Brüder Schlegel haben sogar Sanskrit gelernt, um ganz in diese Kulturen einzudringen; das Vorurteil Heinrich Heines (in seinem Buch »Die Romantische Schule«), der behauptet, die Schlegels hätten auch in Indien nur die christliche Jenseitssehnsucht gesucht, hat sich bis zur Gegenwart erhalten. Sie haben aber ganz im Gegenteil (ähnlich wie Goethe in seinen Gedichten des »West-Östlichen Diwan«) die orientalische Sinnenfreudigkeit und Liebeskultur entdeckt. Auch die Orgien und Mysterien der orphischen Vorzeit, die Friedrich Schlegel in seiner ›Geschichte der Poesie der Griechen und Römer‹ untersucht, gehören zu dieser »Vorwelt«.

Für die Günderode war in dieser Beziehung die Begegnung mit dem klassischen Philologen und Historiker Georg Friedrich Creuzer (1771–1853) entscheidend; sie traf Creuzer das erste Mal im August 1804 in Heidelberg, und Creuzer hat sich offensichtlich sofort in sie verliebt. Er besuchte sie am 15. Oktober 1804 in Frankfurt und warb um sie. Ob Karoline sich nur abweisend verhielt, weil sie Konflikte mit seinem Status als Ehemann voraussah (er war mit der dreizehn Jahre älteren Sophie Leske offensichtlich schon vor der Begegnung mit der Günderode unglücklich verheiratet), ist nicht zu ermitteln. Jedenfalls erwiderte sie später seine Liebe und wollte ihm bis in den Tod treu bleiben, auch wenn es zu keiner Scheidung kommen sollte. Creuzer scheint aber diesen Zustand unerträglich gefunden zu haben. Nach der Gesundung aus einem (wohl durch diesen Zustand verursachten) »Nervenfieber« beschloß er, sich von Karoline zu trennen. Diese Trennung war der äußere Anlaß zum Selbstmord der Günderode (am 26. Juli 1806). Bettina hat in ihrem (hier in Auszügen abgedruckten) Bericht von dem teilweise tief depressiven Wesen der Günderode, die schon früh und konkret zu Selbstmordgedanken tendierte, gesprochen. Aber gleichzeitig verband sich damit die Lust an einer nahezu euphorischen Auflösung in die Elemente, die die Günderode in ihren kosmischen Dichtungen emphatisch beschwört. Solche Beschwörung, (die gleichzeitig eine an Nietzsche erinnernde große menschliche Einsamkeit wiedergibt), enthält noch die Inschrift, die die Günderode für ihren eigenen Grabstein dichtete:

»Erde, du meine Mutter, und du mein Ernährer, der Lufthauch,
Heiliges Feuer mir Freund, und du, o Bruder, der Bergstrom,
Und mein Vater, der Äther, ich sage euch allen mit Ehrfurcht
Freundlichen Dank; mit euch hab ich hienieden gelebt
Und ich gehe zur andern Welt, euch gerne verlassend,
Lebt wohl denn, Bruder und Freund, Vater und Mutter lebt
wohl!« (Bettina 1: 551 f.)

Wenn diese am Tag ihres Selbstmords aufgezeichnete Grabschrift auch, leicht verändert, Herders Übersetzung der Gedanken einiger Brahmanen (»Abschied des Einsiedlers«) enthält, so entsprechen diese Zeilen doch dem Grundgedanken Günderodes von der »Unsterblichkeit des Lebens im Ganzen« (Günderode 2:52) und der Verbundenheit mit den Elementen:

»denn dieses Ganze«, schreibt sie im letzten ›Brief an Eusebio‹, »ist eben das Leben, und es wogt auf und nieder in seinen Gliedern den Elementen, und was es auch sey, das durch Auflösung (die wir zuweilen Tod nennen) zu denselben zurück gegangen ist, das vermischt sich mit ihnen nach Gesetzen der Verwandtschaft, d. h. das Ähnliche zu dem Ähnlichen . . .« (Günderode 2:52)

Ähnliche Gedanken finden wir in der sozusagen antiklassischen Literatur immer wieder. Von Hölderlin (Empedokles) über Nietzsche bis in unser Jahrhundert bei dem französischen Dichter George Bataille, der in diesem Zusammenhang von der »Kontinuität« des Seins gegenüber der »Diskontinuität« des sich abschließenden Individuums spricht (in seinem Buch »Der heilige Eros«). In der Liebe wird diese Diskontinuität des abgeschlossenen Individuums, seine »Identität« aufgesprengt, so wie sie im Tod aufgelöst wird. Deshalb hat die Liebe oft so einen identitätsbedrohenden Charakter. Diesen Gedankengang finden wir bei Bettina und der Günderode positiv-romantisierend formuliert. Die Liebe verbindet uns (die wir uns sonst gegeneinander abgrenzen, was durch die Konkurrenz verschärft wird) miteinander und mit den Elementen (der Natur), also mit der Kontinuität des Seins. Durch die Liebe haben wir den Anschluß an den großen Kreislauf der Natur zurückgewonnen (wenn auch nur für Augenblicke), von dem uns der Prozeß der Zivilisation immer stärker abgeschnitten hat. Aber diese Neugewinnung der Kontinuität ist unsere Tat, unser synthetisierendes Wesen, das sich in der Liebe öffnet. Es ist nicht ein einfaches »Zurück-zur-Natur«, sondern eine Versöhnung mit der Natur durch unseren Willen und unsere Freiheit, die uns über das Instinktleben der Tiere stellt. Wir finden unsere unterdrückte Natur in uns wieder, und die Natur über-schreitet durch uns das bloße Reich der Notwendigkeit (»Naturalisierung des Menschen« und »Humanisierung der Natur«, vgl. Einleitung S. 21).

Daß von der Frühromantik und von den Brentanos und der Günderode in diesen Zusammenhängen gedacht wurde, läßt sich ihren Werken entnehmen. Daß dabei auf *matriarchalische* Gesellschaftsstrukturen im weitesten Sinne zurückgegriffen wurde als frühere geschichtliche Möglichkeit (die von der patriarchalischen Zivilisation abgeschnitten wurde), hängt auch damit zusammen, daß die Romantik selbst eine stark effeminierte Bewegung war, die nach geschichtlichen Modellen für ihre neuen Lebensformen (der Geselligkeit) suchte. Die Frauen wurden dabei als Wesen gesehen, die weniger als die Männer von der eigenen Natur abgeschnitten waren. Was später reaktionär als Geschichtslosigkeit der Frau zum Instrument der Repression wurde (die Frau, das Andere, die Natur, an »deren Busen«! man, d. h. der Mann, sich ausruhen konnte), und zwar schon in der Spätromantik, war einen geschichtlichen Augenblick lang Hoffnung der Befreiung: Friedrich Schlegels »Lucinde« artikuliert diese Hoffnung.

Friedrich Schlegel war es auch, der antike Frauengestalten aus ihrer Vergessenheit hervorholte und mit ihrer Aktualisierung auf die geschichtlichen Möglichkeiten der Frauen aufmerksam machte. Diese geschichtliche Möglichkeit bewegt sich in der Assoziationswelt des Zweigeschlechtlichen, Androgynen. Wenn, wie er in der Lucinde sagt, sich starke Weiblichkeit und sanfte Männlichkeit zur höheren Menschheit verbinden sollen, so sieht er diese Synthese in der antiken Welt nicht durch zwei Wesen (Mann und Frau), sondern durch die Frauen allein schon hergestellt. Dabei betont Schlegel gegenüber klassischen Positionen (Winckelmann etc.) ähnlich wie später Nietzsche, das Dionysische der griechischen Kunst. Hans Blumenberg sieht Friedrich Schlegel zu Recht im Zusammenhang einer Wiederentdeckung der poetisch-kreativen Natur der Mythologien. Für Schlegel ist Mythologie »erkennbar als romantischer Kontrastbegriff einer nachaufklärerischen Sehnsucht nach dem von der Vernunft vermeintlich Vergessenen. Als *die erste Blüte der jugendlichen Phantasie* ist Mythologie die primäre Entbindung einer dem Menschen wesentlichen Freiheit.« (Blumenberg:14 f.)

So ist die »Rede über die Mythologie« innerhalb des »Gespräch über die Poesie« (Schlegel:496 ff.) zusammenzusehen mit der Entdeckung des Dionysischen in der griechischen Kultur.

»Mythologie und Poesie, beide sind eins und unzertrennlich.« (Schlegel: 497)

Deshalb ist der Mythos aktualisierbar:

»seit Görres und Schlegel wird Mythos wieder geglaubt, zwar nicht in der Weise mythischer Zeitalter, sondern in einer reflektierten Spätform«. (Neunte Diskussion, in: Fuhrmann: 713)

Nur eine völlige Fehleinschätzung der Schlegelschen Intentionen, die sich in seinem Bild des Historikers als »rückwärts gekehrtem Propheten« zeigen (vgl. das Kapitel über die Geschichtsphilosophie, S. 133), konnte den marxistischen Kulturhistoriker Georg Lukács dazu verleiten, diese als »Barbarisierung der Antike« zu brandmarken. Ganz deutlich geht beispielsweise aus Schlegels Abhandlung »Über die Diotima« hervor, einen wie positiven Stellenwert das Dionysische in bezug auf die Liebe und den Frauenkult der Alten hat.

»Bereits hier schwebt Schlegel in Anlehnung an Humboldtsche Vorstellungen eine Synthese von Weiblichkeit und Männlichkeit vor, wobei als Muster die attische Tragödie gilt, die es verstanden habe, durch Unterordnung des Geschlechtes der Gattung eine Reinigung von Männlichkeit und Weiblichkeit zur höheren Menschlichkeit zu erzielen. Durch den Vorwurf der übertriebenen Männlichkeit in der modernen Kunst bahnt Schlegel also mittelbar im besonderen der Romantik eigene Poetisierung der Frauengestalten in der Literatur an. Im Gegensatz zu Rousseau wird den Frauen Befähigung zur hohen Kunst keineswegs abgesprochen, ja, die lyrische Gattung wird als die eigentlich weibliche angesehen und zwischen der Natur der lyrischen Begeisterung und dem Begriff der reinen Weiblichkeit wird gleichermaßen das Gleichheitszeichen gezogen.« (Klin: 32)

Den Zug zum *Androgynen* finden wir in der gesamten Frühromantik, und zwar auch als politisch-polemische Kritik am männlichen Prinzip der bestehenden Gesellschaft. Allerdings werden, im Unterschied zu manchen gegenwärtigen Tendenzen, männliche Züge nicht einfach verteufelt, sondern vor allem im Rollentausch spielerisch zugelassen (so in der »Lucinde«). Und so ist Bettina erbost über ihren Bruder Clemens, der sie »um Vermeidung aller männlichen Gesellschaft« bittet und, in einer deutlich inzestuös gefärbten Angst, schreibt:

»Wir müssen uns auf einige Zeit aus dem Gesichte verlieren, da du ein Weib bist und ich ein Mann, und ein vortreffliches Weib etwas ganz anderes ist als ein braver Mann.« (Bettina 1:158)

Und sie antwortet:

»Deine Warnung vor aller männlichen Gesellschaft! Die *Günderode* sagt zu mir, *sie kenne keine männliche Gesellschaft, außer die meine* ... mich faßt eine Ungeduld, Deine Belehrungen zu überspringen; – es ist ein wahrer Schiffbruch mit der Moral, sie ist wie ein Uhrwerk, an dem die Kette gesprengt ist, sie rasselt sich aus, und auf einmal steht die Uhr still, und so tot sind mir diese Werke der Belehrung! ... *St. Clair* ist hier [Freund Hölderlins] – erste *männliche* Unterhaltung in der Ecke des Fensters, – ich könnte eine Jeanne d'Arc sein, in mir läge Stoff zur Heldennatur, die Auriflamme zu ergreifen, für die Erhaltung der Freiheit und Menschenrechte. Diese Unterhaltung hat mir geschmeichelt ... Das sind Eigenschaften, die ich in meiner Seele ausbilden möchte, – aber der Sklavenmarkt der Gesellschaft ist dazu nicht ...« (Bettina 1:159 f.)

Bettina ähnelt jenen starken Frauengestalten der Antike in ihrer Radikalität, in ihrem Zupacken, in ihrer Raserei ge-

gen Ungerechtigkeit, in ihrem Kampf um die Liebe der
Günderode.

Der romantische Philosoph Franz von Baader, der in der
Geschichtsphilosophie Analogien zu der von Günderode
und Bettina aufweist (siehe S. 134), hat das Androgyne als
das Übergeschlechtliche auf den ursprünglichen Menschen
projiziert, ohne es aus dem sinnlichen (potentiell bisexuell
zu definierenden) Bereich herauszuheben oder zu neutralisieren:

»Wie schon in der Aristophanesrede in Platos Gastmahl, wie für
Philo, wie bei der frühen gnostischen Sekte der *Ophiten...,* wie
vielfach in der jüdischen Kabbalah und wie in Ansätzen in der
deutschen Romantik, bei *Novalis,* bei J. W. *Ritter* und bei dem
Maler *Philipp Otto Runge,* bei G. H. *Schubert* und dem romantischen Philologen *Arnold Kanne,* so ist auch für Baader die ursprüngliche Seligkeit, der primitive Unschuldsstand der ersten
Menschen durch seine Übergeschlechtlichkeit charakterisiert. Und
zwar soll nun diese, ›höhere himmlische Androgyneität‹ weder
›Impotenz‹ sein (d. h. ›Geschlechtslosigkeit‹), noch ›Hermaphrodi-
tismus‹ (d. h. ›Coexistenz beider geschiedener Potenzen in einem
Leibe‹ . . .), sondern sie soll ›Union der Geschlechtspotenzen‹ in
einem Körper bedeuten.« (Baumgardt: 295 f.)

Ganz deutlich spielt dieses Motiv der Androgynität in der
frühromantischen Auffassung einer weiblich betonten Kultur eine entscheidende Rolle.

Das romantische Bild von der reflektierten Unschuld und
überhaupt das Betonen kindlichen Potentials (der Phantasie, des Spiels, des Nichtfestgelegtseins der Geschlechter-
rollen) hängt damit zusammen.

»Gerade das Mysterium der Androgyneität«, meint Baumgardt in
seiner Interpretation Franz von Baaders, »das Geheimnis der tiefsten Übergeschlechtlichkeit, ist nach Baader ein Schlüssel zum innersten ursprünglichen Wesen wie zum höchsten künftigen Ziel
des Menschen«. (Baumgardt: 296)

Hier berühren sich Baaders Gedankengänge mit denen
über matriarchalische Gesellschaftsstrukturen des Historikers Creuzer, der vier Jahre nach dem Tod seiner Geliebten
Günderode die von ihr beeinflußte *»Mythologie und Symbolik der Alten«* (1810) herausgab. »Die Mythologie und
Symbolik der Alten« ist in ihren philosophischen Assoziationen durchzogen mit Gedanken aus den Dichtungen der
Günderode, und Creuzer hat sich auch dahingehend geäu-
ßert, daß die Günderode sein Denken mitgeprägt habe.

Wenn man weiter überlegt, daß dieses Buch sehr einflußreich war für J. J. Bachofens »Mutterrecht« (das nicht nur der konservative Neuromantiker Bäumler 1926 lobte, sondern lange vorher Engels im »Ursprung der Familie«) so wird einsichtig, wie sehr das »romantische Frauenbild« (nicht das spätromantische) matriarchalischen Tendenzen entspricht. Edgar Salin weist in seiner Interpretation von Bachofen darauf hin, daß auch Friedrich Creuzer »nicht genug gewürdigt« (Salin: 153) worden sei. Creuzer hat Bachofen in seinen Fragestellungen sichtbar angeregt, was aus seiner Betrachtungsweise des Mythos in dem erwähnten Buch deutlich hervorgeht:

»Der Mythos ist wildgewachsen, die Natur aber trennt und unterscheidet nicht, wie der Begriff und die Reflexion aussondern und unterscheiden. Sie wirket und bildet in fließenden Übergängen. Daher durchdringen jene mythischen Elemente eines das andere, im Großen wie im Kleinen. Jene Äste und Zweige haben ihre Verastungen und Verzweigungen, und das Ganze steht vor uns als ein einziger großer Baum, aus Einer Wurzel erwachsen, aber nach allen Seiten hin verbreitet mit unzähligen Blättern, Blüten und Früchten.« (Creuzer, Symbolik, in: Blumenberg: 14)

Nach solchen Einsichten erscheint die aufklärerische Tendenz, Mythos als Irrationalität zu denunzieren, als oberflächlich, zumal Mythos selbst Teil der Aufklärung der als irrational empfundenen Mächte ist (auch ein Teil Naturbeherrschung), und umgekehrt Aufklärung in Mythos umschlagen kann (»Dialektik der Aufklärung«), Bachofens als »unwissenschaftlich« geltende Methode, gesellschaftliche Strukturen aus mythisch-künstlerisch vermittelten Darstellungen (der vorhomerischen Zeit) zu erschließen, ist romantisch zu nennen. Sie hat etwas mit der dialektischen Geschichtsphilosophie zu tun, wie sie Günderode, Schelling, Novalis, Franz von Baader, Friedrich Schlegel vertraten (vgl. das nächste Kapitel). Nicht zufällig hat sich neben Wilhelm Reich und Erich Fromm auch Walter Benjamin für Bachofen interessiert. Das Bild vom Historiker als dem *rückwärts gekehrten Propheten* trifft auf den von der Intention her konservativen Bachofen zu. Aber gerade das romantisierend-prophetische Moment war es, was ihn in der »Fachwelt« suspekt machte. Edgar Salin legt es ganz im Sinne der dialektischen Geschichtsphilosophie aus:

»Was die Historiker als Sage, Legende, Zutat ausschieden, das war ihm der Kern der Geschichte.« (Salin: 150)

Hans Blumenberg formuliert dies als eine (zur Aufklärung) alternative Form der Mythenrezeption (von Herder, Heyne, Creuzer über Schelling und Schlegel bis zu Nietzsche und Bachofen):

»Wenn man von einem Geschichtsbegriff ausgeht, der das Vergangene nicht als Inbegriff abgeschlossener und auf sich beruhender Fakten ansieht, die Geschichte nicht als Analogon einer stratigraphisch darstellbaren Struktur, wird auch das Entkräftete immer noch als eine Kraft, das Vergessene immer noch als potentielle Anamnesis zuzulassen sein.« (Blumenberg: 16)

Nach Georg Simmel (vgl. Schluß des Kapitels über Geschichtsphilosophie) sind die Frauen dieser Form der Geschichtsbetrachtung besonders zugänglich, sie könnte Teil »weiblicher Kultur« sein.

Bachofens Untersuchung über das dionysische Frauenleben und dessen Zusammenhang mit der orphischen Religion klingt wie eine materialistische Fundierung von Friedrich Schlegels Thesen in seinem Aufsatz über die Diotima. Ebenso wird Schlegels Gedanke, daß die lyrische Gattung eigentlich weiblich sei (und weiblich hat in diesem Zusammenhang einen androgynen Beiklang), von Bachofen quasi bestätigt, und zwar in seiner Untersuchung von Lesbos und der Lyrik der Sappho. (Bachofen:375 ff.) Bachofen versucht hier nachzuweisen,

«daß Lesbos als einer der berühmten Sitze der dionysischen Orphik betrachtet wurde«:
»Durch die Thrakerinnen wird Orpheus dem Tode geweiht, aber Lesbos bereitet seinem sangreichen Haupte in aeolischer Erde willig das Grab.« (Bachofen: 376)

Bachofen deutet die lesbische Hochblüte so, daß Sappho (etwa 612–577 v. Chr.) und ihr Kreis, im Unterschied zu den »der sinnlichen Stufe ihres Daseins« (Bachofen: 378) verhafteten thrakischen Frauen (die Orpheus befeinden), sich die orphische (apollinische) Lehre aneignen – also ein eigentlich androgynes Motiv – und so Aphrodite und Eros in den Mittelpunkt treten. Sappho, von der übrigens kaum bekannt ist, daß sie eine Negerin war, schafft mit ihrem Kreis die Synthese des männlichen und weiblichen Prinzips, und diese Synthese ist *weiblich* geprägt. »Aktuell« sind solche Rückblicke in die Geschichte nicht nur, um die Romantik verständlich zu machen, sondern auch, um *uns* unsere neuen Formen des Umgangs, auch des sexuellen Umgangs miteinander, verständlich zu machen. Darauf hat Ernest Bornemann in seinem Buch »Das Patriarchat« hingewiesen. Die »hedonistische Linke« sei sich in ihrer Tendenz zu einer androgynen Gesellschaft (Bornemann: 532) einig. Die griechischen Hetären sind Vorbild einer solchen neuen Gesellschaftsstruktur, allerdings nicht in ihrer späten Form (der Mätressen). *Hetaira* bedeutet bei Sappho »Gespielin«, »Gefährtin«, »Geliebte« (Bornemann: 253) – in diesem Sinne war sie auch für die Romantik vorbildhaft, die hierin der Frauenbewegung vorausging. Ernst Bloch erinnert an diesen Zusammenhang:

»Grundsätzlich, ihrer erweisbaren Utopie nach, hielt die Frauenbewegung in der Tat *Carmen,* also erinnertes *Hetärentum* in Gang, jedoch dazu eben das Wesen *Antigone,* die zweite Primitive vor der Männerzeit: erinnertes *Matriarchat . . .* Beide Erinnerungen lebten in der Frauenbewegung . . . wieder auf, besetzten archaisch-utopisch unausgefüllte Phantasie.« (Bloch: 693)

Bornemann belegt mit vielen Beispielen das umfangreiche Schrifttum der Hetären (aus der Verbindung von Literatur und Hetärentum), das seit Alkibiades ein Jahrhundert besonderer Erotomanie (Bornemann: 262) hervorgebracht hat. Jedenfalls ist bei allen, sowohl den berühmten Päderasten (angefangen bei Sokrates) wie bei den »lesbischen« Frauen Bisexualität belegt (ihre Dichtungen sprechen davon), bei der Sappho, wie Bornemann feststellt, »mit einer starken Neigung zum Triolismus«. (277) Bachofen hat diese Tendenzen ins Geistige sublimiert und freilich damit auch *Eros* nicht mehr im Sinne der Sappho sondern des christlichen Abendlands ausgelegt. Dennoch ist Bachofens Hinweis auf die Synthese des orphisch-männlichen und sapphisch-weiblichen Eros auf Lesbos für das Verständnis der späteren Entwicklung entscheidend. Bornemann hat die Entwicklung als von der Sappho beeinflußt dargestellt:

»Wenn Platons Bericht verläßlich ist, dann bewunderte Sokrates nicht nur die Dichtkunst der Sappho, sondern bildete die Akademie nach dem Modell des sapphischen Thiasos. Das bedeutet aber auch, daß Platon seine pädagogischen Vorstellungen nicht, wie die bürgerliche Gräzistik vermeint, von der päderastischen Didaktik der Spartiaten, sondern von Sappho auf dem Umwege über Sokrates übernommen hat. Denn auf Lesbos und nicht in Sparta begann der Gedanke, daß Wissen nur durch affektive Beziehungen zwischen dem Lehrenden und dem Lernenden vermittelt werden könne. Es ist Sapphos historisches Verdienst, das Prinzip des Thiasos, des Kultvereins, in das einer schulischen Institution verwandelt zu haben. So wurde aus Kult Pädagogik und aus Ritus Didaktik.

Diesen Gedanken übernahm Sokrates, übertrug ihn vom weiblichen auf das männliche Geschlecht und prägte ihn Platon ein: ›Gründe eine Schule, in der der jeweilige Leiter der Geliebte seines Vorgängers ist.‹ . . . Und so geht die ganze abendländische Tradition der Erziehung via Sappho, Sokrates und Platon auf die kultische Homosexualität der Griechen zurück.« (Bornemann: 278 f.)

Bachofen bestätigt diesen Zusammenhang:

»Als Offenbarung jenes wunderbaren Weibes stellt er [Sokrates] all seine Kenntnis von dem höhern Wesen des orphischen Gottes dar, und mit dieser Auffassung stimmt der mystische Flug der Rede, in welcher er das erkundete Geheimnis mitteilt, nicht weniger die echt vestalische Würde, in der Sappho auf Bildwerken erscheint, vollkommen überein. Wie er aber hier in erster Linie der weisen Sappho gedenkt, so legt er im Gastmahl den höchsten, geheimnisreichsten Teil seiner Liebeslehre der Mantineerin Diotima in den Mund. Zu ihr wandelt er, um das ihm selbst Verschlossene zu erkunden.« (Bachofen: 382 f.)

Friedrich Schlegel war einer der ersten, die den dionysischen Frauenkult und die »Nacht-, die Todesseite der Antike« (Salin:151), die Bachofen darstellend entfaltete, erahnte, was ihm den Vorwurf der »Barbarisierung der Antike« (Lukács) noch in unserem Jahrhundert eintrug. Auch wenn die moderne Soziologie Bachofen als symbolistischen Mythologen abtun will und ihn vieler Irrtümer überführen kann, bleibt der Blick auf die mutterrechtlichen Gesellschaftsstrukturen entscheidend für neue Fragestellungen, die die Normen unserer Kultur »in Frage stellen« und die eine Blick-Richtung zu den Frauen öffnen, die modellhaft in die Zukunft einer qualitativ anderen Gesellschaft weisen. Ist es verwunderlich, daß diese Frauengestalten den Romantikern so vorbildhaft erscheinen? Ohne die stark identifizierende Rezeption dieser Gestalten ist die romantische Intention hin zu einer antipatriarchalen, weiblichen Kultur (weiblich in diesem eben definierten Sinne) nicht vorstellbar. Die Romantiker waren sich, um mit Georg Simmel zu sprechen, über die sozialgeschichtliche Prägung dessen, was als »männlich« und »weiblich« gilt, klar:

»diese Normen sind nicht neutral, dem Gegensatz der Geschlechter enthoben, sondern sie selbst sind männlichen Wesens . . . Daß das männliche Geschlecht nicht einfach dem weiblichen relativ überlegen ist, sondern zum Allgemein-Menschlichen wird, das die Erscheinungen des einzelnen Männlichen und des einzelnen Weiblichen gleichmäßig normiert – dies wird, in mannigfachen Vermittlungen, von der *Machtstellung* der Männer getragen. Drückt man das geschichtliche Verhältnis der Geschlechter einmal kraß als das des Herrn und des Sklaven aus, so gehört es zu den Privilegien des Herrn, daß er nicht immer daran zu denken braucht, daß er Herr ist, während die Position des Sklaven dafür sorgt, daß er seine Position nie vergißt. Es ist gar nicht zu verkennen, daß die Frau außerordentlich viel seltener ihr Frau-Sein aus dem Bewußtsein verliert als der Mann sein Mann-Sein.« (Simmel: 58 f.)

In der Frühromantik nun wurde diese Situation aktiv verändert (und zwar gibt es Analogien zu heutigen Männergruppen): Die Männer begannen, ihr Mann-Sein zu reflektieren, weil sie darunter litten. Wenn nach Bachofen das mutterrechtliche Prinzip, welches das Prinzip des *Lebens,* der *Einigkeit* und des *Friedens* ist, wenn die antiödipale Vorstellung einer Gesellschaft von Brüdern und Schwestern (statt von Vätern, Müttern, Töchtern und Söhnen) auf der Grundlage universaler Freiheit und Gleichheit zum Matriarchat gehört, dann wird verständlich, weshalb die Frühromantiker sich diesen »vorgeschichtlichen« Gesellschaftsstrukturen zuwandten: es geschah – wie in der erneuten Rezeption durch die antiautoritäre Studentenbewegung – im eigenen Interesse.

Die weiblich bestimmte Salon- und Bohemekultur vertrug sich nicht mit den männlichen Normen, wie diese überhaupt nicht mit dem Künstlertum in unserer Gesellschaft vereinbar sind. Die Männer, nicht nur die Frauen der Romantik, wollten eine *weibliche Kultur,* d. h. eine Kultur, die in dem von Simmel definierten Sinne eben nicht mehr an die Normen »männlichen Wesens« (Simmel: 58) gebunden sein sollte.

Für eine neue weiblich-androgyne, zum Bisexuellen tendierende Lebensform blickten die Romantiker zurück ins archaische Griechenland, in das dionysische, noch vom versunkenen Matriarchat beeinflußte Griechenland, nicht in das patriarchalische, dessen Sieg Pallas Athene (aus dem Haupt! des Zeus entsprungen) verkörperte.

Bettina und die Günderode haben beide ein starkes weibliches Selbstbewußtsein entwickelt, das auf der Basis des frühromantischen Frauenbildes entstehen konnte. Entscheidend war dabei gegenüber der von der Aufklärung beeinflußten Frauenbewegung, die eine Gleichstellung mit dem Mann zum obersten Ziel hatte, daß diese äußere Gleichstellung nur als Voraussetzung betrachtet wurde, um eine qualitativ neue, andere Kultur zu schaffen. Diese konnte nur geschaffen werden, wenn, wie Simmel sagt, die Frauen »etwas leisten, *was die Männer nicht können*« (Simmel: 268).

In der Freundschaft von Bettina und der Günderode ist etwas von diesem Rückblick als utopisches Moment für die Zukunft enthalten, Bettina nennt es »Schwebereligion« (Bettina I: 329), es ist eine durchaus mystische Beziehung, in welcher die »lehrbare Verschärfung der Sehnsuchtsenergien« (Bloch: 794) verbunden wird mit romantischer Selbstreflexion. Diese beiden Elemente, eine sozusagen mystische Technik, durch geschulte Bewußtseinsveränderungen zur Erleuchtung über sich, den anderen und die Welt zu gelangen und die analytische Kraft einer unendlichen, in der romantischen Ironie gipfelnden Reflexionsschärfe, steigerten sich bei den beiden zu ekstatischen Zuständen, in denen kosmische und »vorweltliche« Vorstellungen und kritische Selbstanalyse ineinander verschmolzen.

Hauptprinzip der »Schwebereligion«, so schreibt Bettina der Günderode, soll sein, »daß wir keine Bildung gestatten – das heißt kein angebildetes Wesen, jeder soll neugierig sein auf sich selber und soll sich zutage fördern wie aus der Tiefe ein Stück Erz oder ein Quell, die ganze Bildung soll darauf ausgehen, daß wir den Geist ans Licht hervorlassen«. (Bettina I: 340)

Die Günderode, deren fast vergessene Dichtungen 1970 in Bern neu verlegt worden sind, war für Bettina vorbildliche Dichterin und mystisch überhöhte Geliebte. Sie vergleicht die Günderode (und das klingt wie eine thematische Antizipation des Mallarmé'schen Gedichts »Le vierge«, in welchem der Schwan und das Zeichen – cygne und signe – als Metaphern der sich selbst reflektierenden Lyrik miteinander identifiziert werden) mit dem Schwan, den sie beob-

achtet, »wie er den Hals beugt mit reiner Flut sich überspü-
lend und Kreise zieht, heilige Zeichen seiner Absonderung
von dem Unreinen, Unangemessnen, Ungeistigen! – Und
diese stillen Hieroglyphen sind Deine Gedichte . . . « (Bettina I: 450) Thematisch finden wir in den Dichtungen
Günderodes (die dramatischen, lyrischen, fiktiv brief- und
gesprächshaften) u. a. die Auseinandersetzung mit jener
vorpatriarchalischen Kultur, die in Creuzers Interpretation
der Mythologie der Alten in wissenschaftlicher Form wiederkehren. Die romantische Sehnsucht ist Synthese eines
phylogenetischen und ontogenetischen geschichtlichen Re-
gressionsbedürfnisses und eines utopisch-vorausschauen-
den, das Bestehende transzendierenden Traums von einer
freieren glücklicheren Gesellschaft. Die Günderode stellt
diese Sehnsucht in immer neuen Bildern dar. Sie verweist
den Vorwelt- sehnsüchtigen »Wanderer« (die romantische
Figur par excellence) auf die Kraft der Selbstrefexion und
die Fülle des eigenen Inneren, des »Erzes«, von dem Bettina spricht; der Reichweite des Unbewußten, das Schiller
ahnte, als er in den »Räubern« seinen Karl Moor sagen
läßt, er sei sein eigener Himmel und seine eigene Hölle.
Dem Wanderer, der die Erdgeister beschwört »Laßt wieder
mich zum Mutterschoße suchen, Vergessenheit und neues
Dasein trinken«, antworten diese:

»Dem Werden können wir und nicht dem Sein gebieten, und du
bist schon vom Mutterschoß geschieden. Durch dein Bewußtsein
schon vom Traum getrennt. Doch schau hinab, in deiner Seele
Gründen, was du hier suchest, wirst du dorten finden. Des Welt-
alls seh'nder Spiegel bist du nur . . .« (Bettina I: 363)

Diese Dichtung verbindet das Wissen, Ahnen und Sehnen
um die (latent matriarchalische) Vorwelt mit der Analyse
des Projektionsmechanismus, der das eigene Innere (Unbe-
wußte) nach außen stülpt, so daß es ihm als äußeres
Wunsch- oder Angstbild erscheint.

Bettina und die Günderode sind auch darin zutiefst romantisch, daß sie sich mit nichts Gegebenem, Bestehendem,
den Dingen, wie sie nun mal sind (von »gesundem Men-
schenverstand« aus) zufrieden geben. Die romantische,
über das Bestehende ständig drängende Sehnsucht wird
politisch, wo sie, mit den bestehenden Normen der Gesellschaft konfrontiert, über diese hinausdrängt, sowohl vor-

wie rückwärtsblickend. Die restaurative Utopie der Spätromantiker hatte keinen Blick nach vorn mehr; und, indem sie nur nach rückwärts blickte, wollte sie einen ehemals bestehenden Zustand verhärten zum gegenwärtigen und wurde damit dem romantischen Prinzip untreu. Pauperisierte Handwerker sahen in dieser Restauration des »alten Glücks« eine Möglichkeit, dem gegenwärtigen Elend zu entrinnen. So wurde die »politische Romantik« reaktionär. Bettina, die den Selbstmord der Günderode lange Zeit nicht verwinden konnte, wurde nicht resignativ. Ihre Liebesfähigkeit, vor deren Ausmaß die Günderode erschrokken war, verbreitete sich zu einem Engagement für alle Leidenden, die sie um sich sah. Es schloß niemanden aus – nicht den »Vierten Stand« aber auch nicht die »privilegiert« Leidenden. Im Sinne von Fichtes »Bestimmung des Menschen« zu einem freieren Zustand (in welchem die Gegenwart Durchgangspunkt zu einem höheren und vollkommeneren Zustand ist) kämpfte Bettina gegen alle Beschränkungen der Freiheit. Im Prozeß, den sie gegen den Magistrat der Stadt Berlin führte, kämpfte sie zunächst für ihre eigene Freiheit (der Prozeß endete in einer Gefängnisstrafe), aber indem sie dies tat, benützte sie die Gelegenheit, sehr frei über ihr Engagement für den Vierten Stand, das Proletariat, zu sprechen. Das war deutlich ein politisches, nicht mehr bloß ein soziales Engagement.

Diese weiblichen Ansätze politischen Verhaltens wurden beschränkt, sobald Frauen sich zu einer materiellen Gewalt verbündeten, wie beispielsweise in der Pariser Kommune. Als sie besiegt wurde, hat man auch die Frauen im besonderen verfolgt als »pétroleuses«, als Brandstifterinnen.

Bettina konnte sich noch als Ausnahme verstehen und entsprechend agieren. Im Unterschied zur Günderode hat sie politisch geschrieben und gehandelt, was ungestraft nur bis zu einem gewissen Grade von offizieller Seite geduldet wurde. Auch der Freiraum von Bettina war nicht unbegrenzt – das zeigt am deutlichsten 1846/47 der schon erwähnte »Magistratsprozeß« gegen sie, in dem sie sich wegen Beleidigung des Berliner Magistrats zu verantworten hatte. Die Akten zu diesem Prozeß sind erst bei der Verstaatlichung des Besitzes der Freiherr-von-Arnimschen-

Familie in der Mark (nach 1945) gefunden, von Gertrud
Meyer-Hepner gesammelt und 1960 als Buch veröffentlicht
worden, was Bettina ursprünglich selbst vorhatte, als »eine
nothwendige Fortsetzung« (Meyer-Hepner: 1) des Königsbuches. Der Berliner Magistrat wartete schon lange auf einen Anlaß, Bettina das Maul zu stopfen, denn seine kor-
rupte Armenverwaltung war schon im ersten Band des
Königsbuches angegriffen worden. Es wäre lohnend, Bettinas explizit politische Schriften gesondert herauszugeben,
vor allem ihr »Armenbuch«, das in einem Teil so etwas
wie empirische Sozialforschung ist: sie hat die Zustände
der schlesischen Weber im Detail beschrieben und sie dazu
in ihren Elendshütten besucht (vgl. S. 153 ff.). Beim Magistratsprozeß ging es darum, daß Bettina, die ihre Bücher
seit ungefähr 1846 im Selbstverlag herausgab (»v. Arnims
Verlag«), aufgefordert wurde, binnen acht Tagen das Bürgerrecht zu erwerben (am 18. August 1846), weil sie ein
Gewerbe betreibe. Sie antwortete, sie sei bereit, das Bürgerrecht als Ehrengeschenk anzunehmen, aber nicht, es zu
kaufen, dann wolle sie das Unternehmen an einen anderen
Ort verlegen. Meyer-Hepner schildert dann die weiteren
Ereignisse, die *auch* zeigen, daß die Presse zu dieser Zeit
doch eine Macht der Opposition darstellen konnte und so
etwas wie bürgerliche Öffentlichkeit vertrat:

»Auf dies Schreiben antwortete der Magistrat erst nach fünf Monaten, am 21. Januar 1847. Er wiederholt die Aufforderung zur
Gewinnung des Bürgerrechts und erklärt, daß keine Veranlassung
zur Bezeigung der Hochachtung durch Verleihung des Ehrenbür-
gerrechts an Bettina gegeben sei. Diese Bemerkung ist von Bettina
als sehr verletzend empfunden worden. Im Verlauf der Verhand-
lungen kommt sie oft darauf zurück. Auch die Presse hat sich wiederholt mit dem Thema beschäftigt, ob Bettina die Ehrenbürger-
schaft verdiene. In den »Berliner Pfennigblättern« finden sich zwei
Artikel dazu. Der eine, vom 15. April 1847, sagt: ›Ja, wenn sie
Hosen trüge, ein Bändlein, ein Sternchen, ein Kreuz – sie wär ja
sonst die *erste* Ehrenbürger*in*.‹ Der zweite Artikel, vom
18. September 1847 (*nach der Verurteilung*), ist ernsthafter: ›Wir
sind aber überzeugt, daß diese edle Frau die gerechtesten Ansprüche darauf (auf das Ehrenbürgerrecht) hat, denn sie hat nicht nur
in ihren Schriften viel Vortreffliches über die Ursache der Armut
und des Verbrechens geschrieben und darin mit warmen Herzen
für das Volk gesprochen, sondern auch Taten der reinsten Menschenliebe an tausenden von Berlins Armen geübt; freilich hat sie

davon kein Geräusch gemacht. Nicht nur hat sie 400 Familien in den Familienhäusern besucht und unterstützt, sondern in dem verflossenen Winter 1100 Schuhmachern Arbeit gegeben, welche sie dann an die armen Bewohner des Voigtlandes verschenkte. Sie hat ferner zweimal an den Geldfürsten Rothschild geschrieben und Unterstützungen für die armen Juden Berlins von ihm erbeten, so daß diesen 700 Taler zuteil wurden. – Und dennoch hat sie das Ehrenbürgerrecht noch nicht verdient? Was würde der Magistrat nun dazu sagen, wenn diese edle Dame unsere Stadt verließe, und so ihren Beistand den hiesigen Armen entzöge? Nicht weil Frau v. Arnim eine hochgestellte und berühmte Dame ist, wünschen wir, daß sie von den Verbindlichkeiten befreit würde, sondern weil sie eine Frau ist, die sich stets mit Wort und Tat der Armut angenommen.‹

Bettinas Antwort auf den Magistratsbrief vom Januar war jenes Schreiben vom 19. Februar, das der Magistrat dem Staatsanwalt zur Untersuchung übergab, damit Bettina wegen der darin enthaltenen groben Beleidigungen angeklagt und bestraft würde.« (Meyer-Hepner: 17)

Bettina wurde schließlich zu drei, nach Berufung zu zwei Monaten Gefängnis verurteilt; erst durch lange Vermittlungsversuche (auch des konservativ-katholischen Schwagers Savigny, des Vormunds ihrer Kinder) erreichte der bekannte Justizkommissar Otto Lewald, daß der Magistrat vom Vollzug des Urteils Abstand nahm. Die Gefängnisstrafe, die Bettina absitzen wollte, war die höchste, die »unter Personen von Adel« verhängt werden konnte. Der »Freiraum« wurde also in dem Augenblick beschränkt, wo sie politisch wirksam wurde, und sie ihre politische Einstellung nicht mehr in romantisierende »Codes« verkleidete, nicht mehr als »Dämon« zum König spricht, sondern als Verteidigerin des Proletariats zum Berliner Magistrat:

»Was nun Ihre letzte Bemerkung anbelangt, die keine Veranlassung vorliege, mir das Bürgerrecht als ein Ehrengeschenk zukommen zu lassen, so gebe ich dieses zu, da ich zumal das Bürgerrecht höher stelle, als den Adel. Damit werden Sie einverstanden sein. – Ebenso stelle ich noch höher die Klasse des Proletariats, ohne dessen ihm angeborenen großartigen Charakterkräfte, des Ausharrens im Elend, im Entsagen und Beschränken aller Lebensbedürfnisse wenig Erspießliches zum Wohl des Ganzen würde befördert werden. – Der Schatz des Armen besteht im angeborenen Reichtum der Natur, das Verdienst des Bürgers im Anwenden und Ausbeuten dieses Naturreichtums, welches er vermittelst seiner tätigen Gewandtheit und zum eigenen Vorteil derjenigen Menschenklasse zuwendet, deren Hochmut, Verwöhnung und geistige Verbildung alles verschlingt, eben weil sie keine Produktionskraft hat.

Die Gründe also, warum ich den Proletarier am höchsten stelle, ist, weil er der Gemeinheit enthoben ist, als Wucherer dem Weltverhältnis etwas abzugewinnen, da er alles gibt und nicht mehr dafür wieder verzehrt, als er eben bedarf, um neue Kräfte zum Gewinn anderer sammeln zu können. Offenbar ist daher das Verhältnis des letzteren zur Nation das edlere, durch seine Hilflosigkeit das ehrfurchterweckendste; ja trotz seiner Armut für die Armut am glücklichsten wirkende. – Und wenn ich dem Bürgertum vor dem Adel den Vorzug gebe, aus dem Grunde, weil sein praktischer Charakter dem eingebildeten des Adels gegenübersteht; ich daher die Bürgerkrone dem Ordenssterne vorziehe, so würde ich dem allen noch vorziehen, vom Volke anerkannt zu sein, dessen Verzichtungen heroisch und dessen Opfer die uneigennützigsten sind.« (Mayer-Hepner: 20)

Solche Worte sind es, die der Magistrat als Beleidigung empfindet. Bettina wollte die Prozeßakten als Fortsetzung des Königsbuches veröffentlichen – Savignys Eingreifen hat dies verhindert (auch, daß sie ins Gefängnis kam). Savigny, seit 1842 Minister für Gesetzgebungsrevision, konservatives Haupt der historischen Rechtsschule, fühlte sich wohl aus Verwandtschaftsbanden verpflichtet, seine Schwägerin nicht ins Gefängnis kommen zu lassen. Wäre Bettina weniger privilegiert gewesen, so hätte sie sehr wohl zu denen gehört, die im Vormärz im Gefängnis oder in der Emigration geendet wären.

Bettina und Karoline von Günderode sind als Frauen und Schriftstellerinnen immer noch Ausnahmen. Weder haben sie Männer nachgeahmt, noch ihnen als Musen gedient (wie Dorothea und Caroline Schlegel) und die eigene Schreibpraxis selbst in den Schatten ihrer »genialen« Männer gestellt. Günderode und Bettina gehören zu jenen Künstlerinnen, die wie Simmel sagt: »nicht den sklavenhaften Ehrgeiz haben, zu schreiben, wie ein Mann.« (Simmel: 277)

Deshalb sind sie für die Orientierung einer neuen weiblichbestimmten Kultur so wichtig. Bettina vor allem, weil sie sich schon jenseits der Sphäre des Kampfes gegen männliche Unterdrückung befindet (die diesbezüglichen Versuche ihres Bruders hat sie souverän abgewehrt) und deshalb in ihren Briefromanen einen Zustand entworfen hat, in welchen sich die Männer – unter ihren Zwängen leidend – an weiblich-androgynen Werten zu orientieren beginnen.

Bettina von Arnim
Bericht über den Selbstmord der Günderode*

Über die *Günderode* ist mir am Rhein unmöglich zu schreiben, ich bin nicht so empfindlich, aber ich bin hier am Platz nicht weit genug vom Gegenstand ab, um ihn ganz zu übersehen; – gestern war ich da unten, wo sie lag; die Weiden sind so gewachsen, daß sie den Ort ganz zudecken; und wie ich mir so dachte, wie sie voll Verzweiflung hier herlief, und so rasch das gewaltige Messer sich in die Brust stiess, und wie das da tagelang in ihr gekocht hatte, und ich, die so nah mit ihr stand, jetzt an demselben Ort gehe hin und her an demselben Ufer, in süssem Überlegen meines Glückes, und alles und das Geringste, was mir begegnet, scheint mir mit zu dem Reichtum meiner Seligkeit zu gehören; da bin ich wohl nicht geeignet, jetzt alles zu ordnen und den einfachen Faden unseres Freundelebens, von dem ich doch nur alles anspinnen könnte, zu verfolgen. – Nein es kränkt mich und ich mache ihr Vorwürfe, wie ich ihr damals in Träumen machte, daß sie die schöne Erde verlassen hat; sie hätt noch lernen müssen, daß die Natur Geist und Seele hat und mit dem Menschen verkehrt und sich seiner und seines Geschickes annimmt und daß Lebensverheissungen in den Lüften uns umwehen; ja, sie ha't's bös mit mir gemacht, sie ist mir geflüchtet, grade wie ich mit ihr teilen wollte alle Genüsse. Sie war so zaghaft; eine junge Stiftsdame, die sich fürchtete, das Tischgebet laut herzusagen; sie sagte mir oft, daß sie sich fürchtete, weil die Reihe an ihr war; sie wollte vor den Stiftsdamen das Benedicite nicht laut hersagen. Unser Zusammenleben war schön; es war die erste Epoche, in der ich mich gewahr ward; – sie hatte mich zuerst aufgesucht in Offenbach, sie nahm mich bei der Hand und forderte, ich solle sie in der Stadt besuchen; nachher waren wir alle Tage beisammen; bei ihr lernte ich die ersten Bücher mit Verstand lesen; sie wollte mich Geschichte lehren, sie merkte aber bald, daß

---

* Aus: Karoline von Günderode, Dichtungen; Hrsg. v. Ludwig v. Pigenot, München 1922, S. 237 ff.

ich zu sehr mit der Gegenwart beschäftigt war, als daß mich die Vergangenheit hätte lange fesseln können. – Wie gern ging ich zu ihr! ich konnte sie keinen Tag mehr missen, ich lief alle Nachmittag zu ihr; wenn ich an die Tür des Stifts kam, da sah ich durch das Schlüsselloch bis nach ihrer Tür, bis mir aufgetan ward; – ihre kleine Wohnung war ebner Erde nach dem Garten; vor dem Fenster stand eine Silberpappel, auf die kletterte ich während dem Vorlesen; bei jedem Kapitel erstieg ich einen höheren Ast und las von oben herunter; – sie stand am Fenster und hörte zu und sprach zu mir hinauf, und dann und wann sagte sie: Bettine fall nicht; jetzt weiss ich erst, wie glücklich ich in der damaligen Zeit war, weil alles, auch das Geringste, sich als Erinnerung von Genuß in mich geprägt hat. – Sie war so sanft und weich in allen Zügen, wie eine Blondine; sie hatte braunes Haar, aber blaue Augen, die waren gedeckt mit langen Augenwimpern; wenn sie lachte, so war es nicht laut, es war vielmehr ein sanftes, gedämpftes Girren, in dem sich Lust und Heiterkeit sehr vernehmlich aussprach; – sie ging nicht, sie wandelte, wenn man verstehen will, was ich damit auszusprechen meine; – ihr Kleid war ein Gewand, was sie in schmeichelnden Falten umgab, das kam von ihren weichen Bewegungen her; – ihr Wuchs war hoch, ihre Gestalt war zu fliessend, als daß man es mit dem Worte schlank ausdrücken könnte; sie war schüchtern-freundlich und viel zu willenlos, als daß sie in der Gesellschaft sich bemerkbar gemacht hätte. Einmal ass sie mit dem Fürst Primas mit allen Stiftsdamen zu Mittag; sie war im schwarzen Ordenskleid mit langer Schleppe und weißem Kragen mit dem Ordenskreuz; da machte jemand die Bemerkung, sie sähe aus wie eine Scheingestalt unter den andern Damen, als ob sie ein Geist sei, der eben in der Luft zerfließen werde. – Sie las mir ihre Gedichte vor und freute sich meines Beifalls, als wenn ich ein großes Publikum wär; ich war aber auch voll lebendiger Begierde es anzuhören; nicht als ob ich mit dem Verstand das Gehörte gefaßt habe, – es war vielmehr ein mir unbekanntes Element, und die weichen Verse wirkten auf mich wie der Wohllaut einer fremden Sprache, die einem schmeichelt, ohne daß man sie übersetzen kann. – Wir lasen zusammen den Werther und sprachen viel über den Selbstmord; sie sagte: ›Recht viel lernen, recht viel fassen mit dem Geist und dann früh sterben; ich mag's nicht erleben, daß mich die Jugend verläßt‹. Wir lasen vom Jupiter Olymp des Phidias, daß die Griechen von dem sagten, der Sterbliche sei um das Herrlichste betrogen, der die Erde verlasse, ohne ihn gesehen zu haben. Die Günderrode sagte, wir müssen ihn sehen, wir wollen nicht zu den Unseligen gehören, die so die Erde verlassen. Wir machten ein Reiseprojekt, wir erdachten unsre Wege und Abenteuer, wir schrieben alles auf, wir malten alles aus, unsere Einbildung war so geschäftig, daß wir's in der Wirklichkeit nicht besser hätten erleben können; oft lasen wir in dem erfundenen Reisejournal, und freuten uns der allerliebsten Abenteuer, die wir drin erlebt hatten und die Erfindung wurde gleichsam zur Erinnerung, deren Beziehungen sich noch in der Gegenwart fortsetzten. Von dem, was sich in der Wirklichkeit ereignete, machten wir uns keine Mitteilungen; das Reich, in dem wir zusammentrafen, senkte sich herab wie eine Wolke, die sich öffnete, um uns in ein verborgenes Paradies aufzunehmen; da war alles neu, überraschend, aber passend für Geist und Herz; und so vergingen die Tage. Sie wollte mir Philosophie lehren; was sie mir mitteilte, verlangte sie von mir aufgefasst, und dann auf meine Art schriftlich wiedergegeben; die Aufsätze, die ich ihr hierüber brachte, las sie mit Staunen; es war nie auch eine entfernte Ahndung von dem, was sie mir mitgeteilt hatte; ich behauptete im Gegenteil, so hätt ich es verstanden; – sie nannte diese Aufsätze Offenbarungen, gehöht durch die süssesten Farben einer entzückten Imagination; sie sammelte sie sorgfältig, sie schrieb mir einmal: Jetzt verstehst Du nicht, wie tief diese Eingänge in das Bergwerk des Geistes führen, aber einst wird es Dir sehr wichtig sein, denn der Mensch geht oft öde Straßen; je mehr er Anlage hat durchzudringen, je schauerlicher ist die Einsamkeit seiner Wege, je endloser die Wüste. Wenn Du aber gewahr wirst, wie tief Du Dich hier in den Brunnen des Denkens niedergelassen hast und wie Du da unten ein neues Morgenrot findest und mit Lust wieder heraufkömmst und von Deiner tieferen Welt sprichst, dann wird Dichs trösten, denn die Welt wird nie mit Dir zusammenhängen, Du wirst keinen andern Ausweg haben als zurück durch diesen Brunnen in den Zaubergarten Deiner Phantasie; es ist aber keine Phantasie, es ist eine Wahrheit, die sich in ihr spiegelt. Der Genius benützt die Phantasie, um unter ihren Formen das Göttliche, was der Menschengeist in seiner idealen Erscheinung nicht fassen könnte, mitzuteilen oder einzuflößen; ja Du wirst keinen andern Weg des Genusses in Deinem Leben haben, als den sich die Kinder versprechen von Zauberhöhlen, von tiefen Brunnen; wenn man durch sie gekommen, so findet man blühende Gärten, Wunderfrüchte, kristallne Paläste, wo eine noch unbegriffne Musik erschallt und die Sonne mit ihren Strahlen Brücken baut, auf denen man festen Fusses in ihr Zentrum spazieren kann; – das alles wird sich Dir in diesen Blättern zu einem Schlüssel bilden, mit dem Du vielleicht tief versunkene Reiche wieder aufschließen kannst, drum verliere mir nichts und wehre auch nicht solchen Reiz, der Dich zum Schreiben treibt, sondern lerne mit Schmerzen denken, ohne welche nie der Genius in den Geist geboren wird; – wenn er erst in Dich eingefleischt ist, dann wirst Du Dich der Begeistrung freuen, wie der Tänzer sich der Musik freut. . . .

Sie erzählte mir wenig von ihren sonstigen Angelegenheiten, ich wußte nicht, in welchen Verbindungen sie noch ausser mir war; sie hatte mir zwar von Daub in Heidelberg gesprochen und auch von Creuzer, aber ich wusste von keinem, ob er ihr lieber sei als der andre; einmal hatte ich von andern davon gehört, ich glaubte es nicht; einmal kam sie mir freudig entgegen und sagte: Gestern habe ich einen Chirurg gesprochen, der hat mir gesagt, daß es sehr leicht ist, sich umzubringen; – sie öffnete hastig ihr Kleid und zeigte mir unter der schönen Brust den Fleck; ihre Augen funkelten freudig; ich starrte sie an, es ward mir zum ersten Mal unheimlich, ich fragte: Nun! – und was soll ich denn tun, wenn Du tot bist? – O, sagte sie, dann ist Dir nichts mehr an mir gelegen, bis dahin sind wir nicht mehr so eng verbunden, ich werd mich erst mit Dir entzweien; – ich wendete mich nach dem Fenster, um meine Tränen, mein vor Zorn klopfendes Herz zu verbergen, sie hatte sich nach dem andern Fenster gewendet und schwieg; – ich sah sie

von der Seite an, ihr Auge war gen Himmel gewendet,
aber der Strahl war gebrochen, als ob sich sein ganzes
Feuer nach innen gewendet habe; – nachdem ich sie eine
Weile beobachtet hatte, konnte ich mich nicht mehr fassen,
– ich brach in lautes Schreien aus, ich fiel ihr um den Hals
und riss sie nieder auf den Sitz, und setzte mich auf ihre
Knie und weinte viel Tränen und küßte sie zum erstenmal
an ihren Mund und riss ihr das Kleid auf und küßte sie an
die Stelle, wo sie gelernt hatte das Herz treffen; und ich bat
mit schmerzlichen Tränen, daß sie sich meiner erbarme,
und fiel ihr wieder um den Hals und küßte ihre Hände, die
waren kalt und zitterten und ihre Lippen zuckten, und sie
war ganz kalt und starr und totenblaß und konnte die
Stimme nicht erheben; sie sagte leise: Bettine, brich mir das
Herz nicht; – ach, da wollte ich mich aufreissen und wollte
ihr nicht weh tun; ich lächelte und weinte und schluchzte
laut, ihr schien immer banger zu werden, sie legte sich aufs
Sofa; da wollt ich scherzen und wollte ihr beweisen, daß
ich alles für Scherz nehme; da sprachen wir von ihrem Testament; sie vermachte einem jeden etwas; mir vermachte
sie einen kleinen Apoll unter einer Glasglocke, dem sie einen Lorbeerkranz umgehängt hatte; ich schrieb alles auf;
im Nachhausegehen machte ich mir Vorwürfe, daß ich so
aufgeregt gewesen war; ich fühlte, daß es doch nur Scherz
gewesen war, oder auch Phantasie, *die in ein Reich gehört,
welches nicht in der Wirklichkeit seine Wahrheit behauptet,* ich
fühlte, daß ich unrecht gehabt hatte und nicht *sie,* die ja oft
auf diese Weise mit mir gesprochen hatte. . . .

Einmal kam ich zu ihr, da zeigte sie mir einen Dolch mit
silbernem Griff, den sie auf der Messe gekauft hatte, sie
freute sich über den schönen Stahl und über seine Schärfe;
ich nahm das Messer in die Hand und probte es am Finger;
da floss gleich Blut; sie erschrak; ich sagte: O Günderrode!
Du bist so zaghaft und kannst kein Blut sehen, und gehest
immer mit einer Idee um, die den höchsten Mut voraus-
setzt; ich habe doch noch das Bewußtsein, daß ich eher
vermögend wär, etwas zu wagen, obschon ich mich nie
umbringen würde; aber mich und Dich in einer Gefahr zu
verteidigen, dazu hab ich Mut; und wenn ich jetzt mit dem
Messer auf Dich eindringe, – siehst Du, wie Du Dich

fürchtest? – sie zog sich ängstlich zurück; der alte Zorn regte sich wieder in mir unter der Decke des glühendsten Mutwills; ich ging immer ernstlicher auf sie ein, sie lief in ihr Schlafzimmer hinter den ledernen Sessel, um sich zu sichern; ich stach in den Sessel, ich riss ihn mit vielen Stichen in Stücke, das Roßhaar flog hier- und dahin in der Stube, sie stand flehend hinter dem Sessel und bat ihr nichts zu tun. –

Ich sagte: Eh ich dulde, daß Du Dich umbringst, tu ich's lieber selbst. – Mein armer Stuhl! rief sie. – Ja was, Dein Stuhl, der soll den Dolch stumpf machen; – ich gab ihm ohne Barmherzigkeit Stich auf Stich, das ganze Zimmer wurde eine Staubwolke; so warf ich den Dolch weit in die Stube, daß er prasselnd unter das Sofa fuhr; ich nahm sie bei der Hand und führte sie in den Garten, in die Weinlaube, ich riss die jungen Weinreben ab und warf sie ihr vor die Füsse; ich trat drauf und sagte: So mißhandelst Du unsre Freundschaft. – Ich zeigte ihr die Vögel auf den Zweigen und daß wir, wie jene, spielend aber treu gegeneinander bisher zusammengelebt hätten; ich sagte: Du kannst sicher auf mich bauen, es ist keine Stunde in der Nacht, die, wenn Du mir Deinen Willen kund tust, mich nur einen Augenblick besinnen machte; – komm vor mein Fenster und pfeif um Mitternacht, und ich geh ohne Vorbereitung mit Dir um die Welt; und was ich für mich nicht wagte, das wag ich für Dich; – aber Du! – was berechtigt Dich mich aufzugeben? wie kannst Du solche Treue verraten; und versprich mir, daß Du nicht mehr Deine zaghafte Natur hinter so grausenhafte, prahlerische Ideen verschanzen willst. – Ich sah sie an, sie war beschämt und senkte den Kopf und sah auf die Seite und war blaß, wir waren beide still, lange Zeit. Günderrode, sagte ich, wenn es ernst ist, dann gib mir ein Zeichen; – sie nickte.

Sie reiste ins Rheingau; von dort aus schrieb sie mir ein paarmal, wenig Zeilen; – ich hab sie verloren, sonst würde ich sie hier einschalten. Einmal schrieb sie: Ist man allein am Rhein, so wird man ganz traurig, aber mit mehreren zusammen, da sind grade die schauerlichsten Plätze am lustaufreizendsten, mir aber ist doch lieb, den weiten, gedehnten Purpurhimmel am Abend allein zu begrüßen; da dichte ich im Wandlen an einem Märchen, das will ich Dir vorlesen; ich bin jeden Abend begierig, wie es weitergeht, es wird manchmal recht schaurig und dann taucht es wieder auf. Da sie wieder zurückkam und ich das Märchen lesen wollte, sagte sie: es ist so traurig geworden, daß ich's nicht lesen kann; ich darf nichts mehr davon hören, ich kann es nicht mehr weiter schreiben: ich werde krank davon; und sie legte sich zu Bett und blieb liegen mehrere Tage, der Dolch lag an ihrem Bett; ich achtete nicht darauf, die Nachtlampe stand dabei, ich kam herein; Bettine, mir ist vor drei Wochen eine Schwester gestorben; sie war jünger als ich, Du hast sie nie gesehen; sie starb an der schnellen Auszehrung. – Warum sagst Du mir dies heute erst? fragte ich. – Nun, was könnte Dich dies interessieren? Du hast sie nicht gekannt, ich muss so was allein tragen, sagte sie mit trockenen Augen. Mir war dies doch etwas sonderbar, mir jungen Natur waren alle Geschwister so lieb, daß ich glaubte, ich würde verzweifeln müssen, wenn einer stürbe, und daß ich mein Leben für jeden gelassen hätte; sie fuhr fort: Nun denk! vor drei Nächten ist mir diese Schwester erschienen; ich lag im Bett und die Nachtlampe brannte auf jenem Tisch; sie kam herein in weissem Gewand, langsam, und blieb an dem Tisch stehen; sie wendete den Kopf nach mir und senkte ihn und sah mich an; erst war ich erschrocken, aber bald war ich ganz ruhig, ich setzte mich im Bett auf, um mich zu überzeugen, daß ich nicht schlafe. Ich sah sie auch an und es war, als ob sie etwas bejahend nickte; und sie nahm dort den Dolch und hob ihn gen Himmel mit der rechten Hand, als ob sie mir ihn zeigen wolle und legte ihn wieder sanft und klanglos nieder; und dann nahm sie die Nachtlampe und hob sie auch in die Höhe und zeigte sie mir, und als ob sie mir bezeichnen wolle, daß ich sie verstehe, nickte sie sanft, führte die Lampe zu ihren Lippen und hauchte sie aus; denk nur sagte sie voll Schauder, ausgeblasen; – und im Dunkel hatte mein Auge noch das Gefühl von ihrer Gestalt; und da hat mich plötzlich eine Angst befallen, die ärger sein muss, als wenn man mit dem Tod ringt; ja, denn ich wäre lieber gestorben, als noch länger diese Angst zu tragen. . .

Es vergingen vierzehn Tage, da kam Fritz Schlosser; er bat mich um ein paar Zeilen an die Günderrode, weil er ins Rheingau reisen werde, und wolle gern ihre Bekanntschaft machen. Ich sagte, daß ich mit ihr broulliert sei, ich bäte ihn aber, von mir zu sprechen und acht zu geben, was es für einen Eindruck auf sie mache. – Wann gehen Sie hin, sagte ich, morgen? – Nein, in acht Tagen. – O gehen Sie morgen, sonst treffen Sie sie nicht mehr; – am Rhein ist's so melancholisch, sagte ich scherzend, da könnte sie sich ein Leids antun; – Schlosser sah mich ängstlich an. – Ja, ja, sagt ich mutwillig, sie stürzt sich ins Wasser oder sie ersticht sich aus blosser Laune. – Freveln Sie nicht, sagte Schlosser, und nun frevelte ich erst recht: Geben Sie acht, Schlosser, Sie finden sie nicht mehr, wenn Sie nach alter Gewohnheit zögern, und ich sage Ihnen, gehen Sie heute lieber wie morgen und retten Sie sie vor unzeitiger melancholischer Laune. – Und im Scherz beschrieb ich sie, wie sie sich umbringen werde im roten Kleid, mit aufgelöstem Schnürband, dicht unter der Brust die Wunde; das nannte man tollen Übermut von mir, es war aber bewußtloser Überreiz, indem ich die Wahrheit vollkommen genau beschrieb. – Am andern Tag kam Franz und sagte: Mädchen, wir wollen ins Rheingau gehen, da kannst Du die Günderrode besuchen. – Wann? fragte ich. – Morgen, sagte er; – ach, ich packte mit Übereile ein, ich konnte kaum erwarten, daß wir gingen; alles, was ich begegnete, schob ich hastig aus dem Weg, aber es vergingen mehrere Tage und es ward die Reise immer verschoben; endlich, da war meine Lust zur Reise in tiefe Trauer verwandelt, und ich wär lieber zurückgeblieben. –

Da wir in Geisenheim ankamen, wo wir übernachteten, lag ich im Fenster und sah ins mondbespiegelte Wasser; meine Schwägerin Toni sass am Fenster; die Magd, die den Tisch deckte, sagte: Gestern hat sich auch eine junge schöne Dame, die schon sechs Wochen hier sich aufhielt, bei Winkel umgebracht; sie ging am Rhein spazieren ganz lang, dann lief sie nach Hause, holte ein Handtuch; am Abend suchte man sie vergebens; am andern Morgen fand man sie am Ufer unter Weidenbüschen, sie hatte das Handtuch voll Steine gesammelt und sich um den Hals gebunden, wahrscheinlich weil sie sich in den Rhein versenken wollte, aber da sie sich ins Herz stach, fiel sie rückwärts, und so fand sie ein Bauer am Rhein liegen unter den Weiden an einem Ort, wo es am tiefsten ist. Er riss ihr den Dolch aus dem Herzen, und schleuderte ihn voll Abscheu weit in den Rhein, die Schiffer sahen ihn fliegen, – da kamen sie herbei und trugen sie in die Stadt. –

Ich hatte im Anfang nicht zugehört, aber zuletzt hört ichs mit an und rief: das ist die Günderrode! Man redete mirs aus und sagte, es sei wohl eine andere, da soviel Frankfurter im Rheingau waren. Ich liess mirs gefallen und dachte: grade was man prophezeihe, sei gewöhnlich nicht war. – In der Nacht träumte mir, sie käme mir auf einem mit Kränzen geschmückten Nachen entgegen, um sich mit mir zu versöhnen; ich sprang aus dem Bett in des Bruders Zimmer und rief: Es ist alles nicht wahr, eben hat mirs lebhaft geträumt! Ach, sagte der Bruder, baue nicht auf Träume! – Ich träumte noch einmal, ich sei eilig in einem Kahn über den Rhein gefahren, um sie zu suchen; da war das Wasser trüb und schilflig, und die Luft war dunkel und es war sehr kalt; – ich landete an einem sumpfigen Ufer, da war ein Haus mit feuchten Mauern, aus dem schwebte sie hervor und sah mich ängstlich an und deutete mir, daß sie nicht sprechen könne; – ich lief wieder zum Schlafzimmer der Geschwister und rief: Nein, es ist gewiss wahr, denn mir hat geträumt, daß ich sie gesehen habe, und ich hab gefragt: Günderrode, warum hast Du mir dies getan? Und da hat sie geschwiegen, und hat den Kopf gesenkt, und hat sich traurig nicht verantworten können.

Nun überlegte ich im Bett alles und besann mich, daß sie mir früher gesagt hatte, sie wolle sich erst mit mir entzweien, eh sie diesen Entschluß ausführen werde; nun war mir unsre Trennung erklärt, auch daß sie mir ein Zeichen geben werde, wenn ihr Entschluß reif sei; – das war also die Geschichte von ihrer toten Schwester, die sie mir ein halb Jahr früher mitteilte; da war der Entschluß schon gefaßt. – O ihr großen Seelen, dieses Lamm in seiner Unschuld, dieses junge zaghafte Herz, welche ungeheure Gewalt hat es bewogen, so zu handeln?

Am andern Morgen fuhren wir bei früher Zeit auf dem

Rhein weiter. – Franz hatte befohlen, daß das Schiff jenseits sich halten solle, um zu vermeiden, daß wir dem Platz zu nahe kämen, aber dort stand der Fritz Schlosser am Ufer, und der Bauer, der sie gefunden, zeigte ihm, wo der Kopf gelegen hatte und die Füsse und daß das Gras noch nieder liege, – und der Schiffer lenkte unwillkürlich dorthin, und Franz bewusstlos sprach im Schiff alles dem Bauer nach, was er in der Ferne verstehen konnte, und da mußt ich denn mit anhören die schauderhaften Bruchstücke der Erzählung vom roten Kleid, das aufgeschnürt war, und der Dolch, den ich so gut kannte, und das Tuch mit Steinen um ihren Hals, und die breite Wunde; – aber ich weinte nicht, ich schwieg. – Da kam der Bruder zu mir und sagte: sei stark, Mädchen. – Wir landeten in Rüdesheim; überall erzählte man sich die Geschichte; ich lief in Windesschnelle an allen vorüber, den Ostein hinauf eine halbe Stunde bergan, ohne auszuruhen; – oben war mir der Atem vergangen, mein Kopf brannte, ich war den andern weit voraus geeilt. – Da lag der herrliche Rhein mit seinem smaragdnen Schmuck der Inseln; da sah ich die Ströme von allen Seiten dem Rhein zufließen und die reichen friedlichen Städte an beiden Ufern und die gesegneten Gelände an beiden Seiten; da fragte ich mich, ob mich die Zeit über diesen Verlust beschwichtigen werde, und da war auch der Entschluß gefaßt, kühn mich über den Jammer herauszuschwingen, denn es schien mir·unwürdig, Jammer zu äußern, den ich einstens beherrschen könne

Bettina von Arnim
Aus dem Briefroman »Die Günderode«*

Bettina an die Günderode im Oktober 1805 (es handelt sich um die Daten, die durch Vergleich mit dem Original ermittelt wurden; der Briefroman selbst ist ohne Daten, die Briefe nachträglich überarbeitet und geändert).

. . . Die Menschen sind gut, ich bin es ihnen von Herzen, aber wie das kommt, daß ich mit niemand sprechen kann? – Das hat nun Gott gewollt, daß ich nur mit Dir zu Haus bin. – Die Manen [Prosastück Günderodes] les' ich immer wieder, sie wecken mich recht zum Nachdenken. Du meinst, daß Dir die Sprache nicht drin gefällt? – Ich glaub, daß große Gedanken, die man zum erstenmal denkt, die sind so überraschend, da scheinen einem die Worte zu nichtig, mit denen man sie aufnimmt, die suchen sich ihren Ausdruck, da ist man als zu zaghaft, einen zu gebrauchen, der noch nicht gebräuchlich ist, aber was liegt doch dran? Ich wollt immer so reden, wie es nicht statthaft ist, wenn es mir näher dadurch kommt in der Seel, ich glaub gewiß, Musik muß in der Seele walten, Stimmung ohne Melodie ist nicht fließend zu denken; es muß etwas der Seele so recht Angebornes geben, worin der Gedankenstrom fließt. – Dein Brief ist ganz melodisch zu mir, viel mehr wie Dein Gespräch. *»Wenn Du noch nicht bald wieder zu uns kommst, so schreibe mir wieder, denn ich habe Dich lieb.«* Diese Worte haben einen melodischen Gang, und dann: *»Ich habe die Zeit über recht oft an Dich gedacht, liebe Bettine! Vor einigen Nächten träumte mir, Du seiest gestorben, ich weinte sehr darüber und hatte den ganzen Tag einen traurigen Nachklang davon in meiner Seele.«* Ich auch, liebstes *Günderödchen,* würde sehr weinen, wenn ich Dich sollt hier lassen müssen und in eine andre Welt gehen, ich kann mir nicht denken, daß ich irgendwo ohne Dich zu mir selber kommen möcht. Der musikalische Klang jener Worte äußert sich wie der Pulsschlag Deiner Empfindung, das ist lebendige Liebe, die fühlst Du für mich. Ich bin recht glücklich; ich glaub auch,

* (Bettina I: 215 ff.)

daß nichts ohne Musik im Geist bestehen kann, und daß nur *der* Geist sich frei empfindet, dem die Stimmung treu bleibt. – Ich kann's auch noch nicht so deutlich sagen, ich meine, man kann kein Buch lesen, keins verstehen oder seinen Geist aufnehmen, wenn die angeborne Melodie es nicht trägt, ich glaub, das alles müßt gleich begreiflich oder fühlbar sein, wenn es in seiner Melodie dahinfließt. Ja, weil ich das so denke, so fällt mir ein, ob nicht alles, solang es nicht melodisch ist, wohl auch noch nicht wahr sein mag. Dein *Schelling* und Dein *Fichte* und Dein *Kant* sind mir ganz unmögliche Kerle. Was hab ich mir für Mühe geben, und ich bin eigentlich nur davongelaufen hierher, weil ich eine Pause machen wollt. Repulsion, Attraktion, höchste Potenz. – –

Weißt Du, wie mir's wird? – Dreherig – Schwindel krieg ich in den Kopf, und dann, weißt Du noch? – Ich schäm mich, – ja ich schäm mich, so mit Hacken und Brecheisen in die Sprach hineinzufahren, um etwas da herauszubohren, und daß ein Mensch, der gesund geboren ist, sich ordentliche Beulen an den Kopf denken muß und allerlei physische Krankheiten dem Geist anbilden. – Glaubst Du, ein Philosoph sei nicht fürchterlich hoffärtig? – Oder wenn er auch einen Gedanken hat, davon wär er klug? – O nein, so ein Gedanke fällt ihm wie ein Hobelspan von der Drechselbank, davon ist so ein weiser Meister nicht klug. Die Weisheit muß natürlich sein, was braucht sie doch solcher widerlicher Werkzeuge, um in Gang zu kommen, sie ist ja lebendig? – Sie wird sich das nicht gefallen lassen. – Der Mann des Geistes muß die Natur lieben über alles, mit wahrer Lieb, dann blüht er, – dann pflanzt die Natur Geist in ihn. Aber ein Philosoph scheint mir so einer nicht, der ihr am Busen liegt und ihr vertraut und mit allen Kräften ihr geweiht ist. – Mir deucht vielmehr, er geht auf Raub, was er ihr abluchsen kann, das vermanscht er in seine geheime Fabrik, und da hat er seine Not, daß sie nicht stockt, hier ein Rad, dort ein Gewicht, eine Maschine greift in die andere, und da zeigt er den Schülern, wie sein Perpetuum Mobile geht, und schwitzt sehr dabei, und die Schüler staunen das an und werden sehr dumm davon. – Verzeih mir's, daß ich so fabelig Zeug red, Du weißt, ich hab's mit meinem Abscheu nie weiter gebracht, als daß ich erhitzt und schwindelig geworden bin davon, und wenn die großen Gedanken Deines Gesprächs vor mir auftreten, die doch philosophisch sind, so weiß ich wohl, daß nichts Geist ist als nur Philosophie, aber wend's herum und sag: Es ist nichts Philsophie, als nur ewig lebendiger Geist, der sich nicht fangen, nicht beschauen noch überschauen läßt, nur empfinden, der in jedem neu und ideal wirkt, und kurz: der ist wie der Äther über uns. Du kannst ihn auch nicht fassen mit dem Aug, Du kannst Dich nur von ihm überleuchtet, umfangen fühlen, Du kannst von ihm leben, nicht ihn für Dich erzeugen. Ist denn der Schöpfernatur ihr Geist nicht gewaltiger als der Philosoph mit seinem Dreieck, wo er die Schöpfungskraft drin hin und her stößt, was will er doch? – Meint er, diese Gedankenaufführung sei eine unwiderstehliche Art, dem Naturgeist nahzukommen? Ich glaub einmal nicht, daß die Natur einen solchen, der sich zum Philosophen eingezwickt hat, gut leiden kann. *Wie ist Natur so hold und gut, die mich am Busen hält.* – So was lautet wie Spott auf einen Philosophen. Du aber bist ein Dichter, und alles, was Du sagst, ist die Wahrheit und heilig. *Man kann Geister nicht durch Beschwörung rufen, aber sie können sich dem Geist offenbaren, das Empfängliche kann sie empfangen, dem innern Sinn können sie erscheinen.* Nun ja! Wenn es auch die ganze heutige Welt nicht faßt, was Du da aussprichst, wie ich gewiß glaub, daß es umsonst der Welt gesagt ist, so bin ich aber der Schüler, dessen ganze Seele strebt, sich das Gehörte zum Eigentum zu machen. – Und aus dieser Lehre wird mein künftig Glück erblühn, nicht weil ich's gelernt hab, aber weil ich's empfind; es ist ein Keim in mir geworden und wurzelt tief, ja ich muß sagen, es spricht meine Natur aus, oder vielmehr, es ist das heilige Wort »Es werde«, was Du über mich aussprichst. – Ich hab's jetzt jede Nacht gelesen im Bett und empfind mich nicht mehr allein und für nichts in der Welt; ich denk, da die Geister sich dem Geist offenbaren können, so möchten sie zu meinem doch sprechen; und was die Welt »überspannte Einbildung« nennt, dem will ich still opfern und gewiß meinen Sinn vor jedem bewahren, was mich unfähig dazu machen könnte, denn ich empfinde in mir ein Gewissen, was mich heimlich warnt, dies und jenes zu meiden. – Und wie ich mit Dir red heute, da fühl ich, daß es eine bewußtlose Bewußtheit gebe, das ist Gefühl, und daß der Geist bewußtlos erregt wird. – So wird's wohl sein mit den Geistern. Aber still davon, durch Deinen Geist haucht mich die Natur an, daß ich erwach, wie wenn die Keime zu Blättern werden. – Ach, eben ist ein großer Vogel wider mein Fenster geflogen und hat mich so erschreckt, es ist schon nach Mitternacht, gute Nacht.   *Bettine*

Aus dem Kurort Schlangenbad (Anfang August 1803) beschreibt Bettina die sie dort umgebende kleine Gesellschaft

. . . ich kann vor niemand sprechen wie vor Dir, ich fühl auch die Lust und das Feuer nicht dazu als nur bei Dir, und was ich Dir auch sag oder wie es herauskommt, so spür ich, daß etwas sich in mir regt, als ob meine Seele wachse, und wenn ich's auch selbst nicht einmal versteh, so bin ich doch gestärkt durch Deine ruhigen klugen Augen, die mich ansehen, erwartend, als verständen sie mich, und als wüßten sie, was noch kommen wird, Du zauberst dadurch Gedanken aus mir, deren ich vorher nicht bewußt war, die mich selbst verwundern, andre Leute haben mit mir keine Geduld, auch der *Voigt* nicht, der sagt: »Ich weiß schon, was Sie wollen,« und sagt etwas, was ich gar nicht gewollt hab. – Dann mach ich's aber wie Du und hör ihm zu, und da hör ich allemal was Kluges, Gutes. – Heut sagte er: die Vernunft sei von den Philosophen als ihr Gott umtanzt und angebetet, wie jeder seinen Gott anbete, nämlich als ein Götze, der zu allem gelogen werde, was man nur in der Einbildung für wahr halte, Dinge, die man auf dem Weg des Menschensinnes und der Empfindung allein finden könne und solle; die würden zu Sätzen, die auf keiner empfundenen Wirklichkeit beruhen, nur als willkürliche Einbildungen gelten und wirken. – Philosophie müsse nur durch die Empfindung begriffen werden, sonst sei es leeres Stroh, was man dresche, man sage zwar, Philosophie solle erst noch zur Poesie werden, da könne man aber lange warten, man könne aus dürrem, geteertem Holz keinen grünen Hain erwarten, und da möge man Stecken bei Stecken pflanzen und den besten Frühlingsregen erbitten, er werde dürr bleiben, während die wahre Philosophie nur als die jüngste und schönste Tochter der geistigen Kirche aus der Poesie selbst hervorgehe, dies sagte er dem Mstr. *Haise,* der studierter Philosoph ist, der war darüber so aufgebracht, daß *Voigt* die Poesie die Religion der Seele nenne, daß er mit beiden Füßen zugleich in die Höhe sprang – und nachher mir allein sagte: ich möge dem *Voigt* nicht so sehr trauen; denn seine Weisheit sei ungesund und könne leicht ein junges Herz verführen, sonst war alles ganz gut, wir tranken nachmittag auf dem Musenfels Kaffee und machten ein lustig Feuer im Wald an und tanzten zuletzt einen Ringelreihen drum, bis die letzten Flammen aus waren, und alle waren wie die Kinder so vergnügt, und mir kam es vor, als wenn gar kein Falsch oder versteckte Gesinnung mehr unter allen wär. Ein freies Gemüt ist doch wohl das Höchste im Menschen. Nie eine Periode des Menschenlebens verlassen, so wie sie rein erschaffen ist, um in eine andre überzugehen, dabei nie eine derselben vermissen, ewig Kind sein, als Kind schon Mann und Sklave des Guten sein, Gott anbeten in Ehrfurcht und mit ihm scherzen und spielen in seinen Werken, die selbst ein Spiel der Weisheit, seiner Liebe sind, sagte *Voigt* auf dem Heimweg zum Mstr. *Haise,* und der war zufrieden und reichte ihm die Hand. –   Gute Nacht

Am Montag
Gestern hätt ich nun rechte Zeit gehabt, Dir zu schreiben, alles ist fort, aber ich war müde. *Tonie* liegt auf dem Bett und schläft, man war bis spät in der Nacht aufgewesen, ich ging noch auf die Terrasse, um Abschied zu nehmen, weil am Morgen alles vor Tag abreiste; nur der *Voigt* blieb da bis Mittag, weil er nur bis Mainz ging. Er ging mit mir in die kleine Kapelle zur Messe, da war eben die Predigt wieder am Ende, es war unser Franziskaner. »Warum hat Jesus, da er ans Kreuz geschlagen ist und die bittersten Schmerzen leidet, zugleich eine himmlische Glorie um sein Haupt, die allen Anwesenden das Mitleid verbietet, die zugleich das seligste ruhmvollste Entzücken andeutet mit dem menschlichen Kampfe im Elend? – Warum liegt in jedem seiner Taten, seiner Worte, das Irdische mit dem

96

Ewigen so eng verbunden? – Er hat seine Leiden nicht mit Freuden vertauscht, da er es wohl vermochte. – Also, Mensch hab dein Schicksal lieb, wenn es dir auch Schmerz bringt, denn nicht dein Schicksal ist traurig, wenn es dir auch noch so viel Menschenunglück zuführt, aber daß du es verschmähest, das ist eigentlich das große Unglück, und so schließ ich, wovon ich ausging, daß allemal das Schicksal des Menschen das höchste Kleinod sei, das nicht wegwerfend zu behandeln ist, sondern es soll mit Ehrfurcht gepflegt und sich ihm unterworfen werden.« . . . – Ich bin so froh, daß ich unbedeutend bin, da brauch ich keine gescheiten Gedanken mehr aufzugabeln, wenn ich Dir schreib, ich brauch nur zu erzählen, sonst meint ich, ich dürfte nicht schreiben ohne ein bißchen Moral oder sonst was Kluges, womit man den Briefinhalt ein bißchen beschwert, jetzt denk ich nicht mehr dran, einen Gedanken zurecht zu meißeln oder zusammen zu leimen, das müssen jetzt andre tun, wenn ich's schreiben soll, ich selbst denk nicht mehr. Ach, von dem Einfältigsten, Ungelehrtesten verstanden und gefühlt zu werden ist auch was wert; und dann dem Einzigen, der mich versteht, der für mich klug ist, keine Langeweile zu machen, das kommt auf Dich an. Wir waren am Rhein und sind wieder den andern Tag zurück spät abends, so ist heut schon Donnerstag, es war schön in Rüdesheim, die *Tonie* hatte dort über jemand zu sprechen, der als Geistlicher in unser Haus soll, ich guckte indes auf der Bremserin aus dem großen schwarzen Gewölb auf die Wiese im Abendschein, es flogen all die Schmetterlinge über mich hinaus, denn da oben auf der Burg wächst so viel Thymian und Ginster und wilde Rosen, und alles hat der Wind hinaufgetragen; man meint als, der fliegende Blumensamen müßt eine Seel haben und hätt sich nicht weiter wollen treiben lassen vom Wind und wär am liebsten dageblieben, alles blüht und grünt, so viel Glockenblumen und Steinnelken und Balsam, ich dacht, wie ist's doch möglich, daß das alte Gemäuer so überblüht ist. – Blum an Blum! Unten in der Ruine wohnt ein Bettelmann mit der Frau und zwei Kindern, sie haben eine Ziege, die bringen sie hinauf, die grast den duftenden Teppich mir nichts, dir nichts ab. – Ich war eine ganze Stunde allein da und hab hinaus auf dem Rhein die Schiffe fahren sehen, da ist mir's doch recht sehnsüchtig geworden, daß ich wieder zu Dir will, und wenn's noch so schön ist, es ist doch traurig ohne Widerhall in der lebendigen Brust, der Mensch ist doch nichts als Begehren sich zu fühlen im andern. Du lieber Gott! Eh ich Dich gesehen hatt, da wußt ich nichts, da hatt ich schon oft gelesen und gehört, Freund und Freundin, und nicht gedacht, daß das ein ganz neu Leben wär, was dacht ich doch vorher von Menschen? – Gar nichts! – Der Hund im Hof, den holt ich mir immer, um in Gesellschaft zu sein; aber nachher, wie ich eine Weile mit Dir gewesen war und hatte so manches von Dir gehört, da sah ich jed Gesicht an wie ein Rätsel und hätt auch manches gern erraten, oder ich hab's erraten; denn ich bin gar scharfsinnig. Der Mensch drückt wirklich sein Sein aus, wenn man's nur recht zusammennimmt und nicht zerstreut ist und nichts von der eignen Einbildung dazutut, aber man ist immer blind, wenn man dem andern gefallen will und will was vor ihm scheinen, das hab ich an mir gemerkt. Wenn man jemand lieb hat, da sollt man sich lieber recht fassen, um ihn zu verstehen und ganz sich selbst vergessen und ihn nur ansehen, ich glaub, man kann den ganz verborgnen Menschen aus seinem äußern Wesen heraus erkennen. Das hab ich so plötzlich erkannt, wie ich Menschen sah, die ich nicht verstand, was sie mir sollten, und nun sind mir die meisten, daß ich sie nicht lang überlegen mag, weil ich nichts merk, was mir gefällt oder mit mir stimmt, aber mit Dir hab ich wie eine Musik empfunden, so daheim war ich gleich; ich war wie ein Kind, das noch ungeboren aus seinem Heimatland entfremdet, in einem fremden Land geboren war und nun auf einmal von weit her übers Meer wieder herübergetragen von einem fremden Vogel, wo alles neu ist, aber viel näher verwandt und heimlicher, und so ist mir's immer seitdem gewesen, wenn ich in Dein Stübchen eintrat: und so war's auch auf den alten Burgtrümmern gestern; so lachend wie die Wiesen waren und die lustigen Mädchen, die sangen, und der Abendschein und die Schiffe und die Schmetterlinge, alles war mir nichts, ich sehnt mich nach Dir, nur nach Deinem Stübchen, ich sehnt mich nach dem Winter, daß doch drauß Schnee sein möcht und recht früh dunkel und drin brennt Feuer; der Sonnenschein und's Blühen und Jauchzen zerreißt mir's Herz. – Ich war recht froh, wie die *Tonie* mit dem Wagen vorfuhr, wie ich unten hinkam, waren dem Bettelmann seine zwei hübschen Kinder bloß im Hemdchen und kugelten mit Lachen übereinander und hatten sich so umfaßt; ich sagt, wie heißt ihr denn? – Röschen und Bienchen. – Das Röschen ist blond mit roten Wängelchen, und das Bienchen ist braun mit schwarzen stechenden Augen. Das Bienchen und Röschen hatten sich so recht ineinander gewühlt. – Um Mitternacht heimgekehrt – höchst angenehmer Schlaf beim Rauschen von Springbrunnen.

Am Montag

Ich hab Deinen letzten Brief noch oft gelesen, er kommt mir ganz besonders vor, wenn ich ihn mit andern vergleiche, die ich auch hier in derselben Zeit erhalten hab, so muß ich denken, daß es Schicksale gibt im Geist, die so entfernt sind voneinander und so verschieden, wie im gewöhnlichen Tagesleben, der eine wird sich's nicht einbilden vom andern, was der denkt und träumt, und was er fühlt beim Träumen und Denken. – Dein ganz Sein mit andern ist träumerisch, ich weiß auch, warum; wach könntest Du nicht unter ihnen sein und dabei so nachgebend, nein, sie hätten Dich gewiß verschüchtert, wenn Du ganz wach wärst, dann würden Dich die gräßlichen Gesichter, die sie schneiden, in die Flucht jagen. – Ich hab einmal im Traum das selbst gesehen, ich war erst zwei Jahr alt, aber der Traum fällt mir noch oft plötzlich ein, daß ich denke, die Menschen sind lauter schreckliche Larven, von denen ich umgeben bin, und die wollen mir die Sinne nehmen, und wie ich auch damals im Traum die Augen zumachte, um's nicht zu sehen und vor Angst zu vergehen, so machst Du auch im Leben aus Großmut die Augen zu, magst nicht sehen, wie's bestellt ist um die Menschen, Du willst keinen Abscheu in Dir aufkommen lassen gegen sie, die nicht Deine Brüder sind; denn Absurdes ist nicht Schwester und nicht Bruder; aber Du willst doch ihr Geschwister sein, und so stehst Du unter ihnen mit träumendem Haupt und lächelst im Schlaf, denn Du träumst Dir alles bloß als da-

hinschweifenden grotesken Maskentanz. – Das lese ich
heute wieder in Deinem Brief, denn es ist jetzt so still hier,
und da kann man denken – Du bist zu gut, für mich auch,
weil Du unter allen Menschen gegen mich bist, als wärst
Du mehr wach; als machtest Du die Augen auf und trau-
test wirklich mich anzusehen, o, ich hab auch schon oft
dran gedacht, wie ich Deinen Blick nie verscheuchen
wollte, daß Du nicht auch am Ende nachsichtig die Augen
zumachst und mich nur anblinzelst, damit Du alles Böse
und Schlechte in mir nicht gewahr werdest.
Du sagst: »Wir wollen unbedeutend zusammen sein!« –
Weist Du, wie ich mir das ausleg? – Wie das, was Du dem
Clemens letzt in einem Brief schriebst: »*Immer neu und lebendig ist die Sehnsucht in mir, mein Leben in einer bleibenden
Form auszusprechen, in einer Gestalt, die würdig sei, zu den
Vortrefflichsten hinzuzutreten, sie zu grüßen und Gemeinschaft
mit ihnen zu haben. Ja, nach dieser Gemeinschaft hat mir stets
gelüstet, dies ist die Kirche, nach der mein Geist stets wallfahrtet
auf Erden.*« – Du sagst aber jetzt, wir wollen unbedeutend
zusammen sein, – weil Du lieber unberührt sein willst, weil
Du keine Gemeinschaft findest; – und Du glaubst wohl
jetzt noch, daß irgendwo eine Höhe wär, wo die Luft so
rein weht und ein ersehnt Gewitter auf die Seele niederreg-
net, wovon man freier und stärker wird? – Aber gewiß ist's
nicht in der Philosophie; es ist nicht der *Voigt*, dem ich's
nachspreche, aber er gibt mir Zeugnis für meine eigne
Empfindung. Menschen, die gesund atmen, die können
nicht sich so beengen, stell Dir einen Philosophen vor, der
ganz allein auf einer Insel wohnte, wo's so schön wär, wie
der Frühling nur sein kann, daß alles frei und lebendig
blühte und die Vögel sängen dann, und alles, was die Natur geboren hätt, wär vollkommen schön, aber es wären
keine Geschöpfe da, denen der Philosoph was weismachen
könnt, glaubst Du, daß er da auf solche Sprünge käm, wie
die sind, die ich bei Dir nicht erzwingen konnt? – Hör, ich
glaub, er biss' lieber in einen schönen Apfel, aber so eine
hölzerne Kuriosität von Gedanken-Sparrwerk würde er
wohl nicht zu eigner Erbauung aus den hohen Zedern des
Libanon zurecht zimmern; so verbindet und versetzt und
verändert und überlegt und vereinigt der Philosoph also

nur sein Denkwerk, nicht um sich selbst zu verstehen, da würde er nicht solchen Aufwand machen, sondern um den andern von oben herab den ersten Gedanken beizubringen, wie hoch er geklettert sei, und er will auch nicht die Weisheit seinen untenstehenden Gefährten mitteilen, er will nur das Hokuspokus seiner Maschine Superlativa vortragen, das Dreieck, das alle Parallelkreise verbindet, die gleichschenkligen und verschobenen Winkel, wie die ineinander greifen und seinen Geist nun auf jener Höhe schwebend tragen, das will er, es ist aber nur der müßige Mensch, der noch sich selber unempfundne, der davon gefangen wird; ein andrer lügt, wenn er die Natur verleugnet und diesem Sparrwerk anhängt und auch hinaufklettert, es ist Eitelkeit, und oben wird's Hoffart, und der haucht Schwefeldampf auf den Geist herab, da kriegen die Menschen in dem blauen Dunst eine Eingebildetheit, als nähmen sie den hohen Beweggrund des Seins wahr; ich bin aber um dies Wissen gar nicht bang, daß es mir entgehen könnt, denn in der Natur ist nichts, aus dem der Funke der Unsterblichkeit nicht in Dich hineinfährt, sobald Du's berührst; erfüll Deine Seele mit dem, was Deine Augen schöpfen auf jener segensreichen Insel, so wird alle Weisheit Dich elektrisch durchströmen, ja ich glaub, wenn man nur unter dem blühenden Baum der Großmut seine Stätte nimmt, der alle Tugenden in seinem Wipfel trägt, so ist die Weisheit Gottes näher als auf der höchsten Turmspitze, die man sich selbst aufgerichtet hat. Alle Früchte fallen zur Erde, daß wir sie genießen, sie haben seine Flügel, daß sie davonfliegen, und die Blüten schwenken ihren Duft herab zu uns. Der Mensch kann nicht über den Apfel hinaus, der für ihn am Baum wächst, steigt er hinauf in den Wipfel, so nimmt er ihn sich, steht er unterm Baum und wartet, so fällt der Apfel ihm zu und gibt sich ihm, aber außer am Baum wird er sich keine Früchte erziehen. – Du sprichst von Titanen, die die Berge mit großem Gepolter aufeinander türmen und dann die stillen Gipfel der Unsterblichkeit hinabstürzen, da meinst Du doch wohl die Philosophen, wenn Du von ihnen sagst, daß ihr diebischer Eigennutz sich der Zeit vordrängt und sie mit schimmernden Phantomen blendet. – Ach, aller Eigennutz ist schändliche Dieberei, wer mit dem Geist geizt, mit ihm prahlt, wer ihn aufschichtet oder ihm einen Stempel einbrennt, der ist der eigennützigste Schelm, und was tun denn die Philosophen, als daß sie sich um ihre Einbildungen zanken, wer zuerst dies gedacht hat; – hast Du's gedacht oder gesagt, so war es doch ohne Dich wahr, oder besser: so ist's eine Schimäre, die Deine Eitelkeit geboren hat. Was geizest Du mit Münze, die nur dem elenden Erdenleben angehört, nicht den himmlichen Sphären? Ich möcht doch wissen, ob Christus besorgt war drum, daß seine Weisheit ihm Nachruhm bringe? – Wenn das wär, so war er nicht göttlich. Aber doch haben die Menschen ihm nur einen Götzendienst eingerichtet, weil sie so drauf halten, ihn äußerlich zu bekennen, aber innerlich nicht; äußerlich dürfte er immer vergessen sein und nicht erkannt, wenn die Lieb im Herzen keimte. – Ich will Dir was sagen, mag der Geist auch noch so schöne erhabene Gewande zuschneiden und anlegen und damit auf dem Theater herumstolzieren, was will's anders als bloß eine Vorstellung, die wir wie ein Heldenstück deklamieren, aber nicht zu wirklichen Helden werden dadurch. Du schriebst an den *Clemens:* »Sagen Sie nicht, mein Wesen sei Reflexion oder gar, ich sei mißtrauisch, – das Mißtrauen ist eine Harpye, die sich gierig über das Göttermahl der Begeistrung wirft und es besudelt mit unreiner Erfahrung und gemeiner Klugheit, die ich stets jedem Würdigen gegenüber verschmäht hab.« Diese Worte hab ich oft hingestellt wie vor einen Spiegel Deiner Seele, und da hab ich immer ein Gebet empfunden, daß Gott einen so großen Instinkt in Dich gelegt hat, der einem aus den Angeln der Gemeinheit heraushebt, wo alles klappt und schließt; und wenn's sich nicht passen wollt, zurechtgerichtet wird fürs Leben, ach nein, Du bist ein Geist ohne Tür und Riegel, und wenn ich zu Dir mein Sehnen ausspreche nach etwas Großem und Wahrem, da siehst Du Dich nicht scheu um, Du sagst: »Nun, ich hoff es zu finden mit Dir.«

Die Günderode an Bettina:
Liebe Bettine! – Du drückst mir die Schreibefinger zusammen, daß ich kaum atme, noch weniger aber es wage zu denken, denn aus Furcht, ich könne willkürliche Gedanken

haben, denke ich lieber gar nicht, magst Du am Ende meines Briefes fühlen, ob ich in den engen Grenzen meiner geistigen Richtungen Dich nicht verletzte, so daß Dein Vertrauen ohne Hindernis hinabströme zu mir, ja hinab, denn ich bin nichts. So lasse mich denn gesund mit Dir sprechen, da nichts mir fremd ist in Dir, denn in Deine Töne eingehen, das wäre Deinen Lauf stören.

In Dein Lamento über Deine Geschichtsmisere stimme ich ein, sie macht mich mit kaputt, kauf in Gottes Namen ein paar Beinkleider als Sühnopfer und entlasse Deinen *Arenswald* in Gnaden. *Clemens* schreibt, daß ich ihm Antwort schuldig sei, ich wußte nicht, daß er in Marburg ist, wenn Du ihm schreibst, so gib ihm die Einlage, er ist mehr wie unendlich gut gegen Dich, und es ist ein eigen Schicksal, daß unser beider Bemühung, Dich zu einer innern Bildung zu leiten oder vielmehr sie Dir zu erleichtern, nicht gelingen will, so schreibt er mir heute. Unter vielen Witzfaseleien, träumerischem Geseufze und Beteuerungen, daß er gar nicht mehr derselbe sei, ist es das einzige, was auf Dich Beziehung hat. Weil er Dich immer auffordert, Deine phantastischen Ahnungen zu sammeln, diese Fabelbruchstücke Deiner Vergleiche, Deiner Weltanschauung in irgendeiner Form niederzulegen, so meinte ich wie ein guter Bienenvater Deinen Gedankenschwärmen eine Blumenwiese umher zu bauen, wo Deine Gedanken nur hin und her summen dürfen, Honig zu sammeln. Ein glücklicher Schiffer muß guten Fahrwind haben; ich dachte, Deine Studien sollten wie frischer Morgenwind Dir in die Segel blasen. – Ich schrieb heute an *Clemens,* es werde sich nicht tun lassen, Deinen Geist wie Most zu keltern und ihn auf Krüge zu füllen, daß er klarer trinkbarer Wein werde. Wer nicht die Trauben vom Stock genießen will, wie Lyaeus der Berauscher, der Sohn zweier Mütter, der aus der Luna geborne, endlich sie reifen lasse, der Vorfechter der Götter, der Rasende; – und heilige Bäume pflanzte, heilige Wahrsagungen aussprach.

Der Naturschmelz, der Deinen Briefen und Wesen eingehaucht ist, der, meint *Clemens,* solle in Gedichten oder Märchen aufgefaßt werden können von Dir – ich glaub's nicht. In Dich hinein bist Du nicht selbsttätig, sondern

103

vielmehr ganz hingegeben bewußtlos, aus Dir heraus zerfließt alle Wirklichkeit wie Nebel, menschlich Tun, menschlich Fühlen, in das bist Du nicht hineingeboren, und doch bist Du immer bereit, unbekümmert alles zu beherrschen, Dich allem anzueignen. Da war der Ikarus ein vorsichtiger, überlegter, prüfender Knabe gegen Dich, er versuchte doch das Durchschiffen des Sonnenozeans mit Flügeln, aber Du brauchst nicht Deine Füße zum Schreiten, Deinen Begriff nicht zum Fassen, Dein Gedächtnis nicht zur Erfahrung und diese nicht zum Folgern. Deine gepanzerte Phantasie, die im Sturm alle Wirklichkeit zerstiebt, bleibt bei einer Schwarzwurzel in Verzückung stocken. Der Strahlenbündel im Blumenkelch, der Dir am Sonntag im Feldweg in die Quere kam, wie Du den rückwärts gehenden Philosophen *Ebel* Deine Philosophie eintrichtern wolltest, ist eine blühende Scorza nera, so sagt *Lehr,* der weise Meister. – Ich werd eingeschüchtert von Deinen Behauptungen, ins Feuer gehalten von Deiner Überschwenglichkeit. Hier am Schreibtisch verlier ich die Geduld über das Farblose meiner poetischen Versuche, wenn ich Deines *Hölderlin* gedenke. Du kannst nicht dichten, weil Du das bist, was die Dichter poetisch nennen, der Stoff bildet sich nicht selber, er wird gebildet, Du deuchst mir der Lehm zu sein, den ein Gott bildend mit Füßen tritt, und was ich in Dir gewahr werde, ist das gärende Feuer, was seine übersinnliche Berührung stark in Dich einknetet. Lassen wir Dich also jenem über, der Dich bereitet, wird Dich auch bilden. Ich muß mich selber bilden und machen so gut ich's kann. Das kleine Gedicht, was ich hier für *Clemens* sende, hab ich mit innerlichem Schauen gemacht, es gibt eine Wahrheit der Dichtung, an die hab ich bisher geglaubt. Diese irdische Welt, die uns verdrießlich ist, von uns zu stoßen wie den alten Sauerteig, in ein neues Leben aufzustreben, in dem die Seele ihre höheren Eigenschaften nicht mehr verleugnen darf, dazu hielt ich die Poesie geeignet; denn liebliche Begebenheiten, reinere Anschauungen vom Alltagsleben scheiden, das ist nicht ihr letztes Ziel; wir bedürfen der Form, unsere sinnliche Natur einem gewaltigen Organismus zuzubilden, eine Harmonie zu begründen, in der der Geist ungehindert einst ein höheres Ta-

tenleben führt, wozu er jetzt nur gleichsam gelockt wird
durch Poesie, denn schöne und große Taten sind auch Poesie, und Offenbarung ist auch Poesie, ich fühle und beken-
ne alles mit Dir, was Du dem *Ebel* auf der Spazierfahrt
entgegnetest, und ich begreife es in Dir als Dein notwen-
digstes Element, weil ich Deine Strömungen kenne und oft
von ihnen mitgerissen bin worden, und noch täglich empfinde ich Deinen gewaltigen Wellenschlag. Du bist die
wilde Brandung, und ich bin kein guter Steuermann,
glücklich durchzuschiffen, ich will Dich gern schirmen gegen die Forderungen und ewigen Versuche des *Clemens,*
aber wenn auch in der Mitte meines Herzens das feste Vertrauen zu Dir und Deinen guten Sternen innewohnt, so zit-
tert und erbebt doch alles rings umher furchtsam in mir
vor Menschensatzung und Ordnung bestehender Dinge,
und noch mehr erbebe ich vor Deiner eignen Natur. Ja,
schelte mich nur, aber Dir mein Bekenntnis unverhohlen
zu machen: mein einziger Gedanke ist, wo wird das
hinführen? – Du lachst mich aus, und kannst es auch, weil
eine elektrische Kraft Dich so durchdringt, daß Du im
Feuer ohne Rauch keine Ahnung vom Ersticken hast. –
Aber ich habe nichts, was mich von jenem lebenerdrücken-
den Vorläufer des Feuers rette, ich fühle mich ohnmächtig
in meinem Willen, so wie Du ihn anregst, obschon ich
empfinde, daß Deine Natur so und nicht anders sein dürfte,
denn sonst wär sie gar nicht, denn Du bist nur bloß das,
was außer den Grenzen, dem Gewöhnlichen unsichtbar,
unerreichbar ist; sonst bist Du unwahr, nicht Du selber,
und kannst nur mit Ironie durchs Leben gehen. Manchmal
deucht mir zu träumen, wenn ich Dich unter den andern
sehe, alle halten Dich für ein Kind, das seiner selbst nicht
mächtig, keiner glaubt, keiner ahnt, was in Dir, und Du
tust nichts als auf Tisch und Stühle springen, Dich verstek-
ken, in kleine Eckchen zusammenkauern, auf Euren langen
Hausgängen im Mondschein herumspazieren, über die alten Böden im Dunkeln klettern, dann kommst Du wieder
herein, träumerisch in Dich versunken, und doch hörst Du
gleich alles, will einer was, so bist Du die Treppe schon
hinab, es zu holen, ruft man Deinen Namen, so bist Du da
und wärst Du in dem entferntesten Winkel; sie nennen

Dich den Hauskobold, das alles erzählte mir *Marie* gestern, ich war zu ihr gegangen, um sie zu fragen, ob es tunlich sein möchte, daß ich mit Dir nach Homburg reise, sie ist gut, sie hätte es Dir gern gegönnt und ich wär Dir zu Gefallen gerne mit Dir hingereist; *St. Clair* hatte uns begleiten wollen, und ich sagte auch der *Marie* nichts als, ich möchte wohl nach Homburg reisen und Dich mitnehmen, dort den kranken *Hölderlin* zu sehen, das war aber leider grad' das Verkehrte, sie meinte im Gegenteil, dahin solle ich Dich nicht mitnehmen, sie glaube, man müsse Dich hüten vor jeder Überspannung – ich mußte doch lachen über diese wohlgemeinte Bemerkung, nun kam *Tonie*, der es *Marie* mitteilte, sie meinten, Du seist so blaß gewesen im Frühjahr und auch letzt habest Du noch krankhaft ausgesehen, nein, sagt *Tonie*, nicht krank, sondern geisterhaft, und wenn ich nicht wüßte, daß sie das natürlichste Mädchen wär, die immer noch ist wie ein unentwickeltes Kind, was noch gar nichts vom Leben weiß, so müßte man fürchten, sie habe eine geheime Leidenschaft, aber hier in der Stadt befindet sie sich nur wohl in der Kinderstube, sie schleicht immer weg aus der Gesellschaft und vom Tisch und geht an die Wiege, nimmt die kleine *Max* heraus, hält sie wohl eine Stunde auf dem Schoß und freut sich an jedem Gesicht, das sie schneidet. Das Kind hatte die Röten, niemand kam zu mir. Sie allein saß stundenlang beim Kinde, es hat ihr nicht geschadet; sie kann alles aushalten, noch nie hab ich sie klagen hören über Kopfweh oder sonst etwas, wie lange hat sie bei der *Claudine* gewacht, kein Mensch könnte das, ich glaub, sie ist vierzehn Tage nicht ins Bett gekommen, sie ist wie zu Haus in jeder Krankenstube und amüsiert sich köstlich, wo andre sich langweilen. Aber ihr ganzer Geist besteht in ihrem Sein, denn ein gescheites Wort hab ich noch nie von ihr gehört, ihr Liebstes ist, den *Franz* zu erschrecken, alle Augenblick sucht sie sich einen andern Ort, wo sie ihn überraschen kann, letzt hat sie sich sogar auf den einen Bettpfosten gehockt, ich dachte sie könne keine Minute da aushalten, nun dauerte es eine Viertelstunde, bis *Franz* kam, als der im Bett lag, schwang sie sich herunter, ich dachte sie bricht den Hals, wir konnten sie die ganze Nacht nicht aus dem Zimmer bringen. – Über dieser

Erzählung war *Lotte* gekommen, die behauptete ernsthaft, Du hättest Anlage zum Veitstanz. Deine Blässe deute darauf, Du klettertest auch beim Spazierengehen immer an so gefährliche Orte, und letzt wärt Ihr im Mondschein noch um die Tore gegangen mit den Domherrn *von Hohenfeld* und da seist Du oben auf dem Glacis gelaufen bald hin, bald her Dich wendend, ohne nur ein einzigmal zu fallen, und der *Hohenfeld* auch, habe gesagt, das ging nicht mit natürlichen Dingen zu. Kaum hatte *Lotte* ihre Geschichte, wo immer der Refrain war, Mangel an historischem Sinn und keine Logik, geendet, so trat *Ebel* ein, er wurde auch konsultiert wegen der Fahrt nach Homburg (ach hätt ich doch nicht in dies Wespennest geschlagen), der fing erst recht an zu perorieren, der wußte alles: » um Gottes willen nicht«, *Lotte* saß im Sessel und sekundierte; nein um Gottes willen nicht, man muß logisch sein. *Ebel* sagte: Wahnsinn steckt an, ja sagt L.: besonders, wenn man so viel Anlage hat. Nun *Lotte*, Du machst's zu arg, sie kann wohl dumm sein, und das ist noch die Frage, denn sie ist eigentlich weder dumm noch gescheit, oder vielmehr ist sie beides, dumm und gescheit. – *Ebel* aber sagte: ich muß hier als Naturphilosoph sprechen, sie ist ein ganz apartes Wesen, das von der Natur zu viel elektrischen Stoff mitbekommen, sie ist wie ein Blitzableiter, wer ihr nahe ist beim Gewitter, der kann's empfinden, er war nämlich letzt auf der Spazierfahrt mitten im Gewitter unter Donner und Blitz im stärksten Platzregen trotz Schuh und Strümpfen bloß wegen Dir aus dem Wagen und im kurzärmeligen Rock querfeldein nach Hause gesprungen. Die *Tonie* sagte ihm dies, und er gestand es ein, es sei Furcht gewesen, das Gewitter könne durch Deine elektrische Natur angezogen werden, er glaubt steif und fest, der Schlag sei so dicht vor den Pferden niedergefahren, weil Du in Deiner Begeistrung zu viel Elektrizität ausströmtest. – Der arme Freund, seine Rockärmel sind vom Regen noch mehr verkürzt. – *Lotte* behauptete, es sei unlogisch von *Ebel* zu sagen, Begeisterung, denn dazu müsse ein logischer Grund sein und der sei in Deiner Seele nicht zu finden. – Dabei kam *St. Clair* auch zur Teestunde, ich hatte ihn hinbestellt, um zu hören wie der Versuch ausfallen werde, wär's gelungen, so hätten wir Dich heute überrascht und Dich gleich mit dem Wagen abgeholt, aber *Franz* kam herauf und *George,* denen wurde es vorgetragen. *Lotte* behauptete fort und fort, es würde das Unlogischste der Welt sein, Dich hingehen zu lassen, denn trotz Deiner Unweisheit, Faselei und gänzlichem Mangel usw. seist Du doch sehr exzentrisch, und es wurde einmütig beschlossen, Du sollest nicht mit; *Tonie* behauptete noch, Du seist ihr von *Clemens* noch mehr auf die Seele gebunden, und der würde ihr ein unangenehmes Konzert machen, wenn sie ihren Beifall dazu gäbe. – Ich weiß einen, der ihnen allen gern die Hälse umgedreht hätte, das war *St. Clair**, er war so ernst, er tat den Mund nicht auf, aber ich sah seine Lippen beben, kein Mensch wußte, welchen Anteil er daran nahm, er nahm, ohne ein Wort zu sagen, seinen Hut und ging, und ich sah, daß ihm die Tränen in den Augen standen, Deinem Ritter.

Bettina an die Günderode aus Offenbach im September 1803:
. . . – Alle große Handlung ist Dichtung, ist Verwandlung der Persönlichkeit in Gottheit, und welche Handlung nicht Dichtung ist, die ist nicht groß, aber groß ist alles, was mit dem Licht der Vernunft gefaßt wird – das heißt: alles, was Du in seinem wahren Sinn fassest, das muß groß sein, und gewiß ist es, daß jeder solcher Gedanke eine Wurzel muß haben, die in den Boden der Weisheit gepflanzt ist, und eine Blume, die blüht im göttlichen Licht. Hervorgehen aus dem Seelengrund, nach Gottes Ebenbild, hinüber, hinauf in unsern Ursprung. Gelt, ich hab recht? – Und wenn es wahr ist, daß der Mensch so sein kann, warum soll er anders sein? – Ich begreif's nicht, alle Menschen sind anders als wie es so leicht wär zu sein; – sie hängen an dem, was sie nicht achten sollten, und verachten das, an dem sie hängen sollten.

---

* St. Clair ist Isaak von Sinclair (1775–1815), Jakobiner wie sein Freund Hölderlin, mit dem er im April 1795 zusammenzog. 1805 wurde er in einem Hochverratsprozeß in Württemberg als Revolutionär verurteilt. 1815, als Hauptmann im Stab der Österreicher, trifft ihn bei einer Neuequipierung plötzlich der Schlag.

Ach, ich hab eine Sehnsucht, rein zu sein von diesen Fehlern. Ins Bad steigen und mich abwaschen von allen Verkehrtheiten. Die ganze Welt kommt mir vor wie verrückt, und ich schußbartele immer so mit, und doch ist in mir eine Stimme, die mich besser belehrt. – Lasse uns doch eine Religion stiften, ich und Du, und lasse uns einstweilen Priester und Laie darin sein, ganz im stillen, und streng danach leben und ihre Gesetze entwickeln, wie sich ein junger Königssohn entwickelt, der einst der größte Herrscher sollt werden der ganzen Welt. – So muß es sein, daß er ein Held sei und durch seinen Willen alle Gebrechen abweise und die ganze Welt umfasse, und daß sie *müsse* sich bessern. Ich glaub auch, daß Gott nur hat Königsstämme werden lassen, damit sie dem Auge den Menschen so erhaben hinstellen, um ihn nach allen Seiten zu erkennen. Der König hat Macht über alles, also erkennt der Mensch, der seinem öffentlichen Tun zusieht, wie schlecht er es anfängt, oder auch wenn er's gut macht, wie groß er selber sein könne. Dann steht grade der König so, daß ihm allein gelinge, was kein andrer vermag, ein genialer Herrscher reißt mit Gewalt sein Volk auf die Stufe, wohin es nie ohne ihn kommen würde. Also müssen wir unsere Religion ganz für den jungen Herrscher bilden. – O wart nur, das hat mich ganz orientiert, jetzt will ich schon fertig werden. Ach ich bitt Dich, nehm ein bißchen Herzensanteil dran, das macht mich frisch, so aus reinem Nichts alles zu erdenken wie Gott, dann bin ich auch Dichter. Ich denke mir's so schön, alles mit Dir zu überlegen, wir gehen dann zusammen hier in der Großmama ihrem Garten auf und ab, in den herrlichen Sommertagen, oder im Boskett, wo's so dunkle Laubgänge gibt, wenn wir simulieren, so gehen wir dorthin und entfalten alles im Gespräch, dann schreib ich's abends alles auf und schick Dir's mit dem Jud in die Stadt, und Du bringst es nachher in eine dichterische Form, damit, wenn's die Menschen einst finden, sie um so mehr Ehrfurcht und Glauben dran haben, es ist ein schöner Scherz, aber nehm's nur nicht für Scherz, es ist mein Ernst, denn warum sollten wir nicht zusammen denken über das Wohl und Bedürfnis der Menschheit? Warum haben wir denn so manches zusammen schon bedacht, was andere

nicht überlegen, als weil's der Menschheit fruchten soll,
denn alles, was als Keim hervortreibt, aus der Erde wie aus
dem Geist, von dem steht zu erwarten, daß es endlich
Frucht bringe, ich wüßte also daher nicht, warum wir nicht
mit ziemlicher Gewißheit auf eine gute Ernte rechnen
könnten, die der Menschheit gedeihen soll. Die Menschheit, die arme Menschheit, sie ist wie ein Irrlicht in einem
Netz gefangen, sie ist ganz matt und schlammig. – Ach
Gott, ich schlaf gar nicht mehr, gute Nacht, alleweil fällt
mir ein, unsre Religion muß die *Schwebereligion* heißen, das
sag ich Dir morgen.
Aber ein Gesetz in unserer Religion muß ich Dir hier
gleich zur Beurteilung vorschlagen, und zwar ein erstes
Grundgesetz. Nämlich: Der Mensch soll immer die größte
Handlung tun und nie eine andre, und da will ich Dir
gleich zuvorkommen und sagen, daß jede Handlung eine
größte sein kann und soll. – Ach hör! – Ich seh's schon im
Geist, wenn wir erst ins Ratschlagen kommen, was wird
das für Staubwolken geben. –

> *Wer nit bet, kan nit denken,*

das laß ich auf eine erdne Schüssel malen, und da essen
unsre Jünger Suppe draus. – Oder wir könnten auch auf
die andre Schüssel malen: Wer nit denkt, lernt nit beten.
Der Jud kommt, ich muß ihm eilig unsere Weltumwälzung
in den Sack schieben, auch wir werden einst sagen können,
was doch Gott für wunderbare Werkzeuge zum Mittel seiner Zwecke macht, wie die alt Nonn in Fritzlar. Siehst Du
den *St. Clair?* – Grüß ihn.

Bettina an die Günderode, Offenbach 1802:
. . . – ich hab nie die Stimme in meiner Brust können vor
Dir laut werden lassen; da dacht ich, wenn ich fern von Dir
wär, da würd ich in Briefen wohl eher zu mir selber kommen, weil das vielfältige, ja das tausendfältige Getümmel in
mir mich verstummen macht, daß ich nicht zu Wort
komme vor mir selber. – Und ich erinnerte mich, daß, wie
wir einmal von den Monologen des *Schleiermacher* sprachen, die mir nicht gefielen, so warst Du andrer Meinung
und sagtest zu mir: »Und wenn er auch nur das einzige
Wort gesagt hätte: der Mensch solle alles Innerliche ans Ta-

geslicht fördern, was ihm im Geist innewohne, damit er sich selber kennenlerne, so wär *Schleiermacher* ewig göttlich und der erste größte Geist.« – Da dacht ich, wenn ich von Dir fern wär, da würd ich in Briefen wohl Dir die ganze Tiefe meiner Natur offenbaren können – Dir und mir; und ganz in ihrer ungestörten Wahrheit, wie ich sie vielleicht noch nicht kenne, und wenn ich will, daß Du mich liebst, wie soll ich das anders anfangen als mit meinem innersten Selbst, – sonst hab ich gar nichts anders, – und von Stund an ging ich mir nach wie einem Geist, den ich Dir ins Netz locken wollt. Am Abend hatte mir der *Franz* noch ein paar freundliche, aber doch mahnende Worte darüber gesagt, daß ich mit dem *Moritz* auf der Straße gestanden hatte und geplaudert; – die *Lotte* hatte es der Schwägerin gesagt; – ich antwortete ihm nicht darauf, denn verteidigen schien mir nicht passend, wie denn das meiner Seele ohnedem nicht einverleibt ist, daß ich solche Irrtümer aufklären möchte, und am Ende schien mir der *Moritz* doch wert, daß man freundlich mit ihm Hand in Hand stehe, obschon er mir bei jener Vermahnung sehr schwarz gemacht wurde, er begegnete mir am andern Morgen auf dem Vorplatz, und ich sah mich um, ob niemand mich erspähen könne, und zog ihn in die Ecke, wo die Wendeltreppe hinaufführt zu meinem Zimmer, da küßte ich ihn auf seinen Mund, zwei-dreimal, und daß er meine Tränen auf seinem Gesicht fühlte, denn er wischte sie mit der Hand ab, und sagte, »Was ist das! – Was fehlt dir, Kind, was ist dir?« Ich riß mich los und sprang hinauf auf die Altan hinter die Bohnen – und war sehr schnell oben, daß er's nicht sah, er glaubte mich in meinem Zimmer und kam herauf und klopfte an, und weil er keine Antwort bekam, so machte er leise auf und weilte einen Augenblick im Zimmer, als er heraus-kam, sah er nach der Altan, mir war recht bang, er würde mein weiß Kleid erblicken, denn das schimmerte durch das dünne Bohnenlaub. Ich weiß nicht, ob er mich sah und mein Verbergen achtete, aber ich glaub's, und das gefiel mir so wohl von ihm; als ich ins Zimmer kam, fand ich auf meinem Tisch im Kabinett am Bett ein Fläschchen in zier-lichem Brasilienholz mit Rosenöl; – am Abend auf dem Ball bei seiner Mutter sprach er nichts zu mir – wie sonst –

aber er kam in meine Nähe, und weil das Fläschchen so süß duftete hinter dem Strauß von Aschenkraut und Rosen, da lächelte er mich an, und ich lächelte mit, aber ich fühlte, daß gleich mir die Tränen kommen wollten, ich mußte mich abwenden, er merkte es und ging zurück und stellte sich unter die andern, er mußte auch tanzen mit den Prinzessinnen und hatte viel Geschäfte und mußte eine Weile mit dem König von Preußen sprechen, aber ich sah doch, daß er mich im Aug behielt den ganzen Abend, und selbst während er mit dem König sprach, sah er herüber, sehr ernsthaft immer, ich war heimlich vergnügt, aber doch hätt ich jeden Augenblick weinen mögen, als wir weggingen, flüsterte er mir ins Ohr: »Du gleichst der *Sophie*.« Was war das alles, war mir durch die Seele ging? – ich weiß es nicht. Am andern Tag, wo ich nicht wie gewöhnlich zu Dir kam, da hatte *Moritz* am Morgen seinen Gärtner geschickt mit einem Wagen voll schöner seltner Blumen, die stellte er ohne mein Wissen hinter der Bohnenwand auf – und als ich sie sah, war ich erst gar erschrocken und verstand nicht, wie die Blumen daher gekommen waren, aber bald verstand ich, er müßte mich doch wohl gesehen haben hinter der Bohnenwand am vorigen Tag. – – Ach, ich war während dieser Stunden so wunderlich bewegt gewesen: von Dir, von Kränkungen, von Mitleid, daß er verleumdet war; von seinem feinen Wesen zu mir, und dann, daß er mir gesagt hatte so leise: »Du gleichst der *Sophie*«, die ihm doch gestorben war, – daß ich nicht mehr wußte, was ich wollte. Am Nachmittag kam *Christian Schlosser*, vom *Neville* geschickt, der der Frau beigestanden hatte bei der Geburt von einem kleinen Mädchen, denn das war gleich in der Stunde auf die Welt gekommen, der ließ mich fragen, ob ich nicht wolle zur armen Frau kommen, die sei sehr krank und auch das Kindchen, und ich solle es aus der Tauf heben, der *Christian Schlosser* wolle mit Taufzeuge sein, ich ging mit, da war der Pfarrer, der taufte das Kind, und die Frau war sehr krank, wie der Pfarrer weg war, so nahm die Wartfrau das Kindchen auf den Arm und sagte: »Es wird gleich sterben,« da war mir so bang, ich hatte niemals jemand sterben sehen, und die kranke Frau im Bett weinte so sehr ums Kind, die Hebamme sagte, eben stirbt's; und

schüttelte es, da war's plötzlich tot. – Ach, wie ich nach Hause kam, war ich so traurig – der *Franz* sagte: »Du siehst seit einiger Zeit so blaß aus, deine Gesundheit scheint mir gar nicht fest,« und als am Abend wieder das Gespräch auf den *Moritz* kam, wobei er gar nicht geschont wurde, da schrieb ich an die Großmama, sie solle mich vom *Franz* zu sich begehren nach Offenbach. Das war allen recht und mir auch, so war ich ihrer Meinung nach dem *Moritz* aus dem Weg geschafft, und ich meiner Meinung nach brauchte doch nichts Böses von ihm zu hören, denn ich will nichts Böses von ihm hören, nein, nimmermehr will ich was Böses von ihm hören. Aber hier in Offenbach war ich gleich wieder ruhig, und da ward mir mein Gelübde gleich wieder klar, das ich an jenem Abend vor Deiner Tür noch aussprach, als Du so kalt warst und so traurig, – daß ich eine Gabe Dir wollt geben von meiner Seele, daß ich mein Innerstes wollt Dir zu Lieb zu Tage fördern, weil Du das so hochschätzest wie jener *Schleiermacher*. Und da hab ich in meinem Innersten Wege geschritten und bin dahin geraten, wo Du jetzt stockst und willst nicht weiter und fürchtest Dich, mich anzuhören; denn ich hab's wohl gemerkt an Deinem Brief, Du fürchtest Dich vor meinen Abwegen. O fürcht Dich nicht, ich gab Dir treulich wie's Echo, was widerhallte aus mir. Ach! –
Ich bin jetzt glücklich, sei Du's auch! – Schöne Träume hab ich, und das ist ein Zeichen, daß die Götter mit mir zufrieden sind. – Im Herzen ist mir's, wenn ich erwache am Morgen, als ob ich von Dichterlippen geküßt sei, ja merk Dir's, von Dichterlippen. Nein, ich fürchte mich nicht mehr vor der Zukunft! – Ich weiß, durch was ich sie mir zum Freund mache, ja ich weiß es. Ich will auch wie die Großmama einen Ewigkeitspreis mit meinem Leben schließen, nicht wie Du gesagt hast, jung sterben. Viel wissen, viel lernen, sagtest Du, und dann jung sterben, warum sagst Du das? – Mit jedem Schritt im Leben begegnet Dir einer, der was zu fordern hat an Dich, wie willst Du sie alle befriedigen? – Ja sage, willst Du einen ungespeist von Dir lassen, der von Deinen Brosamen fordert? – Nein, das willst Du nicht! – Drum lebe mit mir, ich hab jeden Tag an Dich zu fordern. Ach! – wo sollt ich hin, wenn Du nicht

mehr wärst? – Ja dann, gewiß vom Glück wollt ich die
Spur nimmer suchen. Hingehen wollt ich mich lassen,
ohne zu fragen nach mir, denn nur um Deinetwillen frag
ich nach mir, und ich will alles tun, was Du willst. – Nur
um Deinetwillen leb ich – hörst Du's? – Mir ist so bang –
Du bist groß, ich weiß es – nicht Du bist's – nein so laut
will ich Dich nicht anreden – nein, Du bist's nicht, Du bist
ein sanftes Kind, und weil's den Schmerz nicht tragen
kann, so verleugnet es ihn ganz und gar – das weiß ich, so
hast Du Dir gar manchen Verlust verschleiert. Aber in
Deiner Nähe, in Deiner Geistesatmosphäre deucht mir die
Welt groß; Du nicht – fürchte Dich nicht, – aber weil alles
Leben so rein ist in Dir, jede Spur so einfach von Dir aufgenommen, da muß der Geist wohl Platz gewinnen, sich
auszudehnen und groß zu werden. – Verzeih mir's heut,
ein Spiegel ist vor meinen Augen, als hätte einer den
Schleier vor ihm weggezogen, und so traurig ist mir's, lauter Gewölk seh ich im Spiegel, und klagende Winde – als
müßt ich ewig weinen, weil ich an Dich denk – ich war
draus heut abend am Main, da rauschte das Schilf so wunderlich – und weil ich in der Einsamkeit immer mit Dir
allein bin, da fragte ich Dich in meinem Geist. »Was ist
das? Redet das Schilf mit *Dir?*« hab ich gefragt. Denn ich
will Dir's gestehen, denn ich möchte nicht so angeredet
sein, so klagvoll, so jammervoll, ich wollt's von mir weg-
schieben! – Ach *Günderode,* so traurig bin ich, war das nicht
feige von mir, daß ich die Klagen der Natur abwenden
wollt von mir, und schob's auf Dich – als hätte sie mit Dir
geredet wie sie so wehmutsvoll aufschrie im Schilf. – Ich
will ja doch gern alles mit Dir teilen, es ist mir Genuß,
großer Genuß, Deine Schmerzen auf mich zu nehmen, ich
bin stark, ich bin hart, ich spür's nicht so leicht, mir sind
Tränen zu ertragen, und dann sprießt die Hoffnung so
leicht in mir auf, als könnt wieder alles werden und besser
noch, als was die Seele verlangt. – Verlaß Dich auf mich! –
Wenn's Dich ergreift – als woll es Dich in den Abgrund
stoßen, ich werde Dich begleiten überall hin – kein Weg ist
mir zu düster – wenn Dein Aug das Licht scheut, wenn es
so traurig ist. – Ich bin gern im Dunkel, liebe *Günderode* –
ich bin da nicht allein, ich bin voll von Neuem, was in der

Seele Tag schaffet – grade im Dunkel, da steigt mir der lichte hellglänzende Friede auf. – O verzweifle an mir nicht, denn ich war in meinen Briefen auf einsamen Wegen gegangen, ja, zu sehr als such ich nur mich selbst, das wollt ich doch nicht, ich wollte *Dich* suchen, ich wollt vertraut mit Dir werden, nur um mit Dir die Lebensquellen zu trinken, die da rieseln in unserem Weg. – Ich fühl's wohl an Deinem Brief, Du willst Dich mir entziehen – das kann ich nicht zugeben, die Feder kann ich nicht niederlegen – ich denk, Du müssest aus der Wand springen ganz geharnischt wie die Minerva und müßtest mir schwören, meiner Freundschaft schwören, die nichts ist als nur in Dir – Du wollest fortan im blauen Äther schwimmen, große Schritte tun, wie sie, behelmt im Sonnenlicht wie sie, und nicht mehr im Schatten traurig weilen. Adieu, ich geh zu Bett, ich geh von Dir, obschon ich könnt die ganze Nacht warten auf Dich, daß Du Dich mir zeigst, schön wie Du bist und im Frieden und Freiheit atmend, wie's Deinem Geist geziemt, der das Beste, das Schönste vermag. Eine Ruhestätte Dir auf Erden, das sei Dir meine Brust. – Gute Nacht! – Sei mir gut – ein weniges nur. –

Montag

Jetzt hab ich schon drei Tage an diesem Brief geschrieben, und heute will ich ihn abschicken, ach, ich mag ihn nicht überlesen, geschrieben ist er, wahrheitsvoll ist er auch, wenn Du die augenblickliche Stimmung der Wahrheit würdigest, wie ich sie deren würdige und nur sie allein, obschon die Philister sagen, sie sei die Wahrheit nicht, nur was nach reiflichem Überlegen und wohlgeprüft vom Menschengeist sie angenommen, das sei Wahrheit. Ach diese Stimmungen, sie bauen das Feld, und was uns zukommt, als sei die Seele mit im Abendrot zerschmolzen, oder als löse sie sich frei vom Gewölk und tue sich auf im weiten Äther – das bringt uns auch wie das fruchtbare Wetter Gedeihen. Ist mir's doch, da ich meinen Brief schließen will, als ob das schönste Leben uns bevorstehe, wenn Du nur willst und willst so viel mich würdigen, daß Du ruhig Deine Hand in der meinen liegen lässest, wenn ich sie fasse . . .

Bettina an die Günderode aus Marburg am 25. Dezember 1805:

. . . Ein Brief, den ich kürzlich von *Goethe* gelesen habe,
den er anno Achtzehnhundert an *Jacobi* schrieb, wird Dich
auch freuen: »Seit wir uns nicht unmittelbar berührt haben«, sagt er ihm, »habe ich manche Vorteile geistiger Bildung genossen, sonst machte mich mein entschiedner Haß
gegen Schwärmerei, Heuchelei und Anmaßung, oft auch
gegen das wahre ideale Gute im Menschen, das sich in der
Erfahrung nicht wohl zeigen kann, oft ungerecht. Auch
hierüber, wie über manches andere belehrt uns die Zeit,
und man lernt: daß wahre Schätzung nicht ohne Schonung
sein kann; seit der Zeit ist mir jedes ideale Streben, wo ich
es antreffe, wert und lieb.« – So sehr ich sonst eine Sehnsucht hatte, allein und heimlich ihn aufzusuchen, jetzt ist's
nicht mehr so; – ich möchte gar nicht zu ihm, wenn ich
nicht Dich an der Hand führte – nur als zeigte ich Dir den
Weg, – und nur, daß ich mir den Dank von ihm und Dir
verdienen will, denn was er im Brief sagt, berechtigt Euch,
gegenseitig aufeinander Anspruch zu machen, denn wie
freudig würd er erstaunen über das Ideal in Deiner Brust,
so wie Du Dich aussprichst in jenem Brief, wo Dir auf
einmal so hell dies Ideal erschien, als sähest Du voraus in
Deine Unsterblichkeit. – Und mit was könnt ich ihm ent-
gegenkommen? – Ich hab keine Vorrechte, ich hab nichts,
als den geheimen Wert, von Dir nicht verlassen zu sein,
sondern angesehen mit Deinen Geistesaugen, die Gedanken
in mich hineinzuzaubern, welche ich nie geahnt haben würde,
läse ich sie nicht in Deinem Geist.

Gestern abend haben sich jung und alt beschert, mir sind
die leeren Weihnachtsbäume zuteil geworden, ich hab sie
mir ausgebeten, ich hab sie vor die Tür gepflanzt, man
geht durch eine Allee von der Treppe über den breiten
Vorplatz bis zu meiner Tür, diese grünen Tannen, so dicht
an meiner Tür, beglücken mich – und die Welt ist noch so
groß! Ach es steigt mir die Lust im Herzen auf, daß ich
reisen möcht – mit Dir – wär das denn nicht möglich? –
Bin ich denn so ganz gefangen, kann ich mir hierin nicht
willfahren? – Und willst Du auch nicht das Unglück meiden, jener die sterben, ohne den Jupiter Olymp gesehen zu
haben? – Ich fühl, daß mir alle Sehnsucht gestillt könnte

werden, hoch auf dem höchsten Berg die Lande, die Weite zu überschauen, ich würde mich wahrlich erhaben und mächtig fühlen, denn wessen das Aug sich bemeistert, dessen fühlt der Großherzige sich Herr. Ach, *Günderode,* ich weiß nicht, ob Du's auch schon gefühlt hast, aber mir ist jetzt vor allem der Sinn des Aug's gereizt, sehen möcht ich, nur sehen. – Wie groß und herrlich die Kraft, mit dem Aug alles zu beherrschen, alles in sich zu haben, zu erzeugen, was herrlich ist, – wie würden da die Geister uns umflügeln auf einsamer Stelle? – Und dann kennen wir uns, wir würden ineinander so einheimisch sein, es bedürfte keiner Mitteilung, die Gedanken flögen aus und ein, in' einen wie in' andern, was Du siehst, das ist in Dir, denn ich auch, ich hab mich nicht vor Dir verschlossen; – ja, Du bist tiefer in meiner Brust und weißt mehr von meinem Seelenschicksal, als ich selber, denn ich brauch nur in Deinem Geist zu lesen, so find ich mich selbst. Und wie glücklich hab ich mich doch hingehen lassen in Deinem Kreis? – Als schütze Dein Geist mich, so hab ich alles Unmögliche gewagt zu denken und zu behaupten, und nichts war mir zu tollkühn, überall fühlt ich den Faden in Deinem klugen Verstehen, der mich durchs Labyrinth führte. Ach, ich möchte alles haben, Macht und Reichtum an herrlichen Ideen und Wissenschaft und Kunst, um alles Dir wiederzugeben; und meinem Stolz, von Dir geliebt zu sein, meiner Liebe zu Dir genug zu tun. Denn diese Freundschaft, dies Sein mit Dir, könnte nur einmal gedeihen. Ich zum wenigsten fühle, daß keiner mit mir wetteifern könnte in der Liebe, und darum siegt auch meine Großmut, – ich mag niemand eine Schuld aufbürden, um die er ewig büßen müßte.

Zwei Briefe über den »Wahnsinn« Hölderlins:
Bettina an die Günderode aus Offenbach 1802 (oder 1804)

Dieser Brief wird zusammen mit einem späteren am Schluß des Briefwechsels abgedruckt; beide Briefe beschäftigen sich mit der Poesie und dem
kranken Hölderlin und nehmen Gedankengänge der Antipsychiatrie vorweg. Die 17- oder 19-jährige Bettina gehörte zu den Wenigen, die zu dieser
Zeit die Größe Hölderlins erkannten.

Heut morgen hab ich Deinen Brief beim Frühstück der
Großmama vorgelesen, sie ist schon so alt, sie nimmt's all
mit ins Grab, sie hat Dich so lieb, sie sagt, Du wärst die
edelste Kreatur, die sie je gesehen, und dann sprach sie von
Deiner Anmut; sie spricht immer schwäbisch, wenn sie
recht heiter ist. »Siehst, Mädele, wie anmutig und doch gar
bequem deine Freundin ist.« – Sie ist wirklich liebreizend,
und da las ich ihr auch meinen Brief vor, sie sagt, »Du
bischt halter e verkehrt's Dingele,« und dann hat sie mir
den Stein mit der Daphnis doch geschenkt für Dich, ich
lasse ihn fassen, Du mußt ihn tragen und mußt nicht sagen,
von wem er ist. – Was ist Dein Brief voll schöner Ge-
schichten, nur der *Clemens* ist doch mein Adam nicht, das
prophezeist Du schlecht, daß er mich erst nach hundert
Jahren auf dem Berg der Erkenntnis treffen werde. Ich hab
ihn so lieb, so lang kann ich nicht Versteckelches mit ihm
spielen, und doch hast Du vielleicht recht, im nächsten
Brief will ich's sagen, aber dem *Clemens* fall ich um den
Hals und küss ihn, da hat er mich, wie ich bin. Aber! – es
geht ein Weg – der führt in die Alleinigkeit. – Ist der
Mensch in sein eignen Leib allein geboren, so muß er auch
in seinen Geist allein geboren sein. – Der *St. Clair* ist gut,
voll Herz, er wollt ja zum kranken *Hölderlin* reisen – er soll
doch hin! nach Homburg – ich möcht wohl auch hin. – Er
sagt, es würde dem *Hölderlin* gesund gewesen sein, ich
möcht wohl, ich darf nicht. – Der *Franz* sagte: »Du bist
nicht recht gescheut, was willst du bei einem Wahnsinnigen? willst du auch ein Narr werden?« – – Aber wenn ich
wüßt, wie ich's anfing, so ging ich hin, wenn Du mit-
gingst, *Günderode,* und wir sagten's niemand, wir sagten,
wir gingen nach Hanau. Der Großmama dürften wir's sagen, die litt's, ich hab heute auch mit ihr von ihm gesprochen und ihr erzählt, daß er dort an einem Bach in einer

Bauernhütte wohnt, bei offnen Türen schläft, und daß er stundenlang beim Gemurmel des Bachs griechische Oden hersagt, die Prinzeß von Homburg hat ihm einen Flügel geschenkt, da hat er die Saiten entzwei geschnitten, aber nicht alle, so daß mehrere Klaves klappen, da phantasiert er drauf, ach, ich möcht wohl hin, mir kommt dieser Wahnsinn so mild und so groß vor. Ich weiß nicht, wie die Welt ist, wär das so was Unerhörtes, zu ihm zu gehen und ihn zu pflegen? Der *St. Clair* sagte mir: »Ja, wenn Sie das könnten, er würde gesund werden, denn es ist doch gewiß, daß er der größte elegische Dichter ist, und ist's nicht traurig, daß nicht ein solcher behandelt werde und geschützt als ein heiliges Pfand Gottes von der Nation, sagte er, aber es fehlt der Geist, der Begriff, keiner ahnt ihn und weiß, was für ein Heiligtum in dem Mann steckt, ich darf ihn hier in Frankfurt gar nicht nennen, da schreit man die fürchterlichsten Dinge über ihn aus, bloß weil er eine Frau

Friedrich Hölderlin mit 29 Jahren

geliebt hat, um den Hyperion zu schreiben, die Leute nennen hier lieben: heiraten wollen, aber ein so großer Dichter verklärt sich in seiner Anschauung, er hebt die Welt dahin, wo sie von Rechts wegen stehen sollte, in ewiger dichterischer Fermentation; sonst werden wir nie die Geheimnisse gewahr werden, die für den Geist bereitet sind. Und glauben Sie, daß *Hölderlins* ganzer Wahnsinn aus einer zu feinen Organisation entstanden, wie der indische Vogel in einer Blume ausgebrütet, so ist seine Seele, und nun ist es die härteste rauhe Kalkwand, die ihn umgibt, wo man ihn mit den Uhus zusammensperrt, wie soll er da wieder gesund werden. Dieses Klavier, wo er die Saiten zerrissen, das ist ein wahrer Seelenabdruck von ihm, ich hab auch den Arzt darauf aufmerksam machen wollen, aber einem Dummen kann man noch weniger begreiflich machen als einem Wahnsinnigen.« – Er sagte mir noch so viel über ihn, was mir tief durch die Seele ging, über den *Hölderlin*, was ich nicht wieder sag, und ich hab mehrere Nächte nicht schlafen können vor Sehnsucht hinüber nach Homburg, ja wollt ich ein Gelübde tun ins Kloster zu gehen, das könnt doch niemand wehren, gleich wollt ich das Gelübde tun, diesen Wahnsinnigen zu umgeben, zu lenken, das wär noch keine Aufopferung, ich wollt schon Gespräche mit ihm führen, die mich tiefer orientieren in dem, was meine Seele begehrt, ja gewiß weiß ich, daß die zerbrochnen umbesaiteten Tasten seiner Seele dann wieder anklingen würden. – Aber ich weiß, daß es mir nicht erlaubt würde. So ist es, das natürliche Gefühl, was jedem aus der Seele tönt, wenn er nur drauf hören wollte (denn in jeder Brust, auch in der härtesten, ist die Stimme, die ruft: hilf deinem Bruder), diese Stimme wird nicht allein unterdrückt, sondern auch noch als der größte Unsinn gestraft, in denen sie sich vernehmlich macht. Ich mag gar von Religion und von Christentum nichts mehr hören, sie sind Christen geworden, um die Lehre Christi zu verfälschen. – Brocken hinwerfen und den nackten Leib decken, das nennt man Werke der Barmherzigkeit – aber Christus in die Wüste folgen und seine Weisheit lernen, das weiß keiner anzufangen. – Bildungsflicken hängt man einem auf, mit denen man nichts anzufangen weiß, aber die Tiefe und Gewalt eines einzigen

Seelengrunds zu erforschen, da hat kein Mensch Zeit dazu, glaubst Du denn nicht, daß ich statt dem Geschichtsgerümpel wohl mit der größten Sammlung, mit der tiefsten Andacht hätte jenem folgen wollen, wenn er mir gelehrt hätte, wie er andern lehren mußte, um sein Leben zu gewinnen, und wahnsinnig drüber werden mußte. Wenn ich bedenk – welcher Anklang in seiner Sprache! – Die Gedichte, die mir *St. Clair* von ihm vorlas, – zerstreut in einzelnen Kalendern – ach, was ist doch die Sprache für ein heilig Wesen! Er war mit ihr verbündet, sie hat ihm ihren heimlichsten innigsten Reiz geschenkt, nicht wie dem *Goethe* durch die unangetastete Innigkeit des Gefühls, sondern durch ihren persönlichen Umgang. So wahr! Er muß die Sprache geküßt haben. – Ja so geht's, wer mit den Göttern zu nah verkehrt, dem wenden sie's zum Elend.

St. Clair gab mir den Ödipus, den *Hölderlin* aus dem Griechischen übersetzt hat, er sagte, man könne ihn so wenig verstehen oder wolle ihn so übel verstehen, daß man die Sprache für Spuren von Verrücktheit erklärt, so wenig verstehen die Deutschen, was ihre Sprache Herrliches hat. – Ich hab nun auf seine Veranlassung diesen Ödipus studiert; ich sag Dir, gewiß, auf Spuren hat er mich geleitet, nicht der Sprache, die schreitet so tönend, so alles Leiden, jeden Gewaltausdruck in ihr Organ aufnehmend, sie und sie allein bewegt die Seele, daß wir mit dem Ödipus klagen müssen, tief, tief. – Ja, es geht mir durch die Seele, sie muß mittönen, wie die Sprache tönt. Aber wie mir das Schmerzliche im Leben zu kränkend auf die Seele fällt, daß ich fühl, wie meine Natur schwach ist, so fühl ich in diesem Mitterleiden eines Vergangnen, Verlebten, was erst im griechischen Dichter in seinen schärfsten Regungen durch den Geist zum Lichte trat, und jetzt durch diesen schmerzlichen Übersetzer zum zweitenmal in die Muttersprache getragen, mit Schmerzen hineingetragen – dies Heiligtum des Wehtums, – über den Dornenpfad trug er es schmerzlich durchdrungen. Geweihtes Blut tränkt die Spur der verletzten Seele, und stark als Held trug er es herüber. – Und das nährt mich, stärkt mich, wenn ich abends schlafen gehe, dann schlag ich's auf und lese es, lese hier dem Päan gesungen, den Klaggesang, den sing ich abends auf dem

121

Dach vom Taubenschlag aus dem Stegreif, und da weiß ich, daß auch ich von der Muse berührt bin, und daß sie mich tröstet, selbst tröstet. O, was frag ich nach den Menschen, ob die den Mangel an historischem Sinn und der Logik an mir rügen, ich weiß den Teufel, was Logik ist. – Und daß mir *St. Clair* so viel zutraut, daß ich die Fahne glücklich schwingen werde und sicher, und die Besseren und Hohen unter ihr sammeln. – Sag ihm von mir, ich werde nicht fehlen, was mir einer zutraut, alle Kräfte dran zu setzen. Den kleinen Brief vom Papa hab ich ihm selbst geschenkt, er wollte ein Andenken von mir zum Gegengeschenk für den Ödipus, da hab ich ihn wählen lassen unter meinen Papieren, da hat er den hervorgezogen.

Lese hier den Klaggesang, dem Päan geweiht, ob's Dir nicht durch die Seele weint.

> Weh! Weh! Weh! Weh!
> Ach! Wohin auf Erden?
> Jo! Dämon! Wo reisest du hin?
>
> Jo! Nachtwolke mein! Du furchtbare,
> Umwogend, unbezähmt, unüberwältigt!
> O mir! Wie fährt in mich
> Mit diesen Stacheln
> Ein Treiben der Übel!
>
> Apollon war's, Apollon, o ihr Lieben,
> Der das Wehe vollbracht,
> Hier meine, meine Leiden.
> Ich Leidender,
> Was sollt ich sehn,
> Dem zu schauen nichts süß war.
>
> Was hab ich noch zu sehen und zu lieben,
> Was Freundliches zu hören? – Ihr Lieben!
> Führt aus dem Orte geschwind mich,
> Führt, o ihr Lieben! den ganz Elenden,
> Den Verfluchtesten und auch
> Den Göttern verhaßt am meisten unter den Menschen.

So hab ich mir die Zeilen zusammengerückt, sie zu singen, diese Leidensprache, und sie fesselt mich an seine Ferse, der sich Frevler nennt.

> Wirf aus dem Lande mich, so schnell du kannst,
> Wo ich mit Menschen ins Gespräch nicht komme.

In die Ferne sehend, nach dem Taunus, still getränkt im Abendschein, der die Nebel durchlichtet, die flüchtenden,

die ihn umschweifen; – da denk ich mir das Grabmal selber
ihm erkoren von Vater und Mutter, sein Kithäron. Da sing
ich meinen Gesang hinüber, und der Wind spielt mich an,
und gewiß, er bringt mein Lied hinüber zum Grab; mir
ist's eins, ob der Zeiten Last sich drüber gewälzt, doch
dringt die Trän hinab, das Grab zu netzen, drang doch sein
Weh herauf zu mir; und heute nur stieg's auf mir im Herzen, als ich die Laute dem Gott – die jammernden, der ganzen Welt geschrien – zaghaft in Musik verwandelte. – Und
dort wohnt auch er, der die noch lebenswarme Brust voll
Wehe, und gesäet voll der Keime des Dichtergottes, jetzt
zermalmt im Busen die Saat, – in aufseufzenden Tönen
herübertrug ins Mutterland und wärmte – das Jammerge-
schick des Zwillingsbruders – in der Liebe, die aus der Verzweiflung Abgrund ihn mit heißer Begierde heraufrief, das
müde jammervolle Haupt sanft zu lehnen, zusammen mit
dem Geschick, das ausgeblutet hat. Ja, wer mit Gräbern
sich vermählt, der kann leicht wahnsinnig werden den Lebenden – denn er träumt nur hier am Tag, wie wir träumen in der Nacht, aber drunten im Schlaf wacht er und
geht mit jenen mitleidsvoll Hand in Hand, die längst ver-
schollen der geschäftigen Eile des Tags sind. Dort fällt der
Tau auf die Seele ihm die hier nicht Feuchtung in der Kehle
mehr hatte zum Seufzen. Dort grünen die Saaten und blühen, die hier der Dummheit Pflug – die Wurzel umstür-
zend wie Unkraut der Luft preis gab, und die tauvolle
Blüte, rein vom Staube, stürzt in der Erde Grab. – Denn
irgendwie muß die Saat der Götter lebendig werden, sie
können Ewiges nicht verdorren lassen. Seine Seele wächst,
die hier unten schläft und verwirrte Träume hat, hinauf als
himmlisches Grün, die schwebende Ferse der Götterjüng-
linge umspielend, wie der frische Rasen hier seine tanzen-
den Blumen an meinem flüchtigen Lauf hinbewegt. – Ach
Poesie! heilig Grabmal, das still den Staub des Geistes sam-
melt und ihn birgt vor Verletzung. – O du läßt ihn auferstehen wieder, laß mich hinabsteigen zu ihm und die Hand
ihm reichen im Traum, daß er mit heiligem Finger die
goldnen Saatkörner mir auf die offne Lippe streue und
mich anblase mit dem Odem, der nach dem Willen der
Götter aus ihrem Busen trinkt. Denn ich begehr sehnsüch-

tig, mit zu tragen gemeinsam Weh des Tags, und gemeinsam Tröstung zu empfangen in den Träumen der Nacht. – Was willst Du? Halte mir's zugut, *Günderode,* daß ich so spreche, verfolg den Faden meiner Gedanken, so wirst Du sehen, es geht nicht anders. Du trägst ja auch mit mir, daß sie Dich meiner Narrheit beschuldigen. Mangel an historischem Sinn – ist es doch, das Weh, was in der Fabelwelt begraben liegt, mit dem zu mischen des heutigen Tages. – Sie haben Recht, mir keine Logik zuzusprechen, da müßt ich ja den dort verlassen, der aufgegeben ist, da müßt ich mich aufgeben, was doch nichts fruchtet. – Sei nicht bang um mich, ich bin nicht alle Tage so, aber ich komm eben vom Taubenschlag, wo die Sonne mir die blauen Berge anglänzte, wo *Hölderlin* schläft über dem Grabe des Ödipus, und hab ihnen den Gesang gesungen, mit Tönen unzurechnungsfähig der Kunst, auffassend, was sie vermochten an scharfem Wehe, und es besänftigend mit dem Schmelz der Liebe, den ich durch die Stimme hinzugoß aus dem Herzen, daß der durch die Wolken dringe – hinab am Horizont, hinauf – wo die gewaltigen Geschicke immer auch weilen – und sich mische mit ihren bitteren, salzigen Fluten. Was wären doch die Dichter, wären sie es nicht, die das Schauervolle ins Göttliche verwandeln. – Wo der Gesang doch allein aus meinen Sinnen hervordringt, nicht aus dem Bewußtsein, da spricht's nachher so aus mir, daß Stimmen aus mir reden, die mit keinem andern im Einklang sind, der Ton, der Rhythmus, den ich übe, ist es auch nicht; keiner würde zuhören wollen, aber jene, denen ich singe, die müssen's doch wohl hören, nicht wahr? – Es ahnt mir schon, Du wirst wieder bange werden um mich wie vorm Jahr! – aber Du weißt ja, es ist nichts, ich rase nicht, wie die andern mich beschuldigen und mir die Hand auf den Mund legen, wenn ich sprechen will. Sei nicht dumm, lasse Dir nicht von den Philistern bange machen um meine Gesundheit, wo sie mir schon den Verstand absprechen; wer seinen Bruder einen Narren schilt, ist des Todes schuldig, sie sind unschuldig, ich bin ihr Bruder nicht, Du bist mein Bruder. Noch einmal, ich bin nicht krank, störe mich nicht damit, daß Du mir das geringste sagst, denn ich will Dir noch mehr sagen, wenn's möglich ist, was hättest Du an mir, wenn ich nicht lernte Dir meine Seele geben, nackt und bloß. Freundschaft! Das ist Umgang der Geister, nackt und bloß. –

Isaac von Sinclair

17ten
St. Clair war heute hier, zwischen zehn und ein Uhr, ich lag noch zu Bett, ich hatte die Großmama um Erlaubnis fragen lassen auszuschlafen, weil mich am Abend der Duft der Orangerie ganz betäubt hatte, er wartete auf mich hinter der Pappelwand. – Es gibt Weh, darüber muß man verstummen; die Seele möchte sich mit begraben, um es nicht mehr empfinden zu müssen, daß solcher Jammer sich über einem Haupte sammeln könne, und wie konnte es auch? – O ich frage! und da ist die Antwort: weil keine heilende Liebe mehr da ist, die Erlösung könnte gewähren. Oh, werden wir's endlich inne werden, daß alle Jammergeschicke unser eignes Geschick sind? – Daß alle von der Liebe geheilt müssen werden, um uns selber zu heilen. Aber wir sind uns der eignen Krankheit nicht mehr bewußt, nicht der erstarrten Sinne; daß das Krankheit ist, das fühlen wir nicht – und daß wir so wahnsinnig sind und

mehr noch als jener, dessen Geistesflamme seinem Vaterland aufleuchten sollte – daß die erlöschen muß im trüben Regenbach zusammengelaufner Alltäglichkeit, der langweilig dahinsickert. – Hat doch die Natur allem den Geist der Heilung eingeboren, aber wir sind so verstandlos, daß selbst der harte Stein für uns ihn in sich entbinden lässet, aber wir nicht – nein, wir können nicht heilen, wir lassen den Geist der Heilung nicht in uns entbinden, und das ist unser Wahnsinn. Gewiß ist mir doch bei diesem *Hölderlin*, als müsse eine göttliche Gewalt wie mit Fluten ihn überströmt haben, und zwar die Sprache, in übergewaltigem raschen Sturz seine Sinne überflutend und diese darin ertränkend; und als die Strömungen verlaufen sich hatten, da waren die Sinne geschwächt und die Gewalt des Geistes überwältigt und ertötet. – Und *St. Clair* sagt: ja, so ist's – und er sagt noch: aber ihm zuhören, sei grade, als wenn man es dem Tosen des Windes vergleiche; denn er brause immer in Hymnen dahin, die abbrechen, wie wenn der Wind sich dreht – und dann ergreife ihn wie ein tieferes Wissen, wobei einem die Idee, daß er wahnsinnig sei, ganz verschwinde, und daß sich anhöre, was er über die Verse und über die Sprache sage, wie wenn er nah dran sei, das göttliche Geheimnis der Sprache zu erleuchten, und dann verschwinde ihm wieder alles im Dunkel, und dann ermatte er in der Verwirrung und meine, es werde ihm nicht gelingen, begreiflich sich zu machen; und die Sprache bilde alles Denken; denn sie sei größer wie der Menschengeist, der sei ein Sklave nur der Sprache, und so lange sei der Geist im Menschen noch nicht der vollkommne, als die Sprache ihn nicht alleinig hervorrufe. Die Gesetze des Geistes aber seien metrisch, das fühle sich in der Sprache, sie werfe das Netz über den Geist, in dem gefangen er das Göttliche aussprechen müsse, und solange der Dichter noch den Versakzent suche und nicht vom Rhythmus fortgerissen werde, so lange habe seine Poesie noch keine Wahrheit; denn Poesie sei nicht das alberne sinnlose Reimen, an dem kein tieferer Geist gefallen haben könne, sondern das sei Poesie: daß eben der Geist nur sich rhythmisch ausdrücken könne, daß nur im Rhythmus seine Sprache liege, während das Poesielose auch geistlos, mithin un-

rhythmisch sei – und ob es denn der Mühe lohne, mit so
sprachgeistarmen Worten Gefühle in Reime zwingen zu
wollen, wo nichts mehr übrigbleibe als das mühselig ge-
suchte Kunststück zu reimen, das dem Geist die Kehle zu-
schnüre. Nur *der* Geist sei Poesie, der das Geheimnis eines
ihm eingebornen Rhythmus in sich trage, und nur mit diesem Rhythmus könne er lebendig und sichtbar werden;
denn dieser sei seine Seele, aber die Gedichte seien lauter
Schemen, keine Geister mit Seelen. –
Es gebe höhere Gesetze für die Poesie, jede Gefühlsregung
entwickle sich nach neuen Gesetzen, die sich nicht anwenden lassen auf andre; denn alles Wahre sei prophetisch und
überströme seine Zeit mit Licht, und der Poesie allein sei
anheimgegeben, dies Licht zu verbreiten, drum müsse der
Geist und könne nur durch sie hervorgehen. Geist gehe nur
durch Begeistrung hervor. – Nur allein dem füge sich der
Rhythmus, in dem der Geist lebendig werde! – wieder: –
Wer erzogen werde zur Poesie in göttlichem Sinn, der
müsse den Geist des Höchsten für gesetzlos anerkennen
über sich und müsse das Gesetz ihm preisgeben; *nicht wie
ich will, sondern wie du willst!* – und so müsse er sich kein
Gesetz bauen; denn die Poesie werde sich nimmer ein-
zwängen lassen, sondern der Versbau werde ewig ein leeres
Haus bleiben, in dem nur Poltergeister sich aufhalten. Weil
aber der Mensch der Begeisterung nie vertraue, könne er
die Poesie als Gott nicht fassen. – Gesetz sei in der Poesie
Ideengestalt, der Geist musse sich in dieser bewegen und
nicht ihr in den Weg treten, Gesetz, was der Mensch dem
Göttlichen anbilden wolle, ertöte die Ideengestalt, und so
könne das Göttliche sich nicht durch den Menschengeist in
seinen Leib bilden. Der Leib sei die Poesie, die Ideengestalt,
und dieser, sei er ergriffen vom Tragischen, werde tödlich
faktisch; denn das Göttliche ströme den Mord aus Worten,
die Ideengestalt, die der Leib sei der Poesie, die morde – so
sei aber ein Tragisches, was Leben ausströme in der Ideengestalt – (Poesie); denn alles sei tragisch. – Denn das Leben
im Wort (im Leib) sei Auferstehung (lebendig faktisch), die
bloß aus dem Gemordeten hervorgehe. – Der Tod sei der
Ursprung des Lebendigen.
Die Poesie gefangennehmen wollen im Gesetz, das sei nur,

damit der Geist sich schaukle, an zwei Seilen sich haltend, und gebe die Anschauung, als ob er fliege. Aber ein Adler, der seinen Flug nicht abmesse – obschon die eifersüchtige Sonne ihn niederdrücke – mit geheim arbeitender Seele im höchsten Bewußtsein dem Bewußtsein ausweiche und so die heilige, lebende Möglichkeit des Geistes erhalte, in dem brüte der Geist sich selber aus und fliege – vom heiligen Rhythmus hingerissen oft, dann getragen, dann geschwungen sich auf und ab in heiligem Wahnsinn, dem Göttlichen hingegeben; denn innerlich sei dies eine nur: die Bewegung zur Sonne, die halte am Rhythmus sich fest. –

Dann sagte er am andern Tag wieder: es seien zwei Kunstgestalten oder zu berechnende Gesetze, die eine zeige sich auf der gottgleichen Höhe im Anfang eines Kunstwerks und neige sich gegen das Ende; die andre wie ein freier Sonnenstrahl, der vom göttlichen Licht ab sich einen Ruhepunkt auf dem menschlichen Geist gewähre, neige ihr Gleichgewicht vom Ende zum Anfang. Da steige der Geist hinauf aus der Verzweiflung in den heiligen Wahnsinn, insofern *der* höchste menschliche Erscheinung sei, wo die Seele alle Sprachäußerung übertreffe, und führe der dichtende Gott sie ins Licht; die sei geblendet dann und ganz getränkt vom Licht, und es erdürre ihre ursprüngliche üppige Fruchtbarkeit vom starken Sonnenlicht; aber ein so durchgebrannter Boden sei im Auferstehen begriffen, er sei eine Vorbereitung zum Übermenschlichen. Und nur die Poesie verwandle aus einem Leben ins andre, die freie nämlich. – Und es sei Schicksal der schuldlosen Geistesnatur, sich ins Organische zu bilden, im regsam Heroischen, wie im leidenden Verhalten. – Und jedes Kunstwerk sei ein Rhythmus nur, wo die Zäsur einen Moment des Besinnens gebe, des Widerstemmens im Geist, und dann schnell vom Göttlichen dahingerissen, sich zum End schwinge. So offenbare sich der dichtende Gott. Die Zäsur sei eben jener lebendige Schwebepunkt des Menschengeistes, auf dem der göttliche Strahl ruhe. – Die Begeistrung, welche durch Berührung mit dem Strahl entstehe, bewege ihn, bringe ihn ins Schwanken; und das sei die Poesie, die aus dem Urlicht schöpfe und hinabströme den ganzen Rhythmus in Übermacht über den Geist der Zeit und Natur, der ihm das

Sinnliche – den Gegenstand – entgegentrage, wo dann die Begeistrung bei der Berührung des Himmlischen mächtig erwache im Schwebepunkt (Menschengeist), und diesen Augenblick müsse der Dichtergeist festhalten und müsse ganz offen, ohne Hinterhalt seines Charakters sich ihm hingeben – und so begleite diesen Hauptstrahl des göttlichen Dichtens immer noch die eigentümliche Menschennatur des Dichters, bald das tragisch Ermattende, bald das von göttlichem Heroismus angeregte Feuer schonungslos durchzugreifen, wie die ewig noch ungeschriebene Totenwelt, die durch das innere Gesetz des Geistes ihren Umschwung erhalte, bald auch eine träumerisch naive Hingebung an den göttlichen Dichtergeist oder die liebenswürdige Gefaßtheit im Unglück; – und dies objektiviere die Originalnatur des Dichters mit in das Superlative der heroischen Virtuosität des Göttlichen hinein. –

So könnt ich Dir noch Bogen voll schreiben aus dem, was sich *St. Clair* in den acht Tagen aus den Reden des *Hölderlin* aufgeschrieben hat in abgebrochnen Sätzen; denn ich lese dies alles darin, mit dem zusammen, was *St. Clair* noch mündlich hinzufügte. Einmal sagte *Hölderlin,* alles sei Rhythmus, das ganze Schicksal des Menschen sei ein himmlischer Rhythmus, wie auch jedes Kunstwerk ein einziger Rhythmus sei, und alles schwinge sich von den Dichterlippen des Gottes, und wo der Menschengeist dem sich füge, das seien die verklärten Schicksale, in denen der Genius sich zeige, und das Dichten sei ein Streiten um die Wahrheit, und bald sei es in plastischem Geist, bald in athletischem, wo das Wort den Körper (Dichtungsform) ergreife, bald auch im hesperischen, das sei der Geist der Beobachtungen und erzeuge Dichterwonnen, wo unter freudiger Sohle der Dichterklang erschalle, während die Sinne versunken seien in die notwendigen Ideengestaltungen der Geistesgewalt, die in der Zeit sei. – Diese letzte Dichtungsform sei eine hochzeitliche feierliche Vermählungsbegeistrung und bald tauche sie sich in die Nacht und werde im Dunkel hellsehend, bald auch ströme sie im Tageslicht über alles, was dieses beleuchte. – Der gegenüber, als der humanen Zeit, stehe die furchtbare Muse der tragischen Zeit; – und wer dies nicht verstehe, meinte er, der könne

nimmer zum Verständnis der hohen griechischen Kunstwerke kommen, deren Bau ein göttlich organischer sei, der
nicht könne aus des Menschen Verstand hervorgehen, sondern der habe sich Undenkbarem geweiht. – Und so habe
den Dichter der Gott gebraucht als Pfeil, seinen Rhythmus
vom Bogen zu schnellen, und wer dies nicht empfinde und
sich dem schmiege, der werde nie weder Geschick noch
Athletentugend haben zum Dichter und zu schwach sei ein
solcher, als daß er sich fassen könne, weder im Stoff, noch
in der Weltansicht der früheren, noch in der späteren Vor-
stellungsart unserer Tendenzen, und keine poetischen Formen werden sich ihm offenbaren. Dichter, die sich in gege-
bene Formen einstudieren, die können auch nur den einmal
gegebenen Geist wiederholen, sie setzen sich wie Vögel auf
einen Ast des Sprachbaumes und wiegen sich auf dem,
nach dem Urrhythmus, der in seiner Wurzel liege, nicht
aber fliege ein solcher auf als der Geistesadler, von dem
lebendigen Geist der Sprache ausgebrütet.
Ich verstehe alles, obschon mir vieles fremd drin ist, was
die Dichtkunst belangt, wovon ich keine klare oder auch
gar keine Vorstellung habe, aber ich hab besser durch diese
Anschauungen des *Hölderlin* den Geist gefaßt, als durch
das, wie mich *St. Clair* darüber belehrte. – Dir muß dies
alles heilig und wichtig sein. – Ach, einem solchen wie
Hölderlin, der im labyrinthischen Suchen leidenschaftlich
hingerissen ist, dem müssen wir irgendwie begegnen,
wenn auch wir das Göttliche verfolgen mit so reinem
Heroismus wie er. – Mir sind seine Sprüche wie Orakel-
sprüche, die er als der Priester des Gottes im Wahnsinn
ausruft, und gewiß ist alles Weltleben ihm gegenüber
wahnsinnig; denn es begreift ihn nicht. Und wie ist doch
das Geisteswesen jener beschaffen, die nicht wahnsinnig
sich deuchten? – Ist es nicht Wahnsinn auch, aber an dem
kein Gott Anteil hat? – Wahnsinn, merk ich, nennt man
das, was keinen Widerhall hat im Geist der andern, aber in
mir hat dies alles Widerhall, und ich fühle in noch tieferen
Tiefen des Geistes Antwort darauf hallen als bloß im Begriff. Ist's doch in meiner Seele wie im Donnergebirg, ein
Widerhall weckt den andern, und so wird dies Gesagte
vom Wahnsinnigen ewig mir in der Seele widerhallen.

Günderode, weil Du schreibst, daß Dir mein Denken und Schreiben und Treiben die Seele ausfülle, so will ich nicht aufhören, wie es auch kommen mag, und einst wird sich Dir alles offenbaren, und ich selber werde dann, wie *Hölderlin* sagt, mich in den Leib des Dichtergottes verwandeln; denn wenn ich nur Fassungskraft habe! – Denn gewiß, Feuer hab ich, – aber in meiner Seele ist es so, daß ich ein Schicksal in mir fühle, das ganz nur Rhythmus des Gottes ist, was er vom Bogen schnellt, und ich auch will mich bei der Zäsur, wo er mir ins eigne widerstrebende Urteil mein göttlich Werden gibt, schnell losreißen und in seinem Rhythmus in die Himmel mich schwingen. Denn wie vermöcht ich sonst es? – Nimmer! Ich fiel zur Erde wie alles Schicksallose. –

Und Du, *Günderode,* so adelig wie Du bist in Deinen poetischen Schwingungen! Klirrt da nicht die Sehne des Bogens des Dichtergottes? Und lässet die Schauer uns fühlen auch in diesen leisen träumentappenden Liedern

> Drum laß mich, wie mich der Moment geboren,
> In ew'gen Kreisen drehen sich die Horen,
> Die Sterne wandlen ohne festen Stand.

Sagst Du nicht dasselbe hier? – Klingt nicht so der Widerhall aus der Öde in *Hölderlins* Seele? –

Ach, ich weiß nicht zu fassen, wie man dies Höchste nicht heilig scheuen sollte, dies Gewaltige, und wenn auch kein Echo in unseren Begriff es übertrage, doch wissen wir, daß der entfesselte Geist über Leiden, die so mit Götterhand ihm auferlegt waren, im Triumph in die Hallen des Lichts sich schwinge, aber wir! – Wissen wir Ungeprüften, ob je uns Hellung werde? – Jetzt weiß ich's, ich werd ihm noch viel müssen nachgehen, doch genug zwischen uns davon; eine Erscheinung ist er in meinen Sinnen, und in mein Denken strömt es Licht. –

Mit diesem Brief über den »Wahnsinn« Hölderlins endet der Briefroman »Die Günderode«. Es sei an dieser Stelle ein Fragment des Novalis zitiert, das zeigt, wie geistesverwandt auch hier Novalis und Bettina sind: »Wahnsinn und Bezauberung haben viel Ähnlichkeit. Ein Zauberer, ist ein Künstler des Wahnsinns.« (Novalis: 459) – »Gemeinschaftlicher Wahnsinn hört auf, Wahnsinn zu sein und wird Magie, Wahnsinn nach Regeln und mit vollem Bewußtsein.« (Novalis: 511). Dies berührt sich mit dem Gedanken

des Malers Dali, eine »paranoisch-kritische« Methode künstlerischen Produzierens zu finden. Wir aber lassen, schreibt Bettina,
»den Geist der Heilung nicht in uns entbinden, und das ist unser
Wahnsinn«. (Bettina 3: 292)

Bettina von Arnim

Über Geschichtsphilosophie.
Karoline von Günderodes Auseinandersetzung mit Bettina

Einleitung

»Was kümmert uns Vergangenheit, wäre sie nicht Organ unserer Zukunft! Reflex des Werdens in uns, dem der Geist in Träumen die Lockungen des eigenen Ideals vorspiegelt.« (Bettina 3:285)

Günderodes Geschichtsphilosophie, die bei der späten Bettina erspürt werden kann, ist von der Frühromantik beeinflußt, und damit von jüdischem und mystischem Denken – von der Kabbala, vom Talmud, vom Alten Testament, vom Mystiker Jakob Böhme (1575–1624). Im Unterschied zum gradlinigen Fort-Schritts-Glauben der Aufklärung, in welchem die Vergangenheit vorwiegend als schlecht gesehen und die Geschichte als überwunden abgeschnitten wird, gehört zum romantischen Geschichtsdenken ein rückwärtsgewandter Blick hin zu einem Punkt, wo Mythos und Geschichte noch verflochten waren. Von diesem Punkt aus wird dann, gleichsam in der Reflexion auf die Gegenwart als Zustand des Unerlösten, des Banns, mit dem Wissen um einen einstigen Zustand, der glücklicher war, in die Zukunft transzendiert (Transzendenz – Überschreiten statt Progress – Fortschreiten). Dieses Geschichtsdenken hat messianischen Charakter. Bettina weist darauf hin, daß die Juden ihren Messias noch vor sich haben im Unterschied zu den Christen (vgl. »Die Klosterbeere« S. 167 ff.). Es wurde oft mißverstanden als primitivistischer Wunsch, zu einem alten Zustand zurückzukehren. Dies ist aber ein Irrtum: der neue Zustand, der zwar, in Anlehnung an den einstigen, oft »Goldenes Zeitalter« (vor allem bei Novalis) genannt wird, ist der neue Zustand einer sozusagen reflektierten Unschuld, der Zustand »universeller Humanität« (Novalis:441), den sich die Frühromantiker, nicht anders als Bettina, als Weltrepublik dachten. In diesem

Sinne sind Kunst und Wissenschaft nie Selbstzweck, sondern Zweck der Menschwerdung:

»Zur Wissenschaft ist der Mensch nicht allein bestimmt, der Mensch muß Mensch sein, zur Menschheit ist er bestimmt, Universaltendenz ist dem eigentlichen Gelehrten unentbehrlich.« (Novalis: 452)

Der Wissenschaftler (auch der Geschichtsschreiber) und der Künstler werden also als in die Geschichte eingreifend betrachtet, nicht nur diese abbildend oder analysierend. Wissenschaftler und Künstler sind nicht scharf zu trennen, beide dienen der Menschheit zur Selbstverwirklichung.

Bettinas Polemik gegen die Geschichte in den Briefen an die Günderode ist deshalb keinesfalls als ahistorische Tendenz zu verstehen, sondern als Kritik an der Selbstgenügsamkeit der Geschichtslehre, die Daten und Siege aufzählt. Günderode wendet sich in ihren Antworten sowohl gegen ein Abschneiden der Geschichte als des Schlechtgewesenen, wie auch gegen eine historisierend-selbstgenügsame Geschichtsschreibung, die im Historismus des späten neunzehnten Jahrhunderts ihren Höhepunkt fand und vor deren Tendenzen sie warnt. Im dialektischen Geschichtsdenken kann es nicht vorwiegend um Entlarvung des Mythos (auch nicht des religiösen Mythos) als Betrug und Irreführung gehen, sondern um das Verstehen einer Symbolsprache, in welcher der Mythos zu uns redet. Der Mythos, der von dem spricht, »was *niemals* geschah, aber dennoch *immer* ist« (Blumenberg: 32) enthält Wahrheiten über die Menschheitsgeschichte, die sich in jeder einzelnen Menschengeschichte eines Individuums neu realisieren. Was David Baumgardt über den Geschichtsbegriff des Romantikers Franz von Baader schreibt, zeigt, wie nah dieser dem Denken Günderodes und, vermittelt, Bettinas verwandt ist:

»Nach Baader. . . gehören alle die Ereignisse, die in der Schrift des alten und neuen Bundes aufgezeichnet sind, eben deshalb mit zur wahren, historisch verbürgten Geschichte der Menschheit, weil die Ereignisse ›sich zu ihren Hauptmomenten in jedem einzelnen Menschen als so viele Momente seines inneren Lebens selber wiederholen‹, weil auch die niedere Region der alltäglichen menschlichen Geschichte nicht ohne jene höhere begreifbar wäre. Das Mißverständnis aber von einer wechselseitigen Entbehrlichkeit des geschichtlichen und des mystischen, d. h. des speculativ religiösen Standpunktes konnte nur deshalb so allgemein werden, weil man jene notwendig speculativ historische Weise ›von der Gegenwart aus die Vergangeheit gleichsam zu reconstruiren‹, in neuerer Zeit vernachlässigt habe.« (Baumgardt: 294)

Von diesem Gedankengang aus ist der Historiker als eine Art Visionär zu begreifen, der –rückwärtsblickend – die Zukunft erahnt. Aber dieser visionäre Historiker könnte Bettinas Fragen an den Geschichtslehrer beantworten, die sie beispielsweise über den Ägypterkönig Sesotris stellt: »War er schön? – Hat er geliebt? – War er jung? – War er melancholisch? . . .« (Bettina 1:290)
Die Günderode lehrt Bettina jene Geschichte, die sie vom Geschichtslehrer vergeblich erhoffte – sie enthält das dialektische Moment, das Friedrich Schlegel im Bild des Geschichtsschreibers als »rückwärtsgekehrter Prophet« aussprach.
»Rechenschaft ist nichts anderes als Zurückholen des Vergangenen, ein Mittel, das Verlorne wieder einzubringen . . .« (Bettina 1:295)
Das Uneingelöste der Vergangenheit wird Keim für die Zukunft – diese Auffassung finden wir in immer neuen Bildern und Metaphern vor allem in der *früh*romantischen Geschichtsphilosophie.
Ganz deutlich wendet Bettina die in der Auseinandersetzung mit Günderode erarbeitete Geschichtsphilosophie in ihrem Königsbuch an, verlangt vom König (Fürsten) den prophetischen Seherblick des Historikers und entwickelt daraus die Idee eines Volkskönigtums, die am Ende mündet in der Idee der Abschaffung des Staates. Ähnliche Gedanken finden sich, worauf Hilde Wyss hingewiesen hat (Wyss: 42), in Novalis »Glauben und Liebe«. Die Idee eines aufgeklärt-liberalen Fürsten oder eines Volkskönigs ist bei vielen Autoren anzutreffen, die sahen, daß die Republik für Deutschland *noch* keine politische Realisierungsmöglichkeit finden konnte (vgl. Jean Pauls Werk, vor allem den »Titan«). Bettina sieht eine »göttliche Erziehung des Menschengeschlechts« (3:357) voraus, wenn der Herrscher dem von ihr entworfenen Bild entsprechen könnte. Die letzten beiden Seiten der »Klosterbeere« enthalten diese Geschichtsphilosophie.

Texte von Franz von Baader, Novalis, Friedrich Schlegel, Walter Benjamin und Georg Simmel

Franz von Baader (1765–1841), romantischer Philosoph, verkündet eine Art »Theodemokratie«; in ihr sollten wir »einander königlich und nicht sklavisch behandeln und keiner über den andern zu herrschen begehren, sondern vorzüglich durch Liebe, wie Gott, in andere zu wirken suchen«. (Baader: 15)

Er vertritt eine Sehweise, in welcher von der Gegenwart aus die Vergangenheit erschlossen und für die Gegenwart fruchtbar gemacht werden soll:

»Diese Weise, regressiv von der Gegenwart aus die Vergangenheit (die Geschichte) gleichsam zu rekonstruieren, wird in neuerer Zeit zu sehr vernachlässigt, weswegen auch das Mißverständnis der wechselseitigen Entbehrlichkeit der Geschichte und der Spekulation so allgemein ist. Die Spekulation dringt durch die Scheingegenwart zur wahren durch, und da in dieser wahren Gegenwart die Zeitbewegung sowohl rückwärts als vorwärts ruht, so ruht und gründet auch die Geschichte in ihr. Der Seher (Prophet) sieht nur darum zugleich in die Zukunft wie in die Vergangenheit, weil ihm ein Blick in die Gegenwart aufgeschlossen wird, und weil alles Vergangene (Geschehene) in dieser Gegenwart noch ist, wie alle Zukunft in ihr schon ist.« (Baader: 106)

Novalis (Friedrich von Hardenberg, 1772–1801) Dichter der Jenaer Frühromantik, der mit seinem Roman »Heinrich von Ofterdingen« einen Anti-Wilhelm-Meister schreiben wollte, beeinflußte Bettina von allen Frühromantikern am meisten.

»Echt historischer Sinn ist der prophetische Visionssinn – erklärbar aus dem tiefen unendlichen Zusammenhange der ganzen Welt.« (Novalis: 460)
»Der Jüngste Tag ist die Synthesis des jetzigen Lebens und des Todes (des Lebens nach dem Tode).
Zukunftslehre des Lebens. Unser Leben ist kein Traum – aber es soll und wird vielleicht einer werden.« (Novalis: 461)
»Von wie wenig Völkern ist eine Geschichte möglich! Diesen Vorzug erwirbt ein Volk nur durch eine Literatur oder durch Kunstwerke, denn was bleibt sonst von ihm Individuelles, Charakteristisches übrig? Es ist natürlich, daß ein Volk erst geschichtlich wird, wenn es ein Publikum wird. Ist denn der Mensch geschichtlich, eh er mündig ist und ein eignes Wesen vorstellt?« (Novalis: 441)
»Der eigentliche Sinn für die Geschichte der Menschen entwickelt sich erst spät, und mehr unter den stillen Einflüssen der Erinne-

rung, als unter den gewaltsameren Eindrücken der Gegenwart. Die nächsten Ereignisse scheinen nur locker verknüpft, aber sie sympathisieren desto wunderbarer mit entfernteren; und nur dann, wenn man imstande ist, eine lange Reihe zu übersehn und weder alles buchstäblich zu nehmen, noch auch mit mutwilligen Träumen die eigentliche Ordnung zu verwirren, bemerkt man die geheime Verkettung des Ehemaligen und Künftigen, und lernt die Geschichte aus Hoffnung und Erinnerung zusammensetzen. Indes nur dem, welchem die ganze Vorzeit gegenwärtig ist, mag es gelingen, die einfache Regel der Geschichte zu entdecken.« (Novalis: 211)

Friedrich von Schlegel (1772–1829), Dichter der Jenaer Frühromantik gab mit seinem Bruder August Wilhelm Schlegel und Novalis das »Athenäum« heraus (1798–1800), eine gemeinsame Zeitschrift in der Hochblüte der Frühromantik, und löste mit seinem Roman »Lucinde« einen Skandal aus.

». . .denn nichts ist unhistorischer als bloße Mikrologie, ohne große Beziehung und Resultate.« (Schlegel: 335)
»*Der Historiker ist ein rückwärtsgekehrter Prophet.*« (64. Athenäums-Fragment, Schlegel: 34)
»Der Gegenstand der Historie ist das Wirklichwerden alles dessen, was praktisch notwendig ist.« (Schlegel: 35)
»Die Französische Revolution, Fichtes Wissenschaftslehre und Goethes Meister sind die größten Tendenzen des Zeitalters. Wer an dieser Zusammenstellung Anstoß nimmt, wem keine Revolution wichtig scheinen kann, die nicht laut und materiell ist, der hat sich noch nicht auf den hohen weiten Standpunkt der Geschichte der Menschheit erhoben. Selbst in unsern dürftigen Kulturgeschichten, die meistens einer mit fortlaufendem Kommentar begleiteten Variantensammlung, wozu der klassische Text verlorenging, gleichen, spielt manches kleine Buch, von dem die lärmende Menge zu seiner Zeit nicht viel Notiz nahm, eine größere Rolle als alles, was dies trieb.« (Schlegel: 48)

Walter Benjamin (1892–1940), Dichter und Philosoph der Frankfurter Schule, Freund Scholems, Adornos und Brechts, arbeitete an einer materialistischen Philosophie und Literaturtheorie. Seine »geschichtsphilosophischen Thesen« vereinbaren frühromantisch-jüdisches und marxistisches Denken.
Der Engel der Geschichte, der »angelus novus« ist Synthese eines Bildes von Klee, einer Metapher von Friedrich Schlegel und der jüdischen Vorstellung vom Engel David, dem Scherbeneinholer (die Vergangenheit als Leid- und Scherbenhaufen).

»Es gibt ein Bild von Klee, das Angelus Novus heißt. Ein Engel ist darauf dargestellt, der aussieht, als wäre er im Begriff, sich von etwas zu entfernen, worauf er starrt. Seine Augen sind aufgerissen, sein Mund steht offen und seine Flügel sind ausgespannt. Der Engel der Geschichte muß so aussehen. Er hat das Antlitz der Vergangenheit zugewendet. Wo eine Kette von Begebenheiten vor *uns* erscheint, da sieht *er* eine einzige Katastrophe, die unablässig Trümmer auf Trümmer häuft und sie ihm vor die Füße schleudert. Er möchte wohl verweilen, die Toten wecken und das Zerschlagene zusammenfügen. Aber ein Sturm weht vom Paradiese her, der sich in seinen Flügeln verfangen hat und so stark ist, daß der Engel sie nicht mehr schließen kann. Dieser Sturm treibt ihn unaufhaltsam in die Zukunft, der er den Rücken kehrt, während der Trümmerhaufen vor ihm zum Himmel wächst. Das, was wir den Fortschritt nennen, ist *dieser* Sturm.« (Benjamin I, 2:697 f.).

»Dieser Angelus Novus sollte einen Januskopf haben und doppelgesichtig Vergangenheit *und* Zukunft schauen.« (Bemerkung von Axel Schürmann)

»Die Geschichte hat es mit Zusammenhängen zu tun und mit beliebig ausgesponnenen Kausalketten. Indem sie aber von der grundsätzlichen Zitierbarkeit ihres Gegenstandes einen Begriff gibt, muß derselbe in seiner höchsten Fassung sich als ein Augenblick der Menschheit darbieten. Die Zeit muß in ihm stillgestellt sein.

Das dialektische Bild ist ein Kugelblitz, der über den ganzen Horizont des Vergangenen läuft.

Vergangnes historisch artikulieren heißt: dasjenige in der Vergangenheit erkennen, was in der Konstellation eines und desselben Augenblickes zusammentritt. Historische Erkenntnis ist einzig und allein möglich im historischen Augenblick. Die Erkenntnis im historischen Augenblick aber ist immer eine Erkenntnis von einem Augenblick. Indem die Vergangenheit sich zum Augenblick – zum dialektischen Bilde – zusammenzieht, geht sie in die unwillkürliche Erinnerung der Menschheit ein.

Das dialektische Bild ist zu definieren als die unwillkürliche Erinnerung der erlösten Menschheit.

Die Vorstellung einer Universalgeschichte ist gebunden an die des Fortschritts und an die der Kultur. Damit sämtliche Augenblicke in der Geschichte der Menschheit an der Kette des Fortschritts aufgereiht werden können, müssen sie auf den gemeinsamen Nenner der Kultur, der Aufklärung (. . .) des objektiven Geistes oder wie man ihn immer nennen mag, gebracht werden.« (Benjamin I,3:1233)

»Es gibt einen Begriff der Gegenwart, nach dem sie den (intentionalen) Gegenstand einer Prophetie darstellt. Dieser Begriff ist das (Komplement) Korrelat zu dem der Geschichte, die blitzhaft in die Erscheinung tritt. Er ist ein von Grund auf politischer und so wird er bei Turgot auch definiert. Das ist der esoterische Sinn des Wortes, der Historiker ist ein rückwärts gekehrter Prophet. . . . (1235)

»Das Wort, der Historiker sei ein rückwärts gekehrter Prophet, kann auf zweierlei Weise verstanden werden. Die überkommene meint, in eine entlegene Vergangenheit sich zurückversetzend, prophezeie der Historiker, was für jene noch als Zukunft zu gelten hatte, inzwischen aber ebenfalls zur Vergangenheit geworden ist. Diese Anschauung entspricht auf genaueste der geschichtlichen Einführungstheorie . . . Man kann das Wort aber auch ganz anders deuten und es so verstehen: der Historiker wendet der eignen Zeit den Rücken, und sein Seherblick entzündet sich an den immer tiefer ins Vergangene hinschwindenden Gipfeln der früheren Menschengeschlechter. Dieser Seherblick eben ist es, dem die eigene Zeit weit deutlicher gegenwärtig ist als den Zeitgenossen, die ›mit ihr Schritt halten‹. Nicht umsonst definiert Turgot den Begriff einer Gegenwart, die den intentionalen Gegenstand einer Prophetie darstellt, als einen wesentlich und von Grund auf politischen. ›Bevor wir uns über einen gegebnen Stand der Dinge haben informieren können‹, sagt Turgot, ›hat er sich schon mehrmals verändert. So erfahren wir immer zu spät von dem, was sich zugetragen hat. Und daher kann man von der Politik sagen, sie sei gleichsam darauf angewiesen, die Gegenwart vorherzusehen.‹Genau dieser Begriff von Gegenwart ist es, der der Aktualität der echten Geschichtsschreibung zugrunde liegt. . . . Wer in der Vergangenheit★ wie in einer Rumpelkammer von Exempeln von Analogien herumstöbert, der hat noch nicht einmal einen Begriff davon, wieviel in einem gegebnen Augenblick von ihrer Vergegenwärtigung abhängt.« (1237 f.)

Georg Simmel

Der rückwärts gekehrte Prophet, der angelus novus, ist auch immer wieder konkret wahrnehmbar – Bachofen, Marx, Freud waren in diesem Sinne materialistische Historiker, rückwärts gekehrte Propheten. Bachofen hat das, was die »normalen« Historiker auf den Abfallhaufen der Geschichte warfen, zur Substanz seiner Analyse gemacht: die Sagen, Mythen, Legenden, das scheinbar fast märchenhafte jenseits der geschichtlichen »Empirie«. Und er hat dabei matriarchalische Strukturen entdeckt, deren Elemente später von Autoren wie Morgan (auf ihm fußend Engels), Malinowski oder Reich bestätigt wurden. Wenn auch manches nicht mehr haltbar ist von dem, was Bachofen romantisierend analysierte und darstellte, bleiben seine Entdeckungen wichtig für eine neue (antipatriarchalische)

★ vgl. dazu Matthias Sells 8. der »thesen zur distanz«: »die vergangenheit . . . bleibt uns fern, weil wir ihr gegenüber keine distanz entwickeln können, so daß wir uns nicht als historisch verstehen lernen, so daß wir uns hier und jetzt nicht akzeptieren lernen« (Sell: 208).

Geschichtsbetrachtung. Zu dieser nun eben, die zusammenfällt mit derdialektischen Geschichtsphilosophie, wie sie die Beispiele belegen, hält Georg Simmel *die Frauen* für besonders geeignet. Es sei deshalb in diesem Zusammenhang auch auf den Kulturphilosophen Georg Simmel hingewiesen mit einem Auszug aus der »Philosophie der Kultur«, die er »Weibliche Kultur« betitelt hat:

»Beschränkte sich die Geschichtskenntnis auf das, was im genauen Sinne festgestellt und ›erfahren‹ ist, so hätten wir einen Haufen zusammenhangsloser Bruchstücke; erst durch fortwährendes Interpolieren, Ergänzung aus Analogien, Anordnung nach Entwicklungsbegriffen werden daraus die einheitlichen Reihen der ›Geschichte‹ – wie bekanntlich nicht einmal die Schilderung eines Straßenauflaufs durch Augenzeugen auf andere Weise zustande kommt. Allein unterhalb dieser Schicht, in der sogar die Reihen der unmittelbaren Tatsachen nur durch geistige Spontaneität zu zusammenhängenden und sinnvollen werden, liegt eine andere, geschichtsbildende, die sich ganz und gar durch diese Spontaneität gestaltet. Wenn selbst alles sinnlich feststellbare Geschehen in der Menschenwelt lückenlos bekannt wäre, so wäre all dies Sicht-, Tast- und Hörbare etwas so Gleichgültiges und Sinnloses wie das Ziehen der Wolken oder das Rascheln in Zweigen, wenn es nicht zugleich als seelische Manifestation verstanden würde. Das metaphysische und erkenntnistheoretische Problem: wie denn der ganze Mensch, in dem die sinnliche Existenz und alles Denken, Fühlen, Wollen eine Einheit ist, durch die geringen Teilstücke seines historischen Überliefertseins uns zugängig werden könnte (ein Problem, in dem sich nur das gleiche des täglichen Lebens in besonderer Formung und Erschwerung wiederholt), steht hier nicht zur Diskussion.« (Simmel: 272 f.)

»Das psychologische und also auch historische Verständnis bestimmt sich ersichtlich nach einer sehr variablen und noch gar nicht analysierten Relation zwischen seinem Subjekt und seinem Objekt, die sicher nicht mit dem abstrakten Ausdruck einer einfach quantitativen Mischung von Gleichheit und Ungleichheit zu erledigen ist. Aber auf der Basis des bisher Angedeuteten scheint nun das weitere festzustehen: daß unbezweifelte äußere Tatsachen eine prinzipiell überhaupt nicht begrenzte Zahl psychologischer Unterbauten zulassen; innerhalb eines Spielraums, den freilich phantastische und in sich brüchige Konstruktionen umgeben, wird das gleiche äußere Bild in verschiedene Seelen verschiedene innere, d. h. jenes Äußere vom Seelischen her deutende Bilder hervorrufen können, die alle gleich berechtigt sind. Es sind keineswegs nur verschiedene Hypothesen über einen und denselben Sachverhalt, von denen nur eine richtig sein kann (obgleich natürlich auch dies oft genug vorkommt); sondern sie verhalten sich etwa wie die Porträts verschiedener, gleich qualifizierter Maler von dem gleichen Modell, deren keines ›das richtige‹ ist – jedes vielmehr eine geschlossene, sich in sich selbst und durch ihr besonderes Verhältnis zu dem Objekt rechtfertigende Totalität, jedes von diesem etwas aussagend, was in der Aussage des andern gar keinen Platz hat, aber diese doch nicht dementiert. So ist etwa die psychologische Deutung, die Männer durch die Frauen finden, vielfach eine fundamental andere, als Frauen sie sich untereinander zuteil werden lassen – und ebenso umgekehrt. Die hiermit angedeuteten Zusammenhänge scheinen mir zu ergeben, daß, soweit die Geschichte angewandte Psychologie ist, das weibliche Naturell die Basis ganz origineller Leistungen in ihr sein könnte. Die Frauen als solche haben nicht nur eine andere Mischung jener Gleichheit und Ungleichheit mit den historischen Objekten als die Männer und dadurch die Möglichkeit, anderes zu sehen, als diese; sondern durch ihre besondere seelische Struktur auch die Möglichkeit, anders zu sehen. Wie sie das Dasein überhaupt von ihrem Wesensapriori aus anders deuten als die Männer, ohne daß diese beiden Deutungen der einfachen Alternative: Wahr oder Falsch – unterliegen, so könnte auch die geschichtliche Welt durch das Medium ihrer psychologischen Interpretation einen anderen Aspekt der Teile und des Ganzen bieten. So problematisch und vorläufig nur um der prinzipiellen Zusammenhänge willen wichtig solche Möglichkeiten erscheinen – so meine ich, daß es spezifisch weibliche Funktionen in der Geschichtswissenschaft geben könnte, Leistungen aus den besonderen Wahrnehmungs-, Nachfühlungs- und Konstruktionsorganen der weiblichen Seele heraus, von dem Verständnis dumpfer Volksbewegungen und den uneingestandenen Motivierungen in Persönlichkeiten an bis zur Entzifferung von Inschriften.« (Simmel: 273 f.)

Es scheint fragwürdig, wenn Simmel vom »Wesensapriori« der Frau spricht, und Bovenschen/Gorsen hat es auch verleitet, Simmel in die Reihe der »philosophisch-orientierten Geschlechtsmetaphysik« von »Rousseau über Schopenhauer bis Simmel« (Boverschen/Gorsen: 10) einzuordnen. Vergleichen wir aber Simmels Position, und dazu ist es nötig, ihn sehr genau zu lesen, mit neuen feministischen Theorien wie die der strukturalistischen Analytikerin Luce Irigaray, so stoßen wir nicht zufällig auf deutliche Analogien. Auch Luce Irigaray betont die *Differenz* zum Männlichen, und zwar zu Recht als Chance einer anderen, neuen Kultur jenseits der »phallokratischen«. Eben diese Differenz ist »der Ort unserer Ausbeutung, unserer Abtötung und unserer Vernichtung gewesen. Man muß ihn neu durchschreiten, neu verteilen von der Situation aus, die uns gemacht ist, um sie zu verändern« (Irigaray: 20). Sehr ähnlich wie Simmel, der aufzeigt, daß die Frauen »durch ihre besondere seelische Struktur« die Möglichkeit haben, »anders zu sehen«, und eben nicht nur anders *als* die Männer, wie er im obigen Zitat anmerkt, sondern qualitativ anders, weniger alternativ; so sieht auch Irigaray die Frau: sie ist (von ihrem Geschlecht aus) nicht eindeutig: »Sie ist weder eine noch zwei. Bei aller Anstrengung kann sie nicht als eine Person, noch auch als zwei bestimmt werden. Sie widersteht jeder adäquaten Definition. Sie hat darüber hinaus keinen ›Eigen‹-Namen. Und ihr Geschlecht, das nicht *ein* Geschlecht ist, wird als *kein* Geschlecht gezählt.« (Irigaray: 10)

Deshalb ist sie »in sich selbst unbestimmt und unendlich anders«. (12) Das wird ihr von der patriachalischen Kultur als Unfähigkeit zur Abstraktion ausgelegt. Sie abstrahiert nicht von sich, das ist im Denken der Bettina besonders deutlich, weil Bettina dies nicht definitiv als Schwäche »tut«, sondern weil sie die männliche Abstraktion, die alles von sich abgrenzend verein-deutlicht, als Schwäche begreift und das Bei-sich-Bleiben als Stärke der Selbsterkenntnis: Sie sieht sich selbst zu (Distanz), wenn sie agiert, und sie muß nicht von sich abstrahieren, um zu Erkenntnissen zu gelangen.

Bettina war auch historisch in der privilegierten Situation, in welcher Männer (Schlegel, Novalis) das phallokratische Denken selbst in Frage gestellt hatten und sich in der Richtung einer weiblich-androgynen Kultur bewegten. In diesem geistigen Klima konnte Bettina sich aktiv verwirklichen, ihre Weiblichkeit als Stärke begreifen. Irigaray stellt fest, daß die Frau – wie in ihrer Sexualität– auch in ihrem sprachlichen Ausdruck nicht aufhört, selbstbezogen zu sein, sich selbst zu berühren (Simmel ahnte das): »Das heißt, daß auch in ihrem Sagen – wenigstens wenn sie es wagt – die Frau sich immerzu selbst berührt. Von sich selbst ruckt sie kaum ab in ihrem Plaudern, einem Anruf . . . einem in der Schwebe gelassenen Satz.« (Irigaray: 12) Genau das ist es, was die romantische Gesellikeit als *weibliche* Gesellikeit bestimmt, was die Frauen auch für das Verständnis der Geschichte, die vom sinnlichen Geschehen nicht abstrahiert, in der Zukunft besonders befähigen könnte, wie Simmel feststellt.

Brief von Günderode an Bettina und die Antwort

An die Bettine★

Halte doch noch eine Weile aus mit Deinem Geschichtslehrer; daß er Dir möglichst kurz die Physiognomien der Völkerschaften umschreibt, ist ganz wesentlich. Du weißt jetzt, daß Ägypten mit Babylonien, Medien und Assyrien im Wechselkrieg war, fortan wird dieses Volk kein stehender Sumpf mehr in Deiner Einbildung sein. Regsam und zu jeder Aufgabe kräftig – waren die Unternehmungen für unsre Fassungsgabe beinah zu gewaltig; sie zagten nicht, bei dem Beginn das Ende nicht zu erreichen, ihr Leben verarbeitete sich als Tagwerk in die Bauten ihrer Städte, ihrer Tempel, ihre Herrscher waren sinnvoll und umfassend heroisch in ihren Plänen, das wenige, was wir von ihnen wissen, gibt uns den Vergleich von der Gewalt ihrer Willenskraft, die stärker war als die jetzige Zeit zugibt, und leitet zu dem Begriff hin, was die menschliche Seele sein könnte, wenn sie fort und fort wüchse, im einfachen Dienst ihrer selbst. Es ist mit der Seelennatur wohl wie mit der irdischen, ein Rebgarten auf einen öden Berg gepflanzt, wird die Kraft des Bodens bald durch den Wein auf Deine Sinne wirken lassen; so auch wird die Seele auf Deine Sinne wirken, die vom Geist durchdrungen den Wein Dir spendet der Kunst oder der Dichtung oder auch höherer Offenbarung. Die Seele ist gleich einem steinigten Acker, der den Reben vielleicht gerade das eigentümliche Feuer gibt, verborgene Kräfte zu wecken und zu erreichen, zu was wir vielleicht uns kein Genie zutrauen dürften. Du stehst aber wie ein lässiger Knabe vor seinem Tagwerk, Du entmutigst Dich selbst, indem Du Dir den steinigten Boden, über den Dorn und Distel ihren Flügelsamen hin und her jagen, nicht urbar zu machen getraust. Unterdes hat der Wind manch edlen Keim in diese verwilderte Steppe gebettet, der aufgeht, um tausendfältig zu prangen. – Dein scheuer Blick wagt nicht den Geist in Dir selber aufzufassen. Du gehst trutzig an Deiner eignen Natur vorüber, Du

★ aus: Bettina 1: 294 ff.

dämpfst ihre üppige Kraft mit mutwilliger Verschwörung gegen ihren Wahrnehmungsgeist, der Dir's dann doch wieder über dem Kopf wegnimmt, denn mitten in Deiner Desolationslitanei sprühst Du Feuer, wo kommt es her? – Haben Dich die Erdgeister angehaucht? – Fällt Dir's vom Himmel? – Schlürfst Du's mit der Luft in Dich? – Ich weiß es nicht, soll ich Dich mahnen, soll ich Dich stillschweigend gewähren lassen? – Und vertrauen auf den, der Dir's ins Gesicht geschrieben hat? Ich weiß es wieder nicht. – Ich möchte wohl, aber dann wird mir zuweilen so bange, wenn ich, wie in Deinem letzten Brief, das Vermögen in Dir gewahr werden, wie das lässig in sich verschränkt keinen Mucks tut, als ob der Schlaf es in Banden halte, und wenn's sich regt, dann ist's wie im Traum, nur Du selber schläfst um so fester, nach solchen Explosionen!– Ob ich recht tue, Dir so was zu sagen? – Das quält mich auch, man soll den nicht wecken, der während dem Gewitter schläft! – Du kommst mir nun immer vor, als entlüden sich elektrische Wolken über Deinem verschlafenen Haupt in die träge Luft, der Blitz fährt Dir in die gesunkne Wimper, erhellt Deinen eignen Traum, durchkreuzt ihn mit Begeisterung, die Du laut aussprichst, ohne zu wissen, was Du sagst, und schläfst weiter. – Ja, so ist's. Denn Deine Neugierde mußte aufs höchste gespannt sein auf alles, was Dir Dein Genius sagt, trotzdem, daß Du ihn oft nicht zu verstehen wagst. Denn Du bist feige – seine Eingebungen fordern Dich auf zum Denken; das willst Du nicht, Du willst nicht geweckt sein, Du willst schlafen. Es wird sich rächen an Dir – magst Du den Liebenden so abweisen? – der sich Dir feurig nähert? – Ist das nicht Sünde? – Ich meine nicht mich, nicht den *Clemens,* der mit Besorgnis Deinen Bewegungen lauscht, ich meine Dich selbst – Deinen eignen Geist, der so treu über Dir wacht, und den Du so bockig zurückstößt. – Je näher die Berge, je größer ihr Schatten, vielleicht, daß Dich die Gegenwart nicht befriedigt, was uns näher liegt, wirft Schatten in unsre Anschauung, und daher ist gut, daß der Vergangenheit Licht die dunkle Gegenwart beleuchte. Darum schien mir die Geschichte wesentlich, um das träge Pflanzenleben Deiner Gedanken aufzufrischen, in ihr liegt die starke Gewalt aller Bildung – die

Vergangenheit treibt vorwärts, alle Keime der Entwicklung in uns sind von ihrer Hand gesäet. Sie ist die eine der beiden Welten der Ewigkeit, die in dem Menschengeist wogt, die andre ist die Zukunft, daher kommt jede Gedankenwelle, und dorthin eilt sie! Wär der Gedanke bloß der Moment, in uns geboren? – Dies ist nicht. Dein Genius ist von Ewigkeit zwar, doch schreitet er zu Dir heran durch die Vergangenheit, die eilt in die Zukunft hinüber, sie zu befruchten; das ist Gegenwart, das eigentliche Leben; jeder Moment, der nicht von ihr durchdrungen in die Zukunft hineinwächst, ist verlorne Zeit, von der wir Rechenschaft zu geben haben. Rechenschaft ist nichts anders als Zurückholen des Vergangenen, ein Mittel, das Verlorne wieder einzubringen, denn mit dem Erkennen des Versäumten fällt der Tau auf den vernachlässigten Acker der Vergangenheit und belebt die Keime, noch in die Zukunft zu wachsen. – Hast Du's nicht selbst letzten Herbst im Stiftsgarten gesagt, wie der Distelbusch an der Treppe, den wir im Frühling so viele Bienen und Hummeln hatten umschwärmen sehen, seine Samenflocken ausstreute: »Da führt der Wind der Vergangenheit Samen in die Zukunft.« Und auf der grünen Burg in der Nacht, wo wir vor dem Sturm nicht schlafen konnten – sagtest Du damals nicht, der Wind komme aus der Ferne, seine Stimme töne herüber aus der Vergangenheit und sein feines Pfeifen sei der Drang in die Zukunft hinüberzueilen? – Unter dem vielen, was Du in jener Nacht schwätztest, lachtest, ja freveltest, hab ich dies behalten und kann Dir nun auch zum Dessert mit Deinen eignen großen Rosinen aufwarten, deren Du so weidlich in Deinen musikalischen Abstraktionen umherstreust. – Du gemahnst mich an die Fabel vom Storch und Fuchs, nur daß ich armes Füchslein ganz unschuldig die flache Schüssel Geschichte Dir anbot, Du aber Langschnabel, hast Dir mit Fleiß die langhalsige Flasche der Mystik im Generalbaß und Harmonielehre erwählt, wo ich denn freilich nüchtern und heißhungrig dabeistehe. Den Blumenstrauß hat der Jude★ abgegeben, den Wacholderstrauch hab ich hinter dem Apoll aufgepflanzt, sie umduften ihn, die blauen Perlen, und die feinen Nadeln sticheln auf ihn. –

★ Ein Briefbote, der alle Tage von Offenbach nach Frankfurt ging.

Wenn Du kommst, so verbrennen wir sie im Windöfchen in meiner Kammer, und alle bösen Omen mit, drum sei nicht ungehalten, wenn ich Dir manchmal ein wenig einheize, ich freu mich aufs lustige Feuerchen. *Karoline*

Sei mir ein bißchen standhaft, trau mir, daß der Geschichtsboden für Deine Phantasien, Deine Begriffe ganz geeignet, ja notwendig ist. – Wo willst Du Dich selber fassen, wenn Du keinen Boden unter Dir hast? – Kannst Du Dich nicht sammeln, ihre Einwirkung in Dich aufzunehmen? – Vielleicht weil, was Du zu fassen hast, gewaltig ist, wie Du nicht bist. – Vielleicht weil *der* in den Abgrund springt freudigen Herzens für sein Volk, so sehr hatte ihn Vergangenheit für Zukunft begeistert, während Du keinen Respekt für Vaterlandsliebe hast – vielleicht weil der die Hand ins Feuer legt für die Wahrheit, während Du Deine phantastischen Abweichungen zu unterstützen nicht genug der Lügen aufbringen kannst, denen Du allein die Ehre gibst und nicht den vollen süßen Trauben der Offenbarung, die über Deinen Lippen reifen.
Ob *Hoffmann* Deine musikalischen Erleuchtungen unter der nassen Leinwand begreifen wird, bin ich begierig zu erfahren. – Wenn er verstehen soll, ob Du recht verstanden hast, so wirst Du ihm wenigstens in deutlicheren Modulationen Deinen enharmonischen Schwindel vortragen wie mir. – Das ist es eben – die heilige Deutlichkeit – die doch allein die Versicherung uns gewährt, ob uns die Geister liebend umfangen. – Wenn's nur nicht bald einmal aus wird sein mit der Musik wie mit Deinen Sprachstudien, mit Deinen physikalischen Eruptionen und Deinen philosophischen Aufsätzen und dies alles als erstarrte Grillen in Dein Dasein hineinragt; wo Du vor Hochmut nicht mehr auf ebnem Boden wirst gehen können, ohne jeden Augenblick einen Purzelbaum wider Willen zu machen. – *Karoline*

An die Günderode
Du strahlst mich an mit Deinem Geist, Du Muse, und kommst, wo ich am Weg sitze, und streust mir Salz auf mein trocken Brot. – Ich hab Dich lieb! Pfeif in der schwarzen Mitternacht vor meinem Fenster, und ich reiß

146

mich aus meinem mondhellen Traum auf und geh mit Dir.
– Deine *Schelling*philosophie ist mir zwar ein Abgrund, es
schwindelt mir, da hinabzusehen, wo ich noch den Hals
brechen werd, eh ich mich zurecht find in dem finstern
Schlund, aber Dir zulieb will ich durchkriechen auf allen
Vieren. – Und die Lüneburger Heid der Vergangenheit, die
kein End nimmt, mit jedem Schritte breiter wird – Du
sagst im Brief, der mir zulieb so lang geschrieben ist, sie sei
mir notwendig zum Nachdenken, zur Selbsterkenntnis zu
kommen; ich will nicht widersprechen! – Könntest Du
doch die neckenden grausenerregenden Gespenster gewahr
werden, die mich in dieser Geschichtseinöde verfolgen und
mir den heiligen Weg zum Tempel der Begeistrung vertreten, auf dem Du so ruhig dahinwallest, und mir die Zau-
bergärten der Phantasie unsicher und unheimlich machen,
die Dich in ihre tausendfarbigen Schatten aufnehmen. –
Tut der Lehrer den Mund auf, so sehe ich hinein wie in
einen unabsehbaren Schlund, der die Mammutsknochen
der Vergangenheit ausspeit und allerlei versteinert Zeug,
das nicht keimen, nicht blühen mehr will, wo Sonn und
Regen nicht lohnt. – Indes brennt mir der Boden unter den
Füßen um die Gegenwart, um die ich mich bewerben
möcht, ohne mich grad erst der Vergangenheit auf den
Amboß zu legen und da plattschlagen zu lassen. Du
sprichst von meinem Wahrnehmungsvermögen mit Respekt; hab ich's aus der Vergangenheit empfangen, wie Du
meinst – wenn ich Dich nämlich recht versteh, so weiß
ich's doch nicht, wie's zuging. – Ist's der Genius, der dort
herübergewallt kommt? – Das willst Du mir weismachen!
– Feiner Schelm! – Mein Genius, der blonde, dem der Bart
noch nicht keimt – sollte aus dem Schimmel herausge-
wachsen sein wie ein Erdschwamm! – Wahrlich, es gibt
Geister, die drehen sich um sich selber wie Sonnen; sie
kommen nicht woher und gehen nicht wohin, sie tanzen
auf dem Platz, Taumeln ist ihr Vergnügen, der meinige ist
ganz berauscht davon, ich lasse mich taumelnd dahintra-
gen. Der Rausch gibt Doppelkraft, er schwingt mich auf,
und wenn er mich auch aus Übermut den vier Winden
preisgibt, es macht mir nicht Furcht, es macht mich selig,
wie sie Ball mit mir spielen, die Geister der Luft! – Und

dann komm ich doch wieder auf gleiche Füße zu stehen, mein Genius setzt mich sanft nieder – das nennst Du schlafen in träger Luft, das nennst Du feige? – Ich bin nicht feige; seine Eingebungen fordern mich auf zum Denken, meinst Du – und daß ich dann lieber schlafe, meinst Du – Ach Gott! – Denken, das hab ich verschworen, aber wach und feurig im Geist, das bin ich. – Was soll ich denken, wenn meine Augen schauen jene Vergangenheit hinter mir im Dunkeln, wie kann ich sie an den Morgen knüpfen, der mit mir vorwärts eilt? – Das ist die Gegenwart, die mich mit sich fortreißt ins ungewisse Blaue, ja ins Ungewisse; aber ins himmlische, blonde, goldstrahlende Antlitz des Sonnengotts schauen, der die Rosse gewaltig antreibt und weiter nichts . . .

Bettinas von Günderode beeinflußte Geschichtsphilosophie findet sich in den beiden Bänden des Königsbuches, vor allem auf den beiden letzten Seiten der »Klosterbeere«, die sie 1808 schrieb).

Bettinas sozialpolitische Schriften

Einleitung

Im Unterschied zu den meisten Romantikern, die nach einer oft revolutionären Frühphase im Alter reaktionär und katholisch wurden (wie Friedrich Schlegel, wie der Bruder Clemens Brentano, der in der Nähe einer stigmatisierten Nonne hauste) hat sich Bettina politisch immer mehr radikalisiert. Ihre explizit politischen Schriften verstand sie als Verlängerung ihrer politisch-gesellschaftlichen Tätigkeit, die meist in der Hilfe für politische Gefangene und in Bedrängnis Geratene bestand, für Völker und Individuen, so für die Unterstützung Hoffmanns von Fallersleben, für die Befreiung Gottfried Kinkels und Friedrich Wilhelm Schloeffels (vgl. Armenbuch, gegen polizeiliche Bevormundung und Zensur, für den nationalen Befreiungskampf des polnischen Volkes).

Ihr Aufruf »An die aufgelöste preußische Nationalversammlung« 1848 setzt sich prinzipiell mit Fragen des Rechtsstaats auseinander, die über die Sache der Polen hinaus aktuell sind:

»Unsere Feinde haben nie gesäumt, alle Lücken zu füllen mit zweideutigen Reden, die auf nichts Gütevolles Menschliches deuten ... Staatsmänner! Richter, die Gesetze haben müssen und sie selbst machen, um der Verlegenheit zu entgehen, selbst zu wissen, was sie tun, die Todesstrafe einsetzen und danach ihr Urteil fällen, um gesetzlich zu sein, selbst wenn es unmenschlich wäre. Aber nie hat einer von ihnen begriffen, wessen er durch eine Hinrichtung sich schuldig macht . . . Wer Äußerstes leidet, der *kommt* zum Äußersten! – Seht, es stehen die Scharfrichter an der Spitze der Legionen und legen Hand an und würgen die Freiheit, wie sie lange schon an uns sich eingeübt haben. Und nennen sie [die Polen] uns ein zerrissenes kampfverwildertes Volk!« (Bettina 3:428) Bettina wirkte direkt politisch mit solchen Aufrufen, Briefen an den König (zur Freilassung politischer Gefangener), Aufstellungen zum Armenwesen: neben dem Armenbuch und der darin zitierten Liste des Fabrikanten Schloeffel gibt es im Anhang zum ersten Band des Königbuches eine Liste der im sogenannten *Vogtland* vor dem Hamburger Tor in der Berliner Vorstadt lebenden Armen, die Grunholzer aufstellte. Eben dort besuchte Bettina 1831 bei Ausbruch der Cholera die Todkranken, half ihnen und sorgte für ärztlichen Beistand.

Herbert Scurla weist im Vergleich mit dem Salon der Rahel Varnhagen auf den politisch-öffentlichen Charakter des Arnimschen Salons hin:

»Bettina hat die gesellschaftliche Entwicklung des Berliner Salons vorangetrieben, indem sie Gedanken, die im Kreise der Freunde erörtert wurden, in die Öffentlichkeit hinaustrug. Ihr Salon war nicht mehr Refugium sich selbst betrachtender und einander austauschender Individualisten und nicht mehr romantische Oase in einer intellektuellen Wüste. Er war, wie schon Rahels zweiter Salon, Forum des förderlichen und fördernden, nach gesellschaftlicher Wirkungsmöglichkeit suchenden Gespräches. Bettina ließ, was Rahel nicht vermochte, dem fortschrittlichen Wort im Salon den öffentlichen Appell an das Gewissen und die Tat folgen . . . in den letzten Jahren des Vormärz und vollends um und nach 1848 hatten ihr Salon, ihre soziale Tätigkeit als »Rettungsmaschine« gegenüber Menschen in Not und Elend, ihre bewußt agitatorische, die Mächtigen vorsätzliche beunruhigende und herausfordernde Publizistik eine betont politische Note.« (Scurla: 421 f.)

Das »Armenbuch« gehört dabei bereits zu den Projekten, die sie nicht mehr veröffentlichen konnte ohne Gefahr zu laufen, als Verschwörerin verurteilt zu werden.

Das »Armenbuch« Bettinas, das von der Öffentlichkeit mit großer Spannung erwartet worden war, ist nie erschienen. Der Weberaufstand von 1844 hatte den Verdacht der Verschwörung Bettinas mit den Webern so sehr verstärkt, daß sie es sich nicht leisten konnte, die vorgesehene Statistik über die Armut der schlesischen Weber mit ihren Kommentaren zu veröffentlichen.

Am 15. Mai 1844 hatte Bettina einen von ihr unterzeichneten Aufruf in allen großen Zeitungen Deutschlands abdrucken lassen, in dem sie davon sprach, daß sie in einem ausführlichen Werk die Ergebnisse ihrer Forschungen über die Zustände der Armen veröffentlichen wolle und daß sie um Mitteilungen über das Armenwesen in anderen Teilen Deutschlands bitte. Die Zuschriften legte sie zu dem umfangreichen Material, das sie als die »Armenpapiere« sammelte, unter denen sich ein Brief (18. Juni 1844) über den Weberaufstand befindet, den sie in einer Abschrift an Alexander von Humboldt schickte. Ein Teil des Armenbuchs ist als Beantwortung einer offiziellen, von der Potsdamer Regierung 1842 ausgeschriebenen Preisfrage zu verstehen: Was die Ursachen der Verarmung seien, falls die Klage über ihre Zunahme berechtigt sei, und wie man sie steuern könne. Ähnlich wie im Anhang zum Königsbuch, wo eine detaillierte Schilderung der Zustände der Armenkolonie im Berliner Vogtland gegeben wird, die von dem Schweizer Heinrich Grunholzer stammt, wollte sie auch im Armenbuch eine genaue Aufstellung des Lebens- und Arbeitszusammenhangs der Armen protokollieren. Der progressive Fabrikant Friedrich Wilhelm Schloeffel, der sich für die Verbesserung der Zustände unter den schlesischen Webern einsetzte, stellte für Bettina eine Liste mit statistischen Angaben über die Verhältnisse von 92 Armen zusammen und schickte sie Bettina am 22. März 1844 zu. Da Schloeffel außerdem engagierte Vorträge über die zunehmende Verarmung hielt und sich gegen die Bedrängung der Bürger durch Zensur, Verhaftung und Hausdurchsuchung wandte (auch Bettinas Briefe wurden geöffnet und versiegelte Post aus dem Ausland von der Polizei erbrochen), wurde er im März 1845 verhaftet und blieb bis zum Ende des Jahres in Untersuchungshaft (dann wurde er wegen Mangel an Beweisen freigesprochen) – er wurde verdächtigt, das Haupt einer »kommunistischen Verschwörung« zu sein. In einem Brief an Friedrich Wilhelm IV. vom 18. Juli 1845 beteuerte Bettina die Unschuld Schloeffels und bat um seine so-

151

fortige Freilassung (in dieser Weise setzte sie sich für viele Gefangene ein). Das Armenbuch sollte in seinem Kern aus empirisch-statistischem Material über die Zustände der Armen bestehen, dazu gibt es vier ausführliche Fassungen eines geplanten Nachworts (das zu einem kleinen Teil hier abgedruckt ist), aber nichts von diesem geplanten Buch wagte Bettina nach dem Weberaufstand zu veröffentlichen. In einem Brief vom 22. Juni 1844 an Alexander von Humboldt schreibt sie die Gründe: »So manche Hülfsquelle, so manches notwendig zu Erwägende sollte in mein Armenbuch kommen, ich lasse es jetzt nicht weiter drucken. Ich sende Ihnen hier ein paar Bogen aus dem selben, nicht zum Lesen, sondern zum Einsehen, was diese Leute dort gelitten, ehe es soweit kam; die Frucht verkam vor Mangel an Nahrung im Mutterleib, die Kinder wurden als Skelette geboren! Diese Register ihres häuslichen Jammerstandes sind nur ein échantillon unter hunderten; nicht gewählt, zufällig herausgenommen. Dergleichen Listen sind so viele, daß eine dicke Postille nicht die Hälfte davon umfassen würde« (Briefe aus dem Nachlaß Varnhagens: 374 f.). Das schreibt Bettina eine Woche, nachdem die ersten »Aufrührer« des Weberaufstands bestraft worden sind, und man von Aufwieglern »im politischen Sinn« (ein nicht unaktuelles Thema!) und »unbesonnenen Schriftstellern« spricht, und der Minister Graf von Arnim Bettina als eine Rädelsführerin des Aufstands bezeichnet, die die Leute aufgehetzt und ihnen Hoffnungen gemacht habe. – Bettina gibt das »Armenbuch« nicht heraus; es ist seither nur in Teilen in der inzwischen nicht mehr existierenden »sammlung insel« erschienen. In der großen fünfbändigen Gesamtausgabe fehlt es; Bettina bleibt im Kopf der meisten Leser immer noch die exzentrische »Romantikerin«.

»Wer zum Beispiel Mut hat, das Geld zu verachten, der wird bald auch Weisheit haben zu erkennen, welch fürchterlicher Wahnsinn aus diesem grausamen Vorurteil hervorschießt, und wie Reichtum und Macht so sehr arm sind.« Bettina an Günderode

Bettina von Arnim
Auszüge aus dem Armenbuch⋆

Wer ist des Staates Untertan? Der Arme ists! – Nicht der Reiche auch? – Nein, denn seine Basis ist Selbstbesitz, und seine Überzeugung, daß er nur sich angehöre! – Den Armen fesseln die Schwäche, die gebundnen Kräfte an seine Stelle. – Die Unersättlichkeit, der Hochmut, die Usurpation fesseln den Reichen an die seine. Sollten die gerechten Ansprüche des Armen anerkannt werden, dann wird er mit unzerreißbaren Banden der Blutsverwandtschaft am Vaterlandsboden hängen, der seine Kräfte der Selbsterhaltung weckt und nährt, denn die Armen sind ein gemeinsam Volk, aber die reichen sind nicht ein gemeinsam Volk, da ist jeder für sich, und nur dann sind sie gemeinsam, wenn sie eine Beute teilen auf Kosten des Volkes.–

Dem Armen kommt es nicht drauf an, ob Saturn regiere oder Mars oder Jupiter, aus dessen Haupt die geharnischte Minerva sprang; er fügt sich dem regierenden Planeten, der am unerreichbaren Himmel über ihm aufgeht, wie er der Witterung sich fügen muß. Stürme, Überschwemmung, Dürre, alles fällt auf des Armen Haupt, sie stählen seinen Mut, wenn er fühlt, daß er auf seine Kräfte sich verlassen darf.

Giebts Pest und Hungersnot, er arbeitet sich durch, er ist der Ausdauer gewohnt. Giebts Krieg, so ist er der schützende Wall, er läßt sich berauben seiner Mühen und Fähigkeiten zu Gunsten der Reichen. Sein Wille ist unterjocht, die Rechtspflege ist ihm mit Dornen verhakt, er kann sich nicht erwehren ihrer Willkür, die Aegide der Gesetze hält

⋆ S. 90ff.

ihm ihr grauenhaftes Antlitz entgegen, vor dem die Unschuld wie die Schuld sich entsetzt; seine Menschenrechte sind dem Staat Illusionen, seine Hoffnungen sind erschöpft, längst erstorben, er lebt aus mechanischem Naturtrieb, nicht aus Geist und Bewußtsein. Seine Anlagen sind erstickt, was sich durcharbeitet an Verstand und Begriff, das wird von jener Aegide gleich versteinert! – Doch soll der Mensch nicht allein sich selbst emporschwingen, sondern somit der ganzen Menschheit emporhelfen. Dazu liegen die Keime in ihm, er hat es bewiesen an seinem Vaterland, er hat seinem Herrscher sich gelobt, wollte er nicht sich fügen, wollte er murren, er würde zum Richtplatz geführt. Daß er aber die Vaterlandsgeschicke trägt mit seltner Ausdauer, daß er dies undankbare Vaterland schützt, aus Gefahren es rettet, daß er sein Leben, seine Gesundheit dem gemeinen Besten hingab, ohne eigennützige Sorge der Zukunft, wer von denen, die des Vaterlandes Krisen miterlebten, wird es leugnen. Die Dotationen der Dankbarkeit fielen nicht dem Armen zu. Beraubt des Unentbehrlichen stürzt er ins Elend.

Aus dem plaunischen Grund wollte ein mitleidiger Vizepräsident die Armen letzt herübernehmen, um an der Eisenbahn zu arbeiten, zwischen Leipzig und Hof, sie hatten die Wegsteuer nicht, die 3 Meilen herüber mußten sie transportiert werden, sie konnten keinen Spaten in die Erde bringen. Der Vizepräsident wollte sie ausfüttern, aber die Aktionärs fragten: Herr Vizepräsident, wo bleiben unsre Aktien? – so wurden sie wieder hinübertransportiert ins Elend. Ja, wie kann auch so ein Ritter vom Eisernen Kreuz den Spaten in die Erde bringen, dessen Spinnfinger so dünn sind, daß der Knochen wie am Gerippe sich zeigt, was nicht ohne Schauder anzusehen ist, sagte mir der Fürst Karulath*, der eben mit mir über das schlesische Elend sprach. – Wie ist das doch? – Der Arm, der mit dem Säbel die Vaterlandsgeschicke wenden half, der hat einen so dünnen Spinnfinger, alle Kraft verschwunden und kein Brot! – Ritter vom Eisernen Kreuz, du stehst so elend da! – Du bist Ritter, du bist kein Eximierter**. Der Verwalter des Do-

* Vermutlich: Carolath
** Soviel wie: von einer staatlichen Verpflichtung Befreiter

154

miniums kann dich züchtigen, wenn du mit deinem Spinnfinger nicht das Schutzgeld mehr erspinnen kannst! – Wie heißest du? – »Ach unserer sind viele; wir heißen alle, Arme Leute! – Menschen des Elends. Unsre Blüte war, als wir für das Vaterland dienten und durften für unsern König das Leben aufs Spiel setzen und für seine Nachkommen und konnten jubeln, wenn der feindliche Kugelregen durch unsre Glieder fuhr, und die er wegriß, die riefen noch im Tode Victoria.« Hier zu Waldenburg in der Kaufhalle sitzen die armen Leute mit ihrem Gespinst, da kommt der Kaufherr, aus Mitleid hat er sie herbestellt, er heißt Kramsdard; er möchte gerne es ihnen abnehmen, aber der unhaltbare, ungleiche Faden giebt keine brauchbare Leinewand. Wie kommt es, daß Ihr so schlecht arbeitet. Das ist die Liederlichkeit und der Müßiggang, hättet Ihr eben so gut gearbeitet wie sonst, so konnte Euere Ware nicht so herabkommen. Er kann Euer Gespinst nicht brauchen, er will es nicht. Da jammert Ihr, da flehet Ihr, die Angst, ohne Mittel nach Hause zu kommen, wo so viel Verschmachtende auf Euch harren. Aus Mitleid will er es denn abnehmen. Da habt Ihr einen viel zu hohen Preis aus Mitleid! Nur, da all Eure Arbeit Mist ist. – Die Leute schreien auf, sie wollen die Arbeit nicht hergeben für gar kein Verdienst. Sie müssen wohl, ein Zeichen in der Leinwand von der Hand des ersten Bieters weist die Käufer auf das erste Gebot an. Sie bleiben alle dabei. Also all Eure Arbeit vor anbrechendem Tag und spät in die Nacht und Eure Glieder abgezehrt und konntet Euren Hunger nicht stillen. Es hat den Pfennig zum Öl auf die Lampe Euch nicht eingetragen! – Eure Glieder sind vertrocknet aus Mangel, und man wirft Euch Liederlichkeit und Müßiggang vor; nein! man überlegt nicht, daß ein vertrocknetes Glied untauglich ist zu guter Arbeit! Daß der geschwächte Arm des Kriegers mit dem Eisernen Kreuz den Faden nicht mehr gleich und haltbar drehen kann aus Hungersschwäche, aus Nervenreiz des abgezehrten Fingers. Das fällt Euch nicht ein, Ihr mitleidigen Käufer! Aber was macht Ihr mit diesen Arbeiten der Not und des Mangels? Düngt Ihr Euer Feld damit? – Jawohl, ein Feld, wo Millionen drauf anwachsen.
Der mitleidige Mann, der mir dies erzählte, setzte hinzu,

»ich möchte den Jammer nicht noch einmal mitansehen, als Kramsdart sein Gebot tat und alles die Hände rang und laut jammerte, noch herzzerreißender, als da er ihnen erst es abgeschlagen hatte. Jetzt wars ausgesprochen mit dem Gebot, keine Hülfe mehr für die Zukunft, als nur langsamer verschmachten, der Vater mit den Kindern. – Ein Freund der Armen tritt in die Hütte, wie der eben das Brot austeilt, die Kinder umringen ihn, sie haben den kleinen Teil schon verzehrt, sie langen nach dem andern Teil, aber das Brot ist ja schon zur Hälfte verzehrt, er darf nichts mehr geben, sonst haben sie morgen nichts, sie weinen, der Reiz des Hungers ist so groß, sie wollen gern morgen fasten, wenn er ihnen nur heute das andre auch noch giebt. Der Vater kann nicht, er darf nicht, denn wenn sie morgen nichts zu essen haben, so können sie nicht arbeiten. Das Weifen und Spulen und Weben zehrt ab. Er wird zornig, daß er ihnen versagen muß und daß es ihm das Herz zerreißt! – Aber der Freund der Armen sagt: gebt ihnen das Brot noch, ich will Euch für morgen ein anderes kaufen. Da weinen sie alle und essen das Brot unter Tränen bis auf den letzten Bissen! – Was ist, daß sie weinen mußten, um der Mildtat willen? – Ach, das Mitgefühl hatte sie angesteckt, sie mußten darum weinen, daß einer Mitleid mit ihnen hatte. Diese Menschen alle, Gott hat ihnen kein geistig Organ versagt. Was man mit den Sinnen ergreifen kann, als Nahrung der Geistesentwicklung, dazu sind sie geeignet! Sie sind nicht schwach von Sinnen, sie hören, fühlen und sehen wohl. Und doch sind sie so dumpf, so unwissend, sie lassen sich ängstigen! Ach die Hungerwüsten des Leibes erzeugen Verwesung des Geistes und böse Giftpflanzen der Unsittlichkeit. Wo die Hoffnung ausgerottet ist, da kann keine Tugend mehr aufkommen! Unbesiegliches Geschick erstickt den Mut. So verwesen Anlagen, Begriffe und Energie. Und alle höheren Geisteskräfte, die aus dem Selbstgefühl entsprießen und aus der Geistesmacht? – Wo bleiben diese? Nämlich der Enthusiasmus und seine Offenbarungen, ungehemmt vom Gesetz! Der Instinkt, diese frei schwebende Magnetnadel, ein sicherer Kompaß! Aber gehemmt vom Gesetz muß sie falsch zeigen, boussole affolée, betörter Wegweiser! Also Ihr Armen, Euer Begriffsvermö-

gen, Eure Anlagen sind ein Ort der Verwesung! – Blödsin-
nigkeit, das ist Geistesverwesung, Blendwerk. Dies macht
Euch zu Sklaven der Lüge und Heuchelei! –
*(Diese Fassung bricht hier ab. Den Schluß entnehmen wir der
zweiten Fassung.)*

Der Reiche weiß nichts vom Armen, er hängt vom Äußern
ab, aber nicht vom Vaterland. Alles Äußere hängt mit ihm
selber zusammen, sein feiner Rock darf seine feine Seele
nicht kompromittieren, er fühlt sich selbst durch den Rock
ausgezeichnet und erhaben über die schuftige Menge. Sein
Streben ist Auszeichnung, selbst unter seinesgleichen, seines Pferdes Rasse muß mit seiner Rasse akkordieren, selbst
durch den Reitknecht muß seine feinere Komplexion hin-
durchleuchten, und jeder geringste Deut seines äußern Lebens muß alles er selber sein. Blicke und Gebärden sind die
Demonstrationen seiner gemachten Standesgesetze; Treue,
Tapferkeit, Ehrfurcht, Diensteifer sind Gewandstücke seiner Luxusnatur, in denen er seine Seele als die ihm selber
gefällige Person darstellt. Seine Taten sind Repräsentation
ihm beliebiger Helden- und Tugendszenen, die seiner Kar-
riere Relief geben. –
Das ist die Gebildtheit des Reichen. Sie entspringt aus dem
Luxus, nicht aus dem Bedürfnis des Geistesleben! Treibt
aus diesem die Wurzel der Vaterlandstugenden? – Oder der
Selbsterkenntnis der Erhöhung und Vorbereitung des Un-
sterblichen? Den Reichen stürzt sein eignes Geisteselend in
den Abgrund. Wie steht der Arme dieser Rockseele gegenüber?
Wie aber jene Autoritäten, die den Staat bilden mit ihrer
Übersicht und Einsicht, im Berechnen des Zufälligen und
Notwendigen sich tüchtig machen, in des Regenten Willen
und Neigung die eigne Absicht geschickt einzufädeln, mit
der sie den Grundriß legen zur Geschichte unserer Tage,
die dem Zeitgeist die Schwingen bricht und nach Abschät-
zung dessen, was sein soll und nicht sein soll, ihn erlahmt
mit Füßen tritt. So prangt [er] vor der Welt, eine Nation zu
züglen. Dies Staatsphänomen, das durch künstliche Präro-
gative des Herrschers Vertrauen gefangen hält zum Nach-
teil der Volksentwicklung, das, um seiner Repräsentations-

scheinheiligkeit Spuren einzuprägen, die fruchtbaren
Keime, welche die Natur in deinen Schoß gelegt hat, o Vaterland, alle unterrajolt, und durch vorwegnehmende Anmaßung des Begriffs die Stufen der Geschichtsannalen hin-
anzusteigen beliebt, gegen die himmlischen Konstellatio-
nen Krieg führend, mit seinem wettermachenden Hexen-
stab irreleitende Nebel erzeugt und Temperaturen, die dem
jungen Hoffnungsgrün die Wurzeln abfaulen, und es
schmeichelt [ihm] die dürre Haide, ein furchtbar stummes
Bild seiner eisernen Gewalt, aber seiner Geistesohnmacht.
– Wer könnte je Zweifel wecken in diesen stockenden Begriffen? Was könnte ein solcher Eigendünkel in sich unter-
drücken oder verdammen, als etwa diesen Zweifel selbst?
Ja, dieser Dünkel erstickt wirklich jene Zweifel in sich, jene
Keime des ursprünglichen Gewissens, das unaustilgbar in
des Menschen Busen haftet, um immer aufs Neue der Unsterblichkeit Bahn zu brechen. Er erstickt als Brut des Teu-
fels, was seiner Willkür sich in den Weg legt; nämlich die
Weisheit der Unschuld, die unermüdet und rachelos dem
Elend die verschütteten Lebenswege wieder aufgräbt, die
erwürgt er. –
Wer ist nun aber der, von dem dies Phänomen der Staats-
verwaltung die Frage beantwortet erwartet, die zwar irr-
tümlich als eine untergeordnete betrachtet wird? – Die aber
die einzige ist, welche ihm zu schaffen macht und die er
nicht mit seinem christlichen Mantel zu decken vermag. –
Der Arme wird nicht gefragt, denn der ist der Verbrecher
dieser Verlegenheit, und er kann sein eigen Urteil nicht fällen. – Den Reichen geht es nichts an, denn er ist durch eine
ungeheure Kluft vom Armen geschieden, die er nicht aus-
gefüllt wünscht. Er würde grade lieber mit Sack und Pack
sein Vaterland verleugnen, als daß der Arme ihm gegenüber dieselben Rechte der menschlichen Gesellschaft in Anspruch nehme. So wären wir den Reichen los, vielleicht
wäre es das Beste, wenn man den Reichen bei seinem Tode
lieber gleich mit seiner ganzen Habe in den Sarg legte, wie
den Bärnhäuter*.

---

* Das Märchen vom Bärenhäuter, einem verwahrlosten Naturmenschen,
  geht auf Grimmelshausen zurück. Brentano erzählte die Geschichte vom

Vielleicht entdeckte man außer dem gesuchten gepriesnen Reichtum edlere Quellen der Selbsthülfe, wäre der Reichtum uns aus dem Wege geschafft . . .

»Arbeit«★
Arbeit! –
Armut unter dem Schutz der Arbeiter!
Ausbreitung der Macht, welche in den Arbeitskräften liegt, die schwere Frage der einreißenden Armut allein aufzulösen durch Veredlung der Arbeiter in ihrer Uneigennützigkeit, Selbstverleugnung, ihr Mut, die Zukunft durch eigne Kräfte zu bewältigen, hebt dies Vermächtnis des Elends, was sich mit jedem Tag vermehrt. Kraft, Heldencharakter zu entwickeln in dem Besitzlosen. Jeden Besitzenden verzehrt der eigne Besitz. Der, dessen Kräfte des Geistes alle in Tätigkeit sind, duldet nicht den Besitz in sich. Seine Wirksamkeit ist sein Besitz, je ausgebreiteter, je mehr verwebt diese sich in Allgemeines oder in Fremdes, je mehr auch fühlt er seine Wirksamkeit außer sich, je mehr fühlt er sich dem Allgemeinen angeeignet, je größer sein Besitztum. Also in der um- und eingreifenden Wirksamkeit liegt Besitz. In der Fühlbarkeit der eignen Wirkung im Gesamtbetrieb, im Gesamtbedürfnis liegt der Reichtum, der Besitz des Arbeiters!
Was ist Kraft, wenn sie nicht wirkend ist? –
Wir hatten alles verloren durch die Beschränkung der menschlichen Kraft und ließens denen entgelten, die wir ihrer Vermögenheit, uns alles zu erwerben, durch falsche Gesetze beraubten? –
Verbrecher, ihre Behandlung, ihre Pflege, ihre Wiederherstellung gehört teilweise den Arbeitern! ist er natürlich unterworfen★★. Organisierung der Schulen gehört denen, die derselben bedürfen. Staatsökonomie! – Nämlich Verbrauch der Stoffe und Anwendung derselben! – Korn und Nah-

Ursprung des ersten B. altdeutsch-scherzhaft nach, und Arnim verwendet die Gestalt in seiner ›Isabella von Ägypten‹.
★ Diese Stichworte zum Begriff ›Arbeit‹ befinden sich innerhalb des Manuskripts zum Armenbuch unverbunden mit den Fassungen des geplanten Nachworts zum ›Armenbuch‹.
★★ *ist er . . . unterworfen* wohl nachträglich eingefügt

rungs-Stoffe, Kleidungs-Stoffe gehört in den Kreis, der ihn verarbeitet! – er hat zu sorgen, daß das Unwesentliche im Luxus des guten* Lebensgenusses, nämlich dem Gutleben, untergeordnet bleibe, dessen Wirksamkeit näher in die Natur des Menschen eingreift, welches als würdig dem Nützlichen vorgeht, sowie das Nützliche wieder dem Angenehmen vorgehen muß! Auch dies gehört in die Rubrik des Arbeiter-Weltbürgers, sein Geist muß für das Gesetz geschärft werden, was unmittelbar seinem eignen Gewissen entspringt! –

---

* zu sorgen . . . im Luxus des guten über dieser Zeile Kornspeicher gehört dem Armen. Er weiß, wie wichtig! Der Reiche schätzt nicht das Brot, aber den Wucher damit.

Zur Judenfrage

Einleitung

Bettina war seit ihrer frühen Jugend mit Juden und dem jüdischen Getto in Frankfurt vertraut. Sie hat sich, wie aus dem Auszug der Korrespondenz mit ihrem Bruder Clemens Brentano zu entnehmen ist, früh für die Juden und die »niederen Stände« eingesetzt und sich für die Geschichte der Juden interessiert. Zur Zeit der Niederschrift der »Klosterbeere« (1808) hatten die Juden gerade ein Jahr zuvor durch Napoleon das Bürgerrecht bekommen, das ihnen, als Napoleon geschlagen wurde, teilweise wieder genommen wurde. Der jungdeutsche jüdische Dichter Ludwig Börne zum Beispiel, der das Bürgerrecht gekauft hatte, führte einen Prozeß (und gewann ihn), als ihm das Bürgerrecht wieder abgesprochen wurde.

Hannah Arendt hat in ihrem Buch über Rahel Varnhagen die Situation der Juden in Deutschland zu dieser Zeit ausführlich analysiert, auch die Probleme der Integration, die Rahel im besonderen betrafen. In der Situation von Rahel (die mit Bettina befreundet war), befanden sich sehr viele intellektuelle Jüdinnen (auch eine so privilegierte wie die Tochter des berühmten Moses Mendelssohn, Dorothea, die später Friedrich Schlegel heiratete und als »Lucinde« berühmt wurde): Sie wurden vom »Volk« diskriminiert, selbst wenn sie reich waren und einen berühmten Salon führten wie Rahel. Was für Berlin galt, galt für Frankfurt noch schärfer:

»Juden konnten damals in Berlin aufwachsen wie Kinder wilder Völkerstämme. Auch Rahel hat nichts gelernt, nicht ihre eigene Geschichte, nicht die anderen Volkes. Gelderwerb und Studium des Gesetzes waren die Lebenszentren des Gettos gewesen. Reichtum und Bildung halfen seine Tore sprengen: generalprivilegierte Münzjuden und Moses Mendelssohn. Juden des neunzehnten Jahrhunderts haben sich beider Dinge zu bemächtigen gewußt.« (Hannah Arendt: 15)

»Die Klosterbeere« spricht nicht von den privilegierten,

sondern von den armen Juden, die im Schmutz des engen Frankfurter Gettos zusammengedrängt lebten. Es gab Städte, die gar keine Juden aufnahmen (wie Nürnberg oder Augsburg), und die anderen (wie Frankfurt oder Berlin) nahmen sie nur mit Beschränkungen auf: die Juden unterstanden strengen Verordnungen. Die Judengasse, von der Bettina in der »Klosterbeere« spricht, durfte von Juden nur durch Tore an beiden Enden betreten oder verlassen werden, und zwar tagsüber. Nachts waren beide Tore verschlossen.

Die Juden die neu ins Getto zogen, mußten den Besitz von 1000 Gulden nachweisen und 70 Gulden Gebühren bezahlen. Ihre Aufenthaltsgenehmigung mußten sie alle drei Jahre erneuern, sie hatten also einen Stand, der schlechter war als der eines Gastarbeiters heute. Im Getto wurde damit für die armen Juden der Klassenunterschied durch den Rassenunterschied verstärkt, die anfangs nicht einmal ihre kleinen Läden außerhalb des Gettos aufstellen durften.

Mit Berufung auf die Aufklärung, zu der der jüdische Gelehrte Moses Mendelssohn gehört, haben Juden versucht, ihr Judentum loszuwerden (d. h. die jüdische Religion), um in die bürgerliche »vernünftige« Gesellschaft einzugehen.

Der Jude David Friedländer verfaßt 1799 das »Sendschreiben jüdischer Hausväter«, in dem zur gesellschaftlichen Integration durch die Taufe aufgefordert wird – mit Berufung auf Vernunft und Aufklärung. Aber diese Berufung nützt im 19. Jahrhundert auch Friedländer nichts mehr, man kommt nur aus dem Getto heraus, wenn man sich als »vereinzelter Einzelner« verhält, sich, d. h. seine Geschichte, verleugnet und auch seinen jüdischen Namen auslöscht durch Heirat, wie das viele Jüdinnen (auch Rahel) versuchten.

Bettina dagegen, und das entspricht konsequent ihrer Geschichtsphilosophie, verhält sich in der Tradition Herders, und damit gegen das Auslöschen der eigenen Herkunft aus Einsicht in die Macht der Geschichte:

»Herder«, stellt Hannah Arendt fest, »identifiziert als erster in Deutschland ausdrücklich die jetzigen, gegenwärtigen Juden mit ihrer Geschichte und mit dem Alten Testament, das heißt, er bemüht sich, ihre Geschichte so zu verstehen, wie sie sie selbst einst deuteten ... Er macht aufmerksam auf ihr eigentümliches

Lebensgefühl, das sich an das Vergangene hält, in der Gegenwart das Vergangene festzuhalten sucht . . . Nicht ihre individuelle Gleichheit mit allen anderen Menschen wird zugestanden, sondern ihre kollektive, geschichtliche Fremdheit betont. Dabei wird auf Assimilation keineswegs verzichtet, sie wird sogar radikaler gefordert.« (Arendt: 37 f.)

In dem Gespräch mit dem »Primas« vertritt Bettina eine ähnliche Position wie Herder und entlarvt die Stellungnahme des »Primas« als das, was man heute »repressive Toleranz« nennen würde. In ihren geschichtsphilosophischen Ansichten ist sie spürbar selbst vom jüdischen Denken mitgeprägt, wie auch andere Romantiker.

Das Judenmädchen »Veilchen«.
Aus der Korrespondenz der Geschwister Arnim *

Wie früh Bettina ein Empfinden für auch subtile Diskriminierung hatte, zeigt die Korrespondenz mit ihrem Bruder (aus dem Briefroman »Frühlingskranz«), wo sie diesen zurechtweist in seinem Standesdünkel, sowohl die Juden wie »die niederen Stände« betreffend.
Es geht um das Judenmädchen, bei dem Bettina sticken lernt, sie nennt es »Veilchen« und liest ihr aus Clemens' Briefen dessen (und Goethes) Gedichte vor und lernt sie auswendig mit ihr. Die Reaktion von Clemens zeigt, wie verinnerlicht »Standesgrenzen« damals waren – nicht, daß sie heute abgebaut wären, sie sind nur verwischter.
Bettina geht über diese Standesschranken hinweg und kämpft auf *allen* Ebenen gegen die Vorurteile, die sie ermöglichen.
Im September 1802 schreibt Clemens Brentano an seine Schwester:

»So habe ich jetzt zum Beispiel wieder gehört, daß Du dem Mädchen, was Dich sticken lehrt, Briefe von mir und Dir vorliest, und was hindert dies Mädchen, sie mag ein gutes Geschöpf sein oder nicht, das, was sie gehört, herumzutragen? – Was Du selbst nicht verbirgst, wird sie auch nicht verschweigen und hat es wohl nicht verschwiegen, sonst wüßte ich's nicht. So wie Du zu ihr mit Deiner Vertraulichkeit hinabsteigst, steigt sie wieder hinab, und sofort ist der Weg sehr kurz, daß unser ganzer Umgang ein Gassenhauer wird. Das ist nun eine sehr verdrießliche Sache, das macht Dich und mich den Leuten lächerlich und mit Recht, und uns beiden macht es die Leute beschwerlich, denen Du es so wenig wie ich verdenken darfst, über das zu lachen und zu spotten, was mit solchen Prätentionen im Kote gefunden wird. Sehr ungeschickt und ebenso töricht aber wäre es, wenn Du dem Mädchen das verweisen wolltest oder nur ein Wort darüber verlörst; denn das Mädchen hat gar nichts verbrochen, sondern bloß Dir selber sollst Du es verweisen und das recht tüchtig. Diese ganze Geschichte kann zwar sehr zufällig und nicht so bedeutend sein, als sie hier auf dem Papier Dir wiedergegeben ist, auch hast Du vielleicht Dein Vertrauen seitdem beschränkt, von dessen Mitteilung zu der niedrigsten Klasse kein großer Schritt ist, sie selbst mag sein wie sie will, sie darum zu verwerfen, wäre unmenschlich, aber überhaupt in

* Bettina 1: 141 ff.

eine vertraute Freundschaft mit ihr zu geraten, ist sehr töricht. Du siehst nun, ob die Brüder und Anverwandten keine Ursache haben, mit Dir und mir unzufrieden zu sein, wenn sie solche Dinge von uns erfahren sollten; ich glaube, sie haben keine Ursache, unsern Umgang zu ehren, wenn Offenbacher Juden sich über ihn unterhalten. Werde nicht traurig über diese Geschichte, sondern nehme Dich in acht mit Deinem Vertrauen. Es kommt am Ende der Verdruß auf mich und mit Recht, warum habe ich Dich nichts Besseres gelehrt.« (Bettina 1:141 f.)

Clemens Brentano

Bettinas Antwort (im Dezember 1802 von Frankfurt):

»Nun will ich Dir noch vom Veilchen erzählen, Du sagst von ihr, ›sie mag ein gutes Geschöpf sein, zu der ich hinabsteige mit meiner Vertraulichkeit!‹ – Wer bin ich denn, daß ich mich herablasse, wenn ich mich zu einem *guten Geschöpf* vertraulich werde? – Bin ich ein Engel? Nun, die fliegen ja den guten Menschen nach und bewachen sie auf Schritt und Tritt, aber ich glaube nicht, daß ich ein Engel bin, ich glaub vielmehr, daß ich zu ihr hinansteige, statt herab! – Sie ist diesen ganzen Sommer in Wiesbaden mit ihrem

Großvater, sie weiß, der alte Mann muß sterben mit seiner Krankheit, er ist schon zwischen siebzig und achtzig Jahre, aber sie hat
ihn hingeführt, seine Enkel hat sie ausgetan bei befreundeten Juden
für ein Kostgeld, so hoch sie es zu erschwingen vermag. Die Hoffnung, daß die Bäder ihm nutzen, macht den alten Mann geduldig
in seinen Schmerzen; so denkt sie ihn leise den Lebenspfad fortzu-
geleiten, so pflegt sie ihn! Er ist mein Großvater, sagt sie, mein
Vater war sein Liebling, er hat gar sehr viel an ihm getan! – Und
so wischte sie sich den Schlaf aus den Augen am Abend, denn sie
war früh aufgestanden; – also, da las ich ihr als vor aus den Bü-
chern, die ich von Dir hatte, manches schöne Lied von *Goethe* hat
sie auswendig gelernt während dem Sticken, und ich fädelte ihr
die Nadeln ein. Es waren die liebsten Zeiten mir. Als sie wegging,
hab ich ihr versprochen, nach den Kindern zu sehen; und ich bin
deswegen mit ihr im Briefwechsel, so lasse ich ihr Stickmuster bei
dem Goldarbeiter *Fink* machen, wenn sie neue Aufträge hat, –
schicke ihr die Seide und das Gold und geb ihr meine Ansicht, es
ist mir immer das größte Pläsier, wenn ein Auftrag bei ihr ein-
läuft, wobei meine Erfindung von ihr in Anspruch genommen
wird, mein liebstes ist Stahlflitter und Perlen, und letzt haben wir
eine grüne Sammetrobe in solchen Stahlgirlanden angeordnet mit
einem Netz von goldnen Raupen darüber, und das soll so wunder-
schön gewesen sein, schreibt sie, daß man nicht glaubt, in Paris
könne es besser gemacht sein. – Meinst Du, so was hätte keinen
Reiz für mich? Wohl freue ich mich über einen solchen Brief. Und
wie manche Stunde in der Nacht habe ich in Erfindungen ge-
schwelgt. Du siehst, lieber *Clemens,* die Gegend ist anders, als Du
sie gedacht hast, da ist kein Steg, der hinab in die Gemeinheit
führt. Wir befinden uns innerhalb der Grenzen des einfachsten
Verkehres, und Deine Furcht, daß Dein Umgang mit mir ein Gassenhauer werde, und daß man ihn belache und sich darüber ärgere,
im Kote zu finden, was mit so hohen Prätentionen auftrete, ist
dem inneren Wesen nach ungegründet. – Du schreibst, ›in eine
vertraute Freundschaft mit ihr zu geraten, ist töricht.‹ *Clemens,*
was wär es, wenn ich auch dadurch mich abhalten ließ, der *Veilchen* die kleinen Gefälligkeiten zu erzeigen, weil Offenbacher Juden
von mir sprechen?« (Bettina 1:147 f.)

Dann geht Clemens nur noch einmal darauf ein:

»Deine Verhältnisse mit dem Stickermädchen berühr ich nicht ferner. – Es ist einmal traurig, daß oft das Einfachste, wenn es unge-
wöhnlich ist, eine Laufbahn der Gefahr wird, aber ich kenne auch
Deinen Eigensinn und Heroismus, – um Dich nicht zu beleidigen,
– dem Trotz zu bieten, wenn Du etwas für Recht hältst, kenne
ich.« (Bettina 1:150)

Bettina von Arnim
Die Klosterbeere.
Zum Andenken an die Frankfurter Judengasse*

... In dieser heißen Sommerzeit nehm ich oft durch die Judengasse meinen Weg zum Treibhaus, dort die Blumen zu betrachten. Nun gehe ich nicht mehr gleichgültig schüchtern an des weisen Nathan Brüdern vorüber, ich betrachte mit Verwunderung die engen dunklen Häuser; alles wimmelt, kein Plätzchen zum Alleinsein, zum Besinnen. Manch schönes Kinderauge und feingebildete Nasen und blasse Mädchenwangen füllen die engen Fensterräume, Luft zu schöpfen, und die Väter in den Haustüren fallen die Vorübergehenden an mit ihrem Schacher. Ein Volksstrom wogt in der Straße, da laufen so viele Kinder herum in Lumpen, die lernen Geld erwerben, und die Alten, Tag und Nacht sind eifrig, sie in Wohlstand zu bringen, das wehrt man ihnen und schimpft sie lästig.
Wie wunderlich ist's, daß alles sich zankt um den Platz auf Erden, ja, wie schauerlich ist dies! – So grausam ist der Dornenweg, auf dem die Menschheit sich ein Eigentum der Sorge erwirbt – und neiden's einander! –
Vom Höchsten bis zum Niedrigsten ist alles eifersüchtig um den Zankapfel des Lebens. – Dort im Treibhaus, wo jedem Pflänzchen sein Platz gegönnt ist und sein Name bewahrt, die Heimat so viel möglich ihm zu ersetzen; und wie da alles in ruhigem Gedeihen zwischen edlen Nachbarblüten dem Licht die Kelche öffnet – und der Gärtner, wenn die Sonne sinkt, durch die ausgehobnen Fenster ergießt reichlichen Abendtau voll tausend Perlen über sie, der sie erfrischt. Da wird mir selber so dumpf, da wird das Herz mir ganz schwer, ich muß mich verachten, daß mir nichts fehlt am Lebensgenuß, da fühl ich mich beschämt durch die Judenkinder, die so begierig das bißchen frische Luft trinken, was ihnen abends über die Giebel ihrer qualmenden Wohnungen zuströmt; dann kränkt mich aller Lebensglanz wie Spott auf meinen unmündigen Willen, dann

* Aus: Gespräche mit Dämonen. Des Königsbuches Zweiter Band, 1808, (Bettina III: 263 ff.).

schwör ich der vornehmen Welt ab, die ihre Ahnen zu zählen so viel Not hat, bloß um das Volk verachten zu können, und dem Geist ist wie dem Auge von oben herab Berg und Tal *eine* Ebene. –

Auf dem Heimweg vom Treibhaus nehm ich einen großen Strauß mit von allen Blumen, Rosenknospen und Orangenblüten, Granaten, Balsamnelken und Ranunkel und Myrten; der ganze Orient duftet aus ihren Kelchen, die teile ich den Judenkindern aus. Viele Händchen strecken sich mir entgegen, sie werfen die Bettelsäcke ab, die reinen Blumen zu erfassen – sie sahen nicht nach der Münze, zwischen den Blumen auf meinem Schoß. – Sind sie nicht dieselben, von denen Christus sagt: »Lasset sie zu mir kommen«? – Und die jungen Mädchen kamen auch herab und steckten ihre Sträußchen in den Busen und sagten voll Vergnügen: »Ach, das ist was Rares.«

Dem Primas hab ich's erzählt von unsern Reden über die Juden; und daß du gesagt hast, der Schutz des Unterdrückten sei ein Kleinod in des Helden Krone, aber da seien keine Helden der Vernunft, denen die Weisheit des Nathan sich warm ans Herz lege. Er meint, ihn treffe dieser Tadel nicht, des Nathan Weisheit leuchte ihm ein, und das Elend der Juden sei ihm nicht gleichgültig, aber ob sie ihre Freiheit nicht mißbrauchen und die christliche Ungerechtigkeit, so wie sie Luft haben, mit jüdischer Keckheit ausparieren. Es war neben dem Konzertsaal, wo der Primas das sagte, die einfallenden Pauken steigerten meinen Mut.

»Schlechter als ihre Unterdrücker sind die Juden nicht,« sagte ich, »wem aber Macht gegeben ist, wie kann der es verantworten, wenn er ihre Schnellkraft fürchtet? Sie wird keinen Unfug anrichten, wenn sie als Lebenstrieb sich aufrichtet in dem Stamm, dem die bittre Not, die von der Religion der Milde über ihn verhängt ward, nicht hat können das Mark verzehren, um so leichter wird er gesund werden, als durch die offne Wunde der Balsam rascher ins Blut dringt und es reinigt und heilt.«

Sollten wir beide die Menschheit regieren, der Primas die Christen und ich die Juden, wir wollten sehen, wer besser fertig würde.

Primas: »Nun, wie wollten Sie es machen mit den Juden?«

»Ich wollte erst menschlich mit ihnen reden, das ist bisher nicht geschehen; ein Hund versteht unsern Willen, weil wir aufrichtig sind mit ihm; unser Wille richtet aber den Juden nicht auf wie den Hund; ich wollte ihren Zustand ihnen vorhalten, eine Moralphilosophie ihnen darüber lesen und alle Mittel ergreifen, sie in ihrem sittlichen Wert zu heben; das kann nur durch Ehrgefühl geschehen und durch die Wissenschaft, die gedeiht in dem Bedrückten, denn sie ist sein Trost!« –

Primas: »Wie wollten Sie das anfangen?« –

»Die Juden haben Ihnen einen goldnen Becher gebracht voll Goldstücke; Sie haben sie damit fortgejagt; das hätte ich nicht getan!« –

Primas: »Das war eine gute Übersetzung des Hebräischen ins Deutsche und die erste Lektion in der Moralphilosophie, die Sie zur Grundlage ihrer Bildung machen wollen.«

»Nein, das war eine mißverstandne Übersetzung; es war Mißdeutung und Verletzung ihres Ehrgefühls, das man schonen muß in jedem, am meisten im Gekränkten. Bestechung gilt nichts vor dem Fürsten, so kann er auch keine Absicht dahinein übersetzen!« –

Primas: »Wie übersetzen Sie denn ein so groteskes Benehmen?«

»So deutlich, daß es auch dem muß einleuchten, der seiner eignen Absicht noch nicht bewußt ist. Die Juden wollten mit diesem Geschenk sagen: ›Du geistlicher Fürst, der als Hirt die christliche Herde weidet, o nehm uns mit auf ihre fetten Triften, laß uns neben ihnen gedeihen, verbiete uns nicht, das Salz deiner Weisheit zu lecken, das du ihnen streust, und wir geben dir willig unsere Wolle hin, die andere uns mutwillig ausrupfen und uns mit Schmach bedecken‹.«

Primas: »Mit Schmach würde es mich bedecken, hätte ich ihr Geschenk angenommen!« –

»Kann man auch groß sein für sich, ohne diese Größe auf andre anzuwenden? und die eigne Gesinnung auf allseitige Wirkung zu berechnen? – Heute im Treibhaus hab ich das überlegt. – Wie da der Gärtner ein scharfes Gewissen hat; – wie er jedes Stäubchen abwischt von seinen ausländischen Pflanzen, wie er ihre Keimchen unter Glasglocken hält,

169

von verwelkten Blättern befreit, und die Wucherkeime, die nennt er Räuber und bricht sie gleich aus. Und die gefüllten Blumen verwahrt er gegen das Aufplatzen mit einem papiernen Kragen, wie hier der Stadtpfarrer ihn trägt. – Das erinnert mich auch, daß einem geistlichen Fürsten das Heil aller noch näher liegen muß als andern. – Das frische Wasser läßt der Gärtner seinen Pflanzen zufließen, und das Sonnenlicht spart er ihnen zur rechten Zeit auf. – Und die Juden emporbringen nach so langem Darben, da müssen sie auch vorsichtig und zärtlich behandelt werden wie die ausländischen Pflanzen und genährt mit dem, was die Seele groß macht, und muß ihnen keine Laufbahn verschlossen bleiben als nur, die sie erniedrigen kann. – Ich würde das Geschenk der Juden verwendet haben zum Beginn ihrer Veredlung, ich würde ihre Kinder zur Wissenschaft anleiten, nicht zum Schacher, ich würde ihnen die Bildung geben, die ihre Ansprüche an Geselligkeit geltend macht, ich würde sie reiten, fechten, tanzen lernen lassen, Naturwissenschaft, Philosophie, Geschichte, alles was sie über den Stand erhebt, in dem ihre Seelen herabgewürdigt, voll Schmach, einen schlechten Eindruck uns machten, und das erste aller Erziehungselemente müßte sein die Musik!« –

Primas: »Finden Sie so viel musikalischen Schmelz im Auern und Seufzen am langen Tag, ließen sich vielleicht mit etwas ökonomischem Genie Opern-Arien draus machen?« –

»Vielleicht liegt im Operngesang weit mehr falsches Getön als im Seufzen und Auern am langen Tag. Die Musik bringt die Skala der Seele auf die reinste Temperatur, die durch christliches Herabspannen ganz tonlos geworden und verstimmt ist. Musik geht nicht allein aus Geist und Gemüt hervor, weit mehr noch befruchtet sie die Sinne und befähigt sie zu dem, was der Geist noch nicht faßt. – Sie ist die Wiedergeburt für die geistige Natur.«

Primas: »Wenn ich diese musikalische Wiedergeburt auch befördere und obenein sie reiten, tanzen, fechten lernen lasse – Naturwissenschaft, Philosophie, Geschichte – alles, was Sie wollen –, was würde dann daraus werden? – Der Jude ließe sich doch nicht verleugnen?« –

»Was ist denn da zu verleugnen? – Auch im Juden liegt die Offenbarung seiner Eigentümlichkeiten; es ist nicht die Rede, diese auszurotten, vielmehr sie wiederzugeben in lichteren Farben. Die Bildung des Juden hängt ab davon, seine ursprüngliche Schönheit geltend zu machen, seine Seele spiegelt zum eignen Verständnis sich in der ihm eingebornen Natur. Was unter der Sonne lebt, hat gleiche Ansprüche; tränken sich die Scharen der Halme auf dem Feld mit ihrem Licht, um Körner zu gewinnen, so soll auch durch der Sonne Geist alles sich befruchten mit großen Gedanken! Sie sollen im Juden so gut gedeihen wie in andern Menschen, und wie in den Halmen das Korn gedeiht! Der Jude wäscht die Hände nach dem Gesetz, er schöpft von der Welle des allumfassenden Ozean, sich zu reinigen vom Staub; der Christ, sich von Sünden frei zu waschen, schöpft aus dem Gnadenmeer! Ist Gebrauch und Gesetz nicht sinnliches Ahnen geistiger Bedürfnisse, sind sie nicht Schranken, inner denen eine geistige Sittlichkeit sich bewegt? – Der Jude, der bei der Heimkehr am Vorsabbat auf der Hausschwelle die Verachtung abschüttelt von den Tagen des Erwerbs und eingeht zu den Seinen als Priester, der den Segen herabfleht auf ihr Gesamtgebet, zum Gott seiner Väter aufatmend vom Druck, der auf ihm und seinem Volk lastet, dessen Gebet sollte nicht ins All der Schöpfung einklingen? und das Christentum ist so sehr verstimmt, daß es mit den Mißtönen der Verfolgung diese Harmonie mit dem Weltall stört?«

Primas: »Ich will mit keinem Mißton eingreifen in diese philosophisch-melodische Ansicht; ich will nicht rügen den Egoismus der jüdischen Religion, den politischen Kitzel als Grundlage ihres Charakters, der sich in tausend unbequemen Fehlern Luft macht, und ihre Eroberungssucht, die nie Pietät aufkommen ließ gegen andre Völker; ich frage nur, was würde aus einem so vollkommen gebildeten Judentum, aus diesen zweideutigen Anlagen hervorgehn für die Christenheit, für die ich als Primas doch einstehen muß?« – »Wenn Egoismus *selbst* in ihrer Religion sich offenbart, so muß die Beraubung ihrer einfachen Menschenrechte ihnen doppelt marternd sein; – liegt *politischer* Kitzel in ihrem Charakter, so ist's nicht zu verargen, daß sie mit ihm sich

Luft zu schaffen suchen, und ihre *Eroberungssucht* kann nur denen ein Vorwurf sein, die sie so hart in Fesseln schlugen, aber verantwortlich ist's, diesen natürlichen Trieben kein Feld zu gewähren. – Der Vogel kann nicht in der Luft sich immer halten, er muß sich niederlassen! – Der Charakter muß eine Basis haben, auf der er sich ruhe! Das Feld der Freiheit ist die Basis aller. Was aber aus jenem gebildeten Judentum hervorgehe für die Christenheit, ist der Begriff, daß sie mit dem Christenhimmel nicht auch die irdische Welt gepachtet habe und die Hölle für Ketzer, Heiden und Juden allein übrigbleibe! Die Juden würden, trotz ihrem Festhalten an dem Glauben ihrer Väter, einen viel freieren Überblick über Anfang und Ende gewinnen, eben weil ihre Bedrückung ihnen ihr Anrecht an die Freiheit um so fühlbarer macht. – So würde der Christ auch des Juden freie Bildung Fülle freier Anschauung gewinnen, eine Entwicklung würde die andere steigern und endlich durch den goldnen Frieden sich ins goldne Zeitalter verwandeln, wo Jude und Christ gemeinsam fühlen, Gott sei unter ihnen!«
Primas: »Sie würden also die Juden nicht bekehren wollen?«
»Nein, aber sie bewegen, die Wahrheit zu erkennen!«
Primas: »Ist denn das Christentum nicht die Wahrheit?«
»Für den Primas, aber nicht für den Rabbi!«
Primas: »Was ist denn für den Juden die Wahrheit?« –
»Daß Christus ein Jude war, das würde ich ihnen lehren beherzigen.«
Primas: »Glauben Sie denn nicht, daß Christus Gottmensch ist?« – »Ja, durch seine Beharrlichkeit in der Liebe. – Wir aber verachten den Juden, den er liebte! – Wir nennen uns Christen und sind doch nicht bekehrt, den Juden wollte ich bekehren, daß er, wie Christus, seinen Verfolger lieben lerne.« . . .
»Ein ganzer Menschenstrom aus der Menschheit Schoß ausgestoßen, sich durch die Finsternisse wühlend des Fluchs, bei dem Christengott zu seinem Untergang verschworen, bloß weil er diesen als seinen Heiland nicht anerkennen will. So wurde denn die Stimme der Natur durchs Christentum verzaubert?«
Primas: »Was durch Gewohnheit sich so einwurzelt, daß

kein Gewissen mehr darüber erwacht, erscheint auch nicht mehr unerhört, selbst dem Volk nicht, auf dem der Fluch ewiger Landesverweisung liegt; ja, es würde ihm ebenso empfindlich auffallen, wollte man den Kreis seiner Satzungen, in den es gegen das Christentum sich verschanzt hat, durchbrechen, um es mit den Christen zu verbinden, als es uns empfindlich fallen würde, über den herabgewürdigten Gegenstand unserer Verfolgung nicht mehr verfügen zu können! – Wo bleibt die Erhabenheit des Christentums, wenn es den Abgrund des Judentums nicht mehr zu seinen Füßen hat? – Wo bleibt der Religionseifer, wenn wir nicht gegen den Teufel mit Deklamation, gegen die Ketzer mit Wut und gegen die Juden mit Despotie können losgehen? – Wo bleibt die Kirchengeschichte? – Wo die Religionsphilosophie, ohne die Spiele verborgner religiöser Leidenschaften, die in ihrer Mannigfaltigkeit nirgend hinlänglich Genugtuung finden? – Das harte Herz, der Hochmut, die Herrschsucht, der Haß, die Verfolgung, die das naturentsproßne Religionsfundament, dies weite Geisterreich der Triebe und Neigungen, hart ankämpfen, um ein anderes, ihrer Gewalt unterworfnes ihr unterzuschieben. Die eleusinischen Geheimnisse, dunkler Furcht und Hoffnungen, die sich heuchlerisch über sie herwerfen und die Freiheitsidee ihnen aus der Brust rotten und mit erlogner Erhabenheit das platteste Geschöpf der Konvention aus ihnen machen!« –

»Und welcher christliche Herkules wird die Welt von diesem Alp befreien?«

Primas: »Sinn für alles, nur nicht fürs Mittelmäßige – das ist der Herd, wo der Held, den Sie christlich nennen, Wunder tun müßte! Die Juden hatten, wie die Bybel lehrt, ein göttliches Patent zur Vertilgung aller Völker und zur Eroberung ihrer Länder. Die Christen haben die Seligkeit sich allein zugesichert. Dies ausschließende Recht auf das zukünftige Leben ist die Basis einer sündlichen Politik, die alles an sich reißt und auf ihrem Besitztum ruht wie ein feuerspeiender Drache! – hätten wir Spezialkarten des Himmels, so würde es Streitigkeiten unter den christlichen Machthabern schon hier auf Erden setzen; so müssen sie es abwarten, bis sie oben ankommen. Auf Streit – ja auf den heftigsten – können wir uns gefaßt machen, denn alles rüstet sich noch im Lebensausgang als Streiter Christi, und alles hält sich verloren, was nicht gewappnet gegen Teufel, Ketzer und Juden anlangt bei der Himmelsfeste, die ein doppelter Laufgraben umgibt: Fegfeuer und Höllenabgrund, um hineinzustürzen, was sie in ihren heiligen Reichen nicht dulden! – Die Juden haben unvorsichtig ihre Verheißungen in das Irdische verlegt, deswegen haben die Christen auch gleich Besitztum, Kultur und Wissenschaft ihnen abgeschnitten, wie man dem Feind die Munition abschneidet, die Christen haben dagegen ihre Ansprüche ins Unerreichbare verlegt und sich so gegen allen Unbill verschanzt. – Obschon nun die Juden ihre Verheißungen bis zum Weltuntergang hinausschoben, der dann natürlich auch ihren Welterlöser mit verschlingt, weil ihr Messias sich in unerreichbarer Ferne hält und keine Anstalten macht, herbeizukommen, so hat die Not sie zu parasitischen Pflanzen gemacht an dem Stamm der menschlichen Gesellschaft; mag der, vom Sturm erschüttert, allem moralischen Ungemach unterworfen, wanken, sie saugen an seinen Wurzeln sich fest und sind nicht mehr ohne beider Untergang zu trennen.« »Ach, was kann an diesem kranken Stamm ihnen noch zugut kommen? – selbst Christus würde schwerlich die Hunde noch auftreiben, alle die Wunden und Quetschungen heil zu lecken, die sie bloß in unserer Frankfurter Judengasse durch ihre Schacherwut bei den Christen davontragen, in dem engen Raum ihres Schwarmloches, in welchem tausend zerlumpter Männer und Weiber und nackter Kinder sich um den Platz streiten, den Fuß darauf zu setzen. Im Grab ist mehr Erdenraum. Welch Gedräng in dieser engen Gasse, welch lauwarmer Pestdampf der Unreinlichkeit dieser Gruppen magerer, halbverwester Israelskinder, wachend und schlafend auf den Stufen der Haustüre liegend! wer hat Mut, durch dies Gewimmel sich zu drängen, wo man auf dunkler Wendeltreppe hier und dort in die Haushaltungslöcher guckt, bis hinauf zum Dach, wo die Falltür sich öffnet, wo die Sonne durchs Giebelfenster den erschacherten Pomp der Christenheit bestrahlt, wo der Jude mit blitzendem Mienenspiel, mit fixen Fingern und laufender Zunge um des zufälligen Gewinstes eines Kreuzers halber sich unzähligen Spottreden aussetzt; auf der Straße verhöhnt ihn der Pöbel, er klettert zwanzigmal alle Treppen hinan und wird ebenso oft wieder hinabgeworfen, elendmüde stolpert er abends ins trostlose Familiennest, wirft sich und seine Bürde hin, alt und jung umringt ihn, hat er ein paar Batzen erganft, so hat er mehr um dieser Allerweltsünde gelitten, sich zerlaufen und abgehetzt, als ein geistlicher Fürst für die Sünden der Welt je Ablaß erteilte!« –

Primas: »Und Christen wie Juden arbeiten im Laboratorium der Goldmacherkunst, da geht im Rauch auf, was die Menschheit veredelt, was Zuversicht gibt in ihren höheren Beruf! Der Christ vergräbt unter Ehrfurcht gebietender Scheinheiligkeit sein Gold wie der gehöhnte Jude unter dem Kotlager des Schachers, von dem er einst wird auferstehen, seinen goldnen Fuß den Christen in den Nacken zu setzen! An den siebentausend Juden hier in dem engen Schmutzwinkel kann man das Ideal ihrer Volkswirtschaftslehre studieren! Ganze Taschen in zerlumpter Kleidung ist ihr politischer Standpunkt, ihr Vorrecht! – Ihren Gott – diesen früheren Gott als der der Christenheit –, der die Juden in seinen besonderen Schutz nahm, selbst ihnen Gesetze gab – Jahrtausende lang sie väterlich erzog – vor jeder Gefahr sie warnte, selbst durchs rote Meer sie geleitete und endlich das Palladium der Menschheit, die Erkenntnis seiner Einheit, ihnen anvertraute, aus dessen Schoß der erste als göttlich anerkannte Gesetzgeber hervorging, hat man seines Tempels beraubt und in diesen Schmutzwinkel mit verbannt; dies bezeichnet seine sittliche Niederlage! – Dieses Vätervolk der Christen, dessen Religion die Mutter der ihrigen war: von dem Augenblick, als sie die Macht in Händen hatten, bloß auf den Grund hin, daß es dem Gott seiner Geschichte anhing, ist mit Gewalt und List seiner Freiheit, seiner Gerechtsame der Natur und Moral beraubt; – das bezeichnet sein energieloses Sklaventum! ihm ist das Recht auf Landbesitz, der Gebrauch seiner Vermögenskräfte untersagt, mit Gewalt und List ist ihm sein politisches Entwicklungsvermögen weggestohlen und von der Stufe, auf der es vor Jahrtausenden stand, tief herabgestoßen und solchergestalt in einem unentfliehbaren Kerker des Ver-

derbnisses festgehalten, wo es durch Mangel an Teilnahme, Mangel allgemeiner Veredlungsmittel in die schauderhafteste Sklaverei geriet, das bezeichnet sein Todesurteil! – –
»Der Mensch springt zum Himmel auf, aber ihn zu erkämpfen verhindert der Stolz und die Eigensucht; – er macht die Gestirne sich untertan und die Geister der Natur, die Götter und die Götzen, und dann gibt er ihnen die Oberherrschaft über sich nur darum, daß sie um sein Schicksal sich sollen kümmern!«

Primas: »Und er glaubt an Wunder, daß die Gottheit am Webstuhl sitze, seinen Lebenslauf ihm anzufertigen, so macht sein Aberglaube ihn zum Sklaven seiner eignen Phantasie, aber sonderbar genug wendet sich die Theorie derselben auf Gewalttätigkeit, Betrügerei und Raub an!« –
»Und noch sonderbarer kann man des Nächsten Magd, Ochs, Esel und alles, was sein ist, nicht stehlen, ohne dafür gehangen zu werden! hingegen einer ganzen Nation Haus, Hof, Acker, Wald und Wiese und alle Ochsen und alle Esel und allen Besitz rauben, das kann man! – und beraubt man gar die ganze Menschheit, so kann man dafür als Genie vergöttert werden!« –

Primas: »Nur die Begeisterung in ihrer Selbstvergessenheit kann zu Unsterblichem befähigen, vor dem die erworbne Moral, die auf hölzernen Beinen steht, die vernünftelnde Weltklugheit, die ein Trabant des verschleierten Despotismus ist, durch leichtes dramatisches Herabstürzen ihrer Opfer ihre Trauerspiele bemäntelt! – Vieles der Art hat die Zeit begraben: nach Jahrtausenden, wo andere Sprachen, andere Glaubenslehren über ihren entschwundenen Bewohnern wieder aufkeimen, wird diese Zerstörerin dem patriarchalischen Genius keinen Platz auf Erden gönnen, seine Herden nach ihrem Bedürfnis zu weiden und ihre Entwicklung als heilige Schuld zu übernehmen. – Die Sprache der Hirten wird kurzgefaßt bleiben, in allgemeinen Ausdrücken über die Triften unterhandeln und die fetten für die magern eintauschen, und die Herde wird müssen stumm dabei bleiben. Und ob nun die Völker den großen politischen Kreis durchlaufen als Sklaven oder als ihre Unterdrücker, so sind sie beide gleich fern der Wahrheit und dem Recht. –

Was ist Wahrheit? Warum antwortete Christus nicht auf diese bittere Spottfrage des *Pilatus?*«

»Christus wollte den Schreckensgott des Alten Testaments verwandeln in den Vater der Menschen, er wollte die freie Kultur eines idealischen Sinnes in sie legen. Das war seine Wahrheit!« –

Primas: »Ja, das war seine Kraft der Magie, und darüber sprach *Pilatus* dem Christus Hohn, daß er meine, durch einen erhabnen Traum die schlechte Wirklichkeit zu überwiegen, weil ihm aus dieser göttlichen Phantasie in dieser Verschmelzung mit der sinnlichen Welt die Schäferstunde idealischer Erzeugungen aufging, in denen er zuerst göttlich sich fühlte. *Pilatus* meinte, wo der nachsichtige, humane Geist waltet, da wächst das Unterste bald über das Oberste? und das wollte er rügen in seiner Frage: »Was ist Wahrheit?« – Und so möchte *Pilatus* heute noch die Frage tun, wie bald würden die wurmstichigen, rachitischen, galligen, salamandrischen Judenseelen despotisch über die milzsüchtigen, schlaffen, hypochondrischen, schweratmenden Christenseelen herfallen, wär keine tückische Priesteropposition gegen sie! – und die an den Juden Ärgernis nehmenden Christen sind um nichts besser als die um des Gewinstes willen sich aller Schmach unterziehenden Juden, und die Herren der Welt, diese nervenlosen, empfindsamen Idioten, unheilbar, mondsüchtig, schwermütig und ganz unsinnig, hassen und verfolgen jedes menschliche Prinzip, sie treten auf gegen die erhabensten, kühnsten Entwicklungen aller Seelenkräfte und halten sich durch den Reiz der Freiheit, den sie beleben sollten im Volk, weit mehr gefährdet als durch ihre sklavische Leidenschaften. – Was soll den Juden Kunst und Wissenschaft, in denen die Christen mit ihren prahlenden Fortschritten als Menschen so weit unter sich selbst sind, da sie der einzig wichtigen und gemeinsamen Wissenschaft, der Gesamtwirkung, gänzlich entbehren! *Das Glück aller ist das meine, auf aller Dasein ist das meine gegründet!* – Das ist Weisheit, die zum Ziele führt!«

»Das ist Fürstentugend, die am *Mißverständnis* scheitert!«

Primas: »Und Volkstugend! Aber es sind noch mehr Klippen, an denen so wunderbare Eigenschaften scheitern! –

Der Nationalstolz – der Vergleich mit andern, die es schlimmer noch machen, die beschwichtigen das politische Gewissen der Fürsten. – Als ob das Volk eine Schuld an sie zu bezahlen habe, weil sie es nicht so schlimm behandeln wie der Nachbarstaat, weil sie die Gesetzbücher gegenseitig verglichen und alles hervorhoben, was einen liberaleren Schein hatte, und unterdrückten die Fürsprache der Vernunft für reine Naturgesetze, für die einzelnen und für die Nationen! – Wer könnte klare Verstandesbegriffe dahineinlegen, daß Freiheit darin bestehe, unter dem Schutz der Gesetze zu stehen? – Als ob der Unterdrückte frei werde durch ungerechte Gesetze! Auch der einzelne hat Rechte Nationen gegenüber, die nur gemeinsam-widerrechtlicher Gewalt gemeinsam können abgerungen werden. Naturrecht! Einzige Straße der Menschheitsverklärung, Berge gesetzlichen und sittlichen Unrechts haben sie verschüttet und Zwietracht durch Gegensatz der Leidenschaften künstlich erzeugt. Das Gesetz, was nicht wie die Sonne alle erleuchtet, ruht nicht auf dem Gleichgewicht aller; ist nicht Naturgesetz. Nationen verschwistern wie die Glieder eines Leibes, das ist Volksschule; Geist und Heldenkraft erzeugen in Volk, für sich aber die Einfachheit des Kindes bewahren und frei wandeln zwischen politischen Rechthabern und spitzfindigen Widersachern der gesunden Vernunft, das ist deutsche Fürstenwürde.

Wir sehen ja, daß die, welche öffentlich dem Teufel widersachen, dennoch heimlich in seinen Klauen sich befinden. Die Taufe, diese magnetisch-kirchliche Kraft, hat keine Wirkung auf die Fürsten; hätte je ein Fürst dies Symbol menschlicher Berührung mit göttlichen Kräften in sich betätigt! Ja, nur dies einzige erste kirchliche Gelübde: *Ich widersache dem Teufel und gelobe mich dem heiligen Geist!* Hätte er es als Stufe betreten himmlischer Erleuchtung über irdische Zweifel und Aberglauben, dann wahrlich hätte er die Taufe empfangen für alle Juden, und in ihm wären alle dem Christentum, nämlich der Menschheitsempfindung in ihm, verschwistert; so wie die Fürsten mit Christus das Ehrenrecht auch teilen, Bruder zu sein der ins Elend Verstoßenen.

Solange die Geschlechter mit immer erneuter Einfalt und

Vertrauen in ihre Fürsten dem Schoß der Natur entsteigen, so lange sind es auch die geistigen Blutbande mit dem Volke, auf welche das Ideal der Menschheit in dem Fürsten sich gründet. So lange beruht auch alles auf ihm, was das Volk bedarf, und verbürgt ihn dafür, alle Zwangsgesetze zu lösen der Priester und Kirchenväter; alle gewaltsame Knoten der Politik zu zerhauen, um die in jedem einzelnen wiedergeborene Freiheit dem elenden übelgebildeten Staatskörper aufs neue wiederzugeben.

Ein solcher nur ist begabt mit unsterblichem Einfluß auf die Menschheit, er wird wiederkehren nach kurzer Rast des Schlafes, den wir Tod nennen, denn der Geist der Wahrheit in ihm wird nicht gebrochen durch Tod, er überwindet ihn mit der Macht, seinen Willen zu verkörpern in dem Volkswillen, der nun nicht mehr im Märtyrtum der Geschichte als qualvolles Rätsel sich ihm entgegenwirft. Das Unausgesprochene aussprechen, das Unermessene erreichen, Zukunft ahnend neue Keime erwecken aus der Verwesung: das ist eines Fürsten Vorbehalt.

Denn was könnte doch die Völker bewegen, zu huldigen einem, der nicht Ursprung ist ihres eigenen Ideals? – Er muß endlich diesem Schöpfungsherd entsteigen und die Menschheit in sich emporrichten zum Göttlichen. So ist es mit den Fürsten: eine Idee, zwar selbständig in sich, aber noch nicht verwirklicht, erzeugt sie die ersten Typen des Werdens in dem läuternden Feuer der Geschichte, widerstrahlend in Gefühl und Geist der Nationen, in dem Stolz auf ihre Fürsten. Das ist erster organischer Herrscherberuf. Was kümmerte uns Vergangenheit, wäre sie nicht Organ unserer Zukunft! Reflex des Werdens in uns, dem der Geist in Träumen die Lockungen des eigenen Ideals vorspiegelt! – Wenn nun die Fürsten, weil sie das Gute einmal träumten, dafür die Menschheit als undankbar zur Rechenschaft ziehen wollen und Rechtfertigung und Vorwürfe darum dem Geschick aufladen, daß es nicht von ihnen erreicht worden; wenn sie für die höchsten Fürstenrechte, denen die Völker vertrauten, andre wollen verantwortlich machen und so ihrer Gelöbnisse sich entbinden? – Wenn sie also ihre edlen Anrechte zinslich veräußern und dennoch einen Gehalt eingeborner fürstlicher Geltung in sich annehmen und sonst verdienstlos alles andern sich begeben: dann geht es abwärts, eine Stufe niedriger noch, als ihre stumme Herde links und rechts treiben oder stille stehen heißen! – Vergeudung königlicher Rechte ist Verschütten des heiligen Chrisam, der die Fürstenhäupter salbt, ist Entmannen der Fürstenwürde, der das Volk nun nicht mehr traut und sich erhebt über die blutigen Stufen des Richterstuhls, von dem die balsamischen Öle nicht niederfließen auf verbitterte Herzen, ihre Wunden zu heilen.

Gewalt soll nicht Rache üben, denn weil sie vernichtend ist, so ist sie teuflisch! – Welcher ist tiefer verletzt, als der die Schuld trägt? Welcher bedarf mehr des Schutzes? – Und der ihn beleidigen wollte, dem soll er seinen Mantel öffnen und nicht ihn preisgeben seinen Verfolgern! zum Wahrzeichen, daß die Würde des Menschen in dem Fürsten unantastbar sei, denn es ist ein gefährliches Spiel um sie im Fürsten, der Vorbild ihr sein soll und den Purpur schützend breiten über sein Volk; und die Rache soll austilgen aus Menschenschonung, und erhabener Heilbringer dem Volk, allem zuvorkommende Rettung soll sein zuerst im eigenen Busen. Kein Gnadeflehen umsonst, aber jedem Verdienst sich erneuerndes Dankgefühl! – Alles nur Liebe zur Pflicht gegen das Volk, jede Schuld auf sich nehmend, jedes Verbrechen als eigne Schuld anerkennend, weil er ihm nicht durch Weisheit zuvorkam. Und hebt den Schuldigen an sein alles Übel vergütendes Herz, ihn zu schützen gegen die Wiederkehr und gegen die Rache an ihm; – und hebt ihn von Stufe zu Stufe zu sich hinauf, denn er ist der Bruder von dem Sohne des Menschen, denn aus dem Irrtum selbst erblüht ihm die Wahrheit und vereinigt die Vernunft mit dem alten und neuen Testament! – Denn der Himmel unterzeichnet kein Urteil für sklavische Unterwerfung unter geistliche und politische Tyrannei, und die Vorsehung mischt sich nicht in die Geschichte, die uns schon lange müßte groß gemacht haben und unsern Geist befreien von dem, was man absichtlich ihm aufladet! – Hätten wir Erleuchtung, die den freien Blick aufs Ganze richte, und philosophischen – nicht theologischen – Sinn für die Weltereignisse! Dann würden auch die Machthaber keiner Staatskrücken mehr bedürfen.«

Bettina von Arnim

Zeittafel

1778   Clemens Brentano, der Bruder Bettinas, wird in Ehrenbreitstein
        geboren. Der Vater ist der italienische Großkaufmann und Han-
        delsherr Anton Brentano, die Mutter (seine zweite Frau) Maximi-
        lane La Roche, die Tochter der Schriftstellerin Sophie La Roche
        und eine einstige Freundin des jungen Goethe.– Rousseau und
        Voltaire gestorben.

1780   Karoline von Günderode in Karlsruhe geboren.

1781   Achim von Arnim, Sohn aus einem alten brandenburgischen
        Adelsgeschlecht, in Berlin geboren.– Lessing gestorben.– Kants
        »Kritik der reinen Vernunft« erscheint.

1785   Bettina Brentano am 4. April im »Haus zum goldenen Kopf« in
        Frankfurt geboren.– Karl August Varnhagen geboren.– Ein Auf-
        stand Waldenburger Weber mißglückt.

1786   Karl Ludwig Börne geboren.– Friedrich Wilhelm II. besteigt als
        Nachfolger Friedrichs II. den preußischen Thron.– Moses Men-
        delssohn stirbt.

1788   Joseph v. Eichendorff, Arthur Schopenhauer, Fr. Rückert und
        Lord Byron geboren.

1789   Beginn der Französischen Revolution, die von fast allen Frühro-
        mantikern mit großer Begeisterung aufgenommen wird.– Beginn
        des Salons der Rahel Levin, später Varnhagen, in der Jägerstraße
        54 in Berlin.

1791   Tod Mirabeaus, dessen Reden später Bettina im Salon der Groß-
        mutter Sophie La Roche las und diskutierte.– Mozart komponiert
        »Die Zauberflöte«.

1793   Bettinas Mutter, Maximiliane Brentano (geb. 1756) stirbt.– Lud-
        wig XVI. wird hingerichtet; die Jakobiner übernehmen die
        Macht.– Georg Forster »Darstellung der Revolution in Mainz«;
        Beschreibung der ersten deutschen, der Mainzer Republik. For-
        ster »Über die Beziehung der Staatskunst auf das Glück der
        Menschheit«.– Bauernunruhen und Weberaufstand in Schlesien.

1794   Hölderlins »Hyperion« erscheint.– Danton stirbt auf der Guilloti-
        ne; Ende der Jakobiner-Diktatur in Frankreich.– Bettina kommt
        zur Erziehung ins Kloster Fritzlar bei Kassel.

1795   Friedrich Schlegels Abhandlung »Über die Diotima«– eine der
        ersten Beschreibungen des dionysischen Frauenkults – Korrektur
        am männlich-apollinischen Griechenlandbild.– Schillers »Briefe
        über ästhetische Erziehung« erscheinen. Friedrich Schlegels radi-
        kaldemokratischer »Versuch über den Republikanismus«, Ba-
        beufs »Verschwörung der Gleichen«.

1796   Bettinas Vater stirbt. Bettina kommt aus dem Kloster Fritzlar ins
        Haus der Großmutter La Roche in Offenbach; weltoffene kluge
        Erziehung der Enkelin.– Friedrich Wilhelm III. wird König von
        Preußen.– Geboren: Heinrich Heine; Mary Shelley-Wollstone-
        craft.– Anette von Droste-Hülshoff und Franz Schubert.

1797/98	Beginn der deutschen und englischen Frühromantik (Wackenroder/Tieck: »Herzensergießungen«, Coleridge/Wordsworth: »Lyrical Ballads«).
1798–1800	»Das Athenäum«, eine Zeitschrift des Jenaer Kreises (die Brüder Schlegel, Novalis, Tieck); Clemens Brentano kommt dazu.
1798	Erhebung der Weber in Schlesien.
1799	Sophie Mereaus (spätere Frau von Clemens Brentano) Übersetzung der »Prinzession von Cleve« erscheint.– Höhepunkt der frühromantischen Geselligkeit in Jena – es treffen sich: die Schlegels (mit Dorothea und Caroline), Tiecks, Novalis und Clemens Brentano.
1799	Sophie La Roches »Mein Schreibtisch« erscheint: sie beschreibt dort im Detail die Gegenstände auf ihrem Schreibtisch bis hin zu Kochrezepten.– Alexander von Humboldt beginnt seine Westindienreise.– Beethovens Klaviersonate (»Pathétique«) uraufgeführt. Schlegels »Lucinde« erscheint.– Novalis schreibt »Die Christenheit oder Europa«. Die Günderode lernt Bettinas späteren Schwager Friedrich Carl von Savigny kennen – 3jährige Korrespondenz zwischen beiden.
1801	Briefwechsel zwischen Bettina und Clemens bis 1804 (später im »Frühlingskranz« zusammengestellt von Bettina). Beginn der Freundschaft Clemens Brentano und Achim von Arnim.– Novalis stirbt 28jährig. Veröffentlichung von Novalis' »Heinrich von Ofterdingen« und »Die Lehrlinge zu Sais«.– Blütezeit der Berliner Romantik.– Christian Dietrich Grabbe geboren.
1802	Rheinfahrt von Clemens und Achim, Beginn der deutschen Rheinromantik (die englische begann zwei Jahrzehnte früher mit William Beckfords: »Dreams, Waking Thoughts and Incidents«).– Victor Hugo geboren.
1803	Clemens heiratet die 8 Jahre ältere Schriftstellerin Sophie Mereau (1770-1807), die wie seine Großmutter La Roche, zu den ersten freischaffenden Schriftstellerinnen gehört. Clemens siedelt mit ihr nach Heidelberg über (später »Heidelberger Romantik«). Sophie Mereaus Briefroman »Amanda und Eduard« erscheint, nachdem Schiller und Herder sterben.– Napoleon verbannt.– Ernst Moritz Arndts Streitschrift gegen die Leibeigenschaft erscheint.
1804	Geboren: Ludwig Feuerbach, George Sand, Eduard Mörike.– Erste Begegnung zwischen Günderode und Georg Friedrich Creuzer.– Kant stirbt.– Napoleon läßt sich im Mai zum Kaiser ausrufen.– Bettinas Briefwechsel mit der Günderode beginnt.
1805	Schiller stirbt. – Alexander v. Humboldt geht im November nach Berlin.– Bettinas Großmutter Sophie Laroche (geboren 1731) stirbt.
1806	Selbstmord der Günderode in Winkel am Rhein.– Görres gibt mit Achim von Arnim die »Zeitung für Einsiedler« heraus.– Den Juden werden in Frankfurt Bürgerrechte gewährt.
1806–08	erscheint die von Clemens B. und Achim v. Arnim herausgegebene Volksliedsammlung »Des Knaben Wunderhorn«. Freundschaft zwischen Bettina und Achim von Arnim.

1807	Bettina trifft zum ersten Mal Goethe.– Hegels »Phänomenologie des Geistes« erscheint.– Sophie Mereau stirbt.– G. Garibaldi und Robert Blum geboren.
1808-10	Bettina reist mit den Savignys nach Landshut und München.
1808	Wilhelm Weitling geboren.– Rahel lernt Karl August Varnhagen kennen.– Goethes Mutter stirbt.– Fichtes »Reden an die deutsche Nation.«
1809	Charles Darwin geboren.– Caroline Schlegel-Schelling stirbt.– Clemens Brentano kommt kurz nach Berlin, Achim siedelt sich fest an in Berlin, Kleist ebenfalls.
1810	Johann Gottfried Seume stirbt.– Bettina trifft in Wien Beethoven; auch Clemens und Eichendorff sind zeitweilig in Wien.– Friedrich Creuzers (von der Günderode beeinflußt) »Mythos und Symbolik der Alten« erscheint.– Rechtliche Gleichstellung der Juden unter dem 3. preußischen Staatskanzler Hardenberg.
1811	Bettina heiratet Achim v. Arnim und siedelt nach Berlin über (Landwohnsitz auf dem Arnimschen Gut Wiepersdorf); Reise des Ehepaars nach Weimar; Bruch mit Goethe.– Selbstmord von Kleist.– Friedrich Nicolai stirbt.
1812	Bettinas ältester Sohn Freimund wird geboren.– Moses Heß geboren.– Achims »Isabella von Ägypten«.– »Kinder- und Hausmärchen« der Brüder Grimm erscheinen mit der Widmung »Der Frau Bettina von Arnim für den kleinen Johannes Freimund«.
1813	Büchner, Hebbel, Verdi und Wagner geboren.– Der zweite Bettina-Sohn Siegmund wird geboren (mit ihm, der später reaktionär wurde, hat Bettina als einzigem Kind gebrochen). Niederlage Napoleons in der Völkerschlacht bei Leipzig.– Wieland stirbt, mit dem Bettinas Großmutter eng befreundet war.– Arnim wird Redakteur beim »Preußischen Korrespondenten«.– Mme de Stael: »De l'Allemagne«.
1814	Arnims und Brentanos enger Freund Johann Joseph von Görres gründet das bedeutende politische Blatt, den »Rheinischen Merkur«.– Arnim zieht sich ganz auf sein Gut Wiepersdorf zurück.– E. T. A. Hoffmann schreibt »Die Elexiere des Teufels«. Der Wiener Kongreß beginnt. In Spanien wird die Inquisition wieder eingeführt.
1815	Der dritte Sohn Bettinas, Friedmund wird geboren – er ist später der ihr politisch am nächsten stehende Sohn.
1816	Der Bettina schon entfremdete Bruder Clemens begegnet der Dichterin Luise Hensel und schwärmt verstärkt für den Katholizismus.
1817	»Die Kronenwächter« von Arnim erscheinen.– Der vierte Sohn Kühnemund (der einzig künstlerisch begabte Sohn Bettinas) wird geboren.– Georg Herwegh und Theodor Storm geboren.– Mme de Stael stirbt in Paris.– Das erste Wartburgfest der Jenaer Burschenschaften.
1818	Karl Marx in Trier geboren.– Bettinas älteste Tochter Maximiliane geboren. Clemens Brentano, in mystische Schwärmerei versunken nach seiner »Generalbeichte« im Vorjahr (1817), zieht

nach Dülmen (Westf.), um in der Nähe der stigmatisierten
Nonne Anna Katharina Emerich zu leben – er bleibt dort bis zu
ihrem Tod 1824.– Hegel wird nach Berlin berufen.– Fr. - Schin-
kel baut in Berlin die Königliche Wache.– A. W. Schlegel kehrt
aus Paris nach Deutschland zurück, nimmt eine Professur an der
Universität Bonn an.

1819 Der Student Karl Ludwig Sand ermordet den Schriftsteller August v. Kotzebue. Verschärfung der Zensur; Unterdrückung de-
mokratischer Bewegungen. Unter den Verfolgten oder Gemaß-
regelten befinden sich Ernst Moritz Arndt und Ludwig Jahr; Wilhelm von Humboldt (Minister für Ständische Angelegenheiten)
wird aus dem Staatsdienst entlassen.

1820 Friedrich Engels geboren.– Ein Hauptvertreter des »utopischen
Sozialismus«, Claude-Henri de Saint-Simon, fordert die Neuord-
nung der Gesellschaft zugunsten des Proletariats. Diese Gedankengänge berühren sich mit den Bettinas.

1821 Die zweite Tochter Bettinas, Armgart, wird geboren (sie veröf-
fentlicht später Märchen und wird als Sängerin bewundert).–
Griechenland erhebt sich gegen die Türkei für seine nationale
Selbständigkeit.– Napoleon stirbt auf St. Helena.– Heinrich
Heine kommt im Frühjahr nach Berlin in Rahels Salon.

1822 Georg Weerth geboren.– Der erste Band »Gedichte« von Heinrich Heine wird gedruckt.

1824 Heine verläßt Berlin.– Robert Owen beginnt seine Ideen über
Produktionsgemeinschaften auf genossenschaftlicher Grundlage
zu realisieren (im experimentellen Rahmen).– Bettina entwirft ein
Denkmal für Goethe.

1825 Clemens Brentano sieht Bettina und Achim ein letztes Mal in
Berlin, klagt Görres danach, man habe sich nichts mehr zu sagen
gehabt.– Der Dekabristen-Aufstand in Rußland gegen das zaristi-
sche Regime scheitert.– Erste Weltwirtschaftskrise (»periodische
Überproduktionskrise«); in England fährt die erste Eisenbahn
(Stephenson).

1826 Berlin erhält Gasbeleuchtung. Die Münchner Universität wird
gegründet. Hungerrevolte der Metallarbeiter in Solingen.–
Tiecks Novelle »Der Aufruhr in den Cevennen« und Eichen-
dorffs »Aus dem Leben eines Taugenichts« erscheinen.

1827 Bettinas jüngste Tochter Gisela geboren. Sie schrieb später (teilweise zusammen mit Bettina) Märchen, war Bettinas Lieblings-
tochter, die ihr neben dem Sohn Friedmund auch politisch am
nächsten stand.– Heines »Buch der Lieder« erscheint.– Beethoven
und Wilhelm Hauff sterben.– Alexander v. Humboldt kehrt aus
Paris nach Berlin zurück.

1828 Die 7. Versammlung deutscher Naturforscher und Ärzte tagt unter dem Vorsitz Alexander v. Humboldts (des späteren Vermitt-
lers zwischen Bettina und dem König).– Henrik Ibsen, Leo
N. Tolstoi und Hermann Grimm, der spätere Schwiegersohn
Bettinas (der die Tochter Gisela heiratet) geboren.

1829 Bettina besucht Rahel Varnhagen ab Anfang Februar in der Mauerstraße. Nach Mißverständnissen und Konkurrenz (der Salons Varnhagen/Arnim) enge Freundschaft der beiden Frauen bis zu Rahels Tod.– Clemens Brentano sieht ein letztes Mal Varnhagen, der, wie Bettina und Achim, kein Verständis für dessen katholische Schwärmereien hat.– Das griechische Volk hat seinen Befreiungskampf gewonnen.– Friedrich Schlegel und Karoline von Humboldt sterben.

1830   Sturz der restaurativen Monarchie in Paris (»Julirevolution«). Polnischer Aufstand gegen die zaristische Herrschaft.– Charles Fourier schlägt die Errichtung von Genossenschaften zur Ausschaltung des Unternehmergewinns vor.

1830-34   Ludwig Börnes »Briefe aus Paris« erscheinen.

1831   Im Hochsommer bricht in Berlin die Cholera aus. Während die Reichen fluchtartig Berlin verlassen, besucht Bettina das Berliner Armenviertel vor dem Hamburger Tor, genannt »Vogtland« (über dessen Zustände sie im Anhang des ersten Teils des Königbuches später berichtet), sorgt für Kleider, Arznei und ärztliche Hilfe. Die polnische Erhebung wird niedergeschlagen und dem Land die Selbstverwaltung verweigert. Bettina engagiert sich für die Sache der Polen. Heine emigriert nach Paris.– Hugos »Notre-Dame de Paris« erscheint.– Weberaufstand in Lyon. Es sterben Bettinas Mann Achim v. Arnim, Hegel, Gneisenau, der Reichsfreiherr Karl vom und zum Stein (»Steinsche Reformen«).– Bettina siedelt nach dem Tod ihres Mannes ganz nach Berlin über.

1832   »Hambacher Fest«, auf dem eine deutsche Republik gefordert wird. Ein neues Demagogengesetz in Preußen, das »Gesetz zur Aufrechterhaltung der öffentlichen Ruhe und gesetzlichen Ordnung«, verbietet politische Vereine, beschränkt die Lehr- und Versammlungsfreiheit und macht die fortschrittliche Presse mundtot.– Goethe stirbt in Weimar.– Beginn von Bettinas Briefwechsel mit dem Fürsten Pückler-Muskau, dem Schriftsteller und Schöpfer neuer Gartenbaukunst.

1833   Rahel Varnhagen stirbt. Bettina gehört zu den wenigen, die Rahel in den letzten Leidenstagen sehen wollte.

1834   Büchner/Weidig »Der Hessische Landbote« erscheint und wird konfisziert. Der »Deutsche Zollverein« hebt die Zollschranken auf.– In Paris gründen deutsche Handwerksgesellen die Geheimorganisation »Bund der Geächteten« (2 Jahre später ein Flügel »Bund der Gerechten«).– »Rahel. Ein Buch des Andenkens für ihre Freunde« wird von K. A. Varnhagen, stark stilisiert, herausgegeben.– Schleiermacher stirbt.

1835   »Goethes Briefwechsel mit einem Kinde« wird von Bettina herausgegeben. Der künstlerisch begabte Sohn Kühnemund verunglückt 18jährig tödlich beim Schwimmen.– Erste Eisenbahnstrecke zwischen Nürnberg und Fürth.– Wilhelm von Humboldt stirbt.– Die Schriften des »Jungen Deutschland« werden verboten (Heine, Börne, Mundt, Laube, Gutzkow).

1837   Die »Göttinger Sieben«, unter ihnen die mit Bettina befreundeten Brüder Grimm, werden als Professoren entlassen, weil sie den

	von König August von Hannover geforderten Eid als »Diener des Königs« verweigern.– Ludwig Börne, Georg Büchner und Charles Fourier sterben.– In England besteigt Victoria den Thron, das »Victorianische Zeitalter« beginnt.
1839	Dorothea Schlegel stirbt. Bettina schickt die »große Epistel« (über die Brüder Grimm an den Schwager Savigny) an den Kronprinzen, den späteren König Friedrich Wilhelm IV. Sie beginnt mit der Herausgabe von Achim v. Arnims Werken.
1840	Bettina gibt den Briefroman »Die Günderode« heraus. Regierungsantritt Friedrich Wilhelms IV. Er hält das Versprechen, das er Bettina als Kronprinz gemacht hat und beruft die entlassenen Brüder Grimm nach Berlin.– Georg Sands »Der Geselle der Frankreich-Runde« erscheint – handelt von der Liebe zwischen einem Anhänger der »Carbonari« (einer sozialistischen Arbeitervereinigung) und der Tochter des Grafen Villebreux (Kritik an adeligen und bürgerlichen Kreisen).– August Bebel, Peter S. Tschaikowski und Emile Zola geboren.
1841	Offener Brief Bettinas für den angegriffenen Operndirigenten Spontini.– Tieck, Schelling und Peter Cornelius werden von den romantischen Freunden in Berlin veranlaßt, nach Berlin überzusiedeln. Berlin wird damit immer mehr Mittelpunkt romantischer Geselligkeit (wie 1798 Jena).
1842	Clemens Brentano stirbt in Aschaffenburg.– Weitlings »Garantien der Harmonie und der Freiheit« erscheinen. – Ende des »Opiumkrieges« zwischen China und England; Hongkong wird britisch.
1842/43	Karl Marx wird Redakteur der »Rheinischen Zeitung« bis zu ihrem Verbot.
1842–48	Bettinas konservativ-katholisch gewordener Schwager Savigny (mit dem sie und vor allem die Günderode in der Jugend eng befreundet waren) wird Minister für Gesetzgebungsrevision. Als Haupt der konservativen historischen Rechtsschule wird er zum politischen Gegner Bettinas.
1845	Marx gibt mit Arnold Ruge in Paris die »Deutsch-Französischen Jahrbücher« heraus.– Bettina veröffentlicht »Dies Buch gehört dem König« mit einem Anhang über die Zustände der Armen im Vogtland (Berliner Armenkolonie) und den Briefroman »Frühlingskranz« (Briefe von und an ihren Bruder Clemens).– Der erste Band der »Denkwürdigkeiten und vermischten Schriften« von K. A. Varnhagen von Ense erscheint (weitere 6 Bände bis 1846).– Hölderlin gestorben.
1844	Bettina bittet in einem offiziellen Aufruf in den Zeitungen um Material für ihr Armenbuch. Der Hunger-Aufstand der Weber in Langenbielau und Peterswaldau wird brutal vom preußischen Militär niedergeschlagen. Bettina bricht den Druck des Armenbuches (mit der Liste des Fabrikanten Schloeffel über die Zustände der schlesischen Weber ab), um nicht als Verschwörerin verurteilt zu werden.– Heines Versdichtung »Deutschland – ein Wintermärchen« erscheint.

1845	Alexander von Humboldt veröffentlicht den ersten Band seines »Kosmos. Entwurf einer physische Weltbeschreibung«. – Stirner: »Der Einzige und sein Eigentum« erscheint (1846 eingehende Besprechung in den »Epigonen« durch Bettinas Sohn Friedemund, der sich vor allem mit Stirners Angriffen auf Bettinas Königsbuch auseinandersetzt).– August Wilhelm Schlegel stirbt.– »Die heilige Familie« (Marx/Engels) und Engels »Lage der arbeitenden Klassen in England« erscheinen.
1846	Am 18. August fordert der Berliner Magistrat Bettina auf, binnen 8 Tagen das Bürgerrecht zu erwerben, weil sie ein Gewerbe (Verlag) betreibe. Beginn der Korrespondenz, die zum »Magistratsprozeß« führt.– Im Dezember findet in Berlin der erste Kommunistenprozeß gegen Meutel und drei andere Mitglieder des 1844 gegründeten Handwerkervereins statt; er endet 1847 mit Freispruch wegen Mangel an Beweisen.– Bettina bittet beim König darum, den polnischen Freiheitskämpfer Mieroslawski nicht nach Rußland auszuliefern. Durch Alexander v. Humboldt wurde Bettina übermittelt, daß eine Auslieferung nicht des Königs Absicht sei; diese Antwort war zynisch: M. wurde später im Lande zur Enthauptung durch das Beil verurteilt.
1847	Vom 3. August bis 2. Dezember dauert der Prozeß gegen 254 Polen; Bettina setzt sich für sie ein.– Marx und Engels gründen in Brüssel den »Deutschen Arbeiterbildungsverein«.– »Kartoffel-Revolution« am 21. April. Die armen Berliner greifen wegen der hohen Kartoffelpreise zur Selbsthilfe und plündern Marktstände und Geschäfte; hunderte von Demonstranten werden zu harten Gefängnisstrafen verurteilt.– Am 21. August 1847 wird Bettina im Magistratsprozeß zu 2 (ursprünglich 3) Monaten Gefängnis verurteilt; Savigny verhindert die Realisierung der Strafe.
1848	Februar-Revolution in Paris.– März-Revolution in Berlin. Der König wird gezwungen, sich vor den toten (187) Barrikadenkämpfern des 18. März zu verneigen. Bettina beschreibt die revolutionären Märztage und die Tapferkeit des kämpfenden Proletariats.– »Manifest der Kommunistischen Partei« von Marx und Engels.– Bettinas Briefroman »Ilius Pamphilius und die Ambrosia« (wegen des Magistratsprozesses beschlagnahmt) erscheint.– Bettinas Tochter Gisela und ihr späterer Mann Hermann Grimm gehören seit 1848 zu den »Demokraten« in Arnims Hause.– Görres stirbt, der mit Achim v. Arnim und Clemens Brentano die »Einsiedlerzeitung« herausgegeben hatte (»Heidelberger Romantik«).
1848	Bettinas Flugschrift »An die aufgelöste Preußische Nationalversammlung« erscheint anonym. Bettina schreibt an den König, um Gottfried Kinkel, der wegen seiner Beteiligung an der Revolution zum Tode verurteilt worden war, vor der Hinrichtung zu retten.
1849-52	Louise Otto gibt die »Frauenzeitung« heraus. Ihr Motto: »Dem Reich der Freiheit werb ich Bürgerinnen«.
1850	Guy de Maupassant und Robert Stevenson geboren, Nikolaus

Lenau und Honoré de Balzac gestorben. Industrieepoche in Deutschland beginnt.

1852   Der zweite Band des Königsbuches, die »Gespräche mit Dämonen«, wird von Bettina herausgegeben.– Jacob und Wilhelm Grimm beginnen mit der Herausgabe des »Deutschen Wörterbuches«. Prozeß gegen den »Bund der Kommunisten« in Köln.

1853   Bettinas von Arnims »Sämtliche Werke« erscheinen in einer elfbändigen Ausgabe.– Tieck stirbt in Berlin.

1854   Ein neues Landarbeitergesetz wird verabschiedet, wonach Streik mit Gefängnis bestraft wird.– Friedrich Wilhelm Schelling gestorben.

1856   Heinrich Heine stirbt in Paris.

1858   Karl August Varnhagen von Ense stirbt. Friedrich Wilhelm IV. dankt ab. Fürst Metternich und Wilhelm Grimm gestorben. Karl Marx vollendet die »Grundrisse der Kritik der politischen Ökonomie« (die erst 1939 erscheinen).

1859   Die 73jährige Bettina von Arnim und der 90jährige Alexander von Humboldt sterben in Berlin. Bettina wird unter den Parkbäumen von Wiepersdorf beigesetzt.

Literaturverzeichnis

ARNIM, Bettina von   Werke und Briefe (5 Bände), Hrsg. v. Gustav Konrad, Frechen/Köln 1963 (zit. als Bettina: 1 etc.)

ARNIM, Bettina von   Das Armenbuch, Frankfurt 1969

ARENDT, Hannah   Rahel Varnhagen, Lebensgeschichte einer deutschen Jüdin aus der Romantik, Frankfurt/Main–Berlin–Wien 1975

BAADER, Franz von   Sätze aus der erotischen Philosophie und andere Schriften, Hrsg. v. G.-Klaus Kaltenbrunner, Frankfurt 1966

BACHOFEN, Johann Jakobi   Das Mutterrecht, Frankfurt 1975 (stw 135)

BAUMGARDT, David   Franz von Baader und die philosophische Romantik, Halle/Saale 1927

BENJAMIN, Walter   Gesammelte Schriften, Hrsg. von Tillman Rexroth, Frankfurt 1972

BLOCH, Ernst   Kampf ums neue Weib, Programm der Frauenbewegung, in: Das Prinzip Hoffnung, Zweiter Band, Frankfurt, 1974 (stw 3)

BLUMENBERG, Hans   Wirklichkeitsbegriff und Wirklichkeitspotential des Mythos, in: Fuhrmann, Manfred (s. d.)

BORNEMANN, Ernest   Das Patriarchat. Ursprung und Zukunft unseres Gesellschaftssystems, Frankfurt 1975

BOVENSCHEN, Sylvia   Über die Frage: Gibt es eine weibliche Ästhetik? In »Ästhetik und Kommunikation«, Heft 25: Frauen/Kunst/Kulturgeschichte, September 1976

BOVENSCHEN, Sylvia / GORSEN, Peter   Aufklärung als Geschlechtskunde, Biologismus und Antifeminismus bei Eduard Fuchs, in: »Ästhetik und Kommunikation«, Heft 25

DREWITZ, Ingeborg   Bettina von Arnim, Düsseldorf 1969

FUHRMANN, Manfred (Hrsg.)   Terror und Spiel, Probleme der Mythenrezeption, Reihe Poetik und Hermeneutik, München 1971

GEIGER, Ludwig   Bettina von Arnim und Friedrich Wilhelm IV., Frankfurt/Main 1902

GLEICHEN-RUSSWURM   Gesellschaft, Sitten und Gebräuche der europäischen Welt 1789–1900, Stuttgart 1909

GUTZKOW, Karl   Rezension des Königsbuches im Telegraph für Deutschland, Nr. 165, Oktober 1843

GÜNDERODE, Karoline von   Gesammelte Werke der K. v. G., Bern; neu verlegt bei Herbert Lang 1970 (zit. als Günderode: 1,2, . . .)

GÜNDERODE, Karoline von   Dichtungen, Hrsg. v. Ludwig v. Pigenot, München 1922

HAHN, Karl-Heinz   Bettina von Arnim in ihrem Verhältnis zu Staat und Politik, Weimar 1959

HOFFMANN-AXTHELM, Inge   »Geisterfamilie«, Studien zur Geselligkeit der Frühromantik (Studienreihe Humanitas), Frankfurt 1973

HUCH, Ricarda   Die Romantik – Blütezeit, Ausbreitung, Verfall, Tübingen, 1951

IRIGARAY, Luce   Waren, Körper, Sprache. Der ver-rückte Diskurs der Frauen, (Merve) Berlin 1976

KIRSCH, Sarah   Rückenwind, Berlin und Weimar 1976

KLIN, Eugenusz   Die frühromantische Literaturtheorie Friedrich Schlegels, Wroclaw 1964 (Acta Universitatis Wrarislawiensis Nr. 26)

LENK, Elisabeth   Die sich selbst verdoppelnde Frau, in: »Ästhetik und Kommunikation«, Heft 25, September 1976

MEYER-HEPNER, Gertrud   Der Magistratsprozeß der Bettina von Arnim, Weimar 1960

NOVALIS   Werke und Briefe, München 1968

PLATZ, Martin   Leben und Werke der Rahel Varnhagen (Staatsexamensarbeit, unveröffentlicht), Hannover 1976

PROKOP, Ulrike   Weiblicher Lebenszusammenhang. Von der Beschränktheit der Strategien und der Unangemessenheit der Wünsche, Frankfurt 1976 (es 808)

SALIN, Edgar   Bachofen als Mythologe der Romantik; in: Materialien zu Bachofens »Mutterrecht«, Frankfurt 1975

SCHLEGEL, Friedrich   Kritische Schriften, München 1971 (1. Ausgabe 1970)

SCURLA, Herbert   Begegnungen mit Rahel. Der Salon der Rahel Levin, Berlin (Ost) 1962

SIMMEL, Georg   Philosophische Kultur, Ges. Essays, Leipzig 2/1919

SELL, Matthias   thesen zur distanz; in: Bezzel u. a. Das Unvermögen der Realität, Beiträge zu einer anderen materialistischen Ästhetik, Berlin 2/1975

TANNEBERGER, Irmgard   Die Frauen der Romantik und das soziale Problem. Forschungen zur Literatur-, Theater- und Zeitungswissenschaft (Band 4), Oldenburg 1928

VARNHAGEN, Rahel R. V. im Umgang mit ihren Freunden (Briefe 1793-1833), Hrsg. v. Friedhelm Kemp, München 1967

WEBER-KELLERMANN, Ingeborg   Die deutsche Familie. Versuch einer Sozialgeschichte, Frankfurt 1975

WYSS, Hilde   Bettina von Arnims Stellung zwischen der Romantik und dem Jungen Deutschland, Bern/Leipzig 1935

WAGENBACHS TASCHENBÜCHEREI